语言文化评鉴

白兆麟 著

时代出版传媒股份有限公司
安徽教育出版社

图书在版编目(CIP)数据

语言文化评鉴 / 白兆麟著. —合肥:安徽教育出版社,2018
ISBN 978-7-5336-8792-2

Ⅰ.①语… Ⅱ.①白… Ⅲ.①书评-中国-现代-选集
②读书笔记-中国-现代 Ⅳ.①G236②G792

中国版本图书馆CIP数据核字(2018)第264017号

语言文化评鉴
YUYAN WENHUA PINGJIAN

出 版 人:郑 可
质量总监:姚 莉
责任编辑:夏业梅
装帧设计:阮 娟
责任印制:王 琳

出版发行:时代出版传媒股份有限公司　安徽教育出版社
地　　址:合肥市经开区繁华大道西路398号　邮编:230601
网　　址:http://www.ahep.com.cn
营销电话:(0551)63683012,63683013
排　　版:安徽时代华印出版服务有限责任公司
印　　刷:合肥创新印务有限责任公司

开　本:880×1230　1/32
印　张:10.75
字　数:250千字
版　次:2018年11月第1版　2018年11月第1次印刷
定　价:32.00元

(如发现印装质量问题,影响阅读,请与本社营销部联系调换)

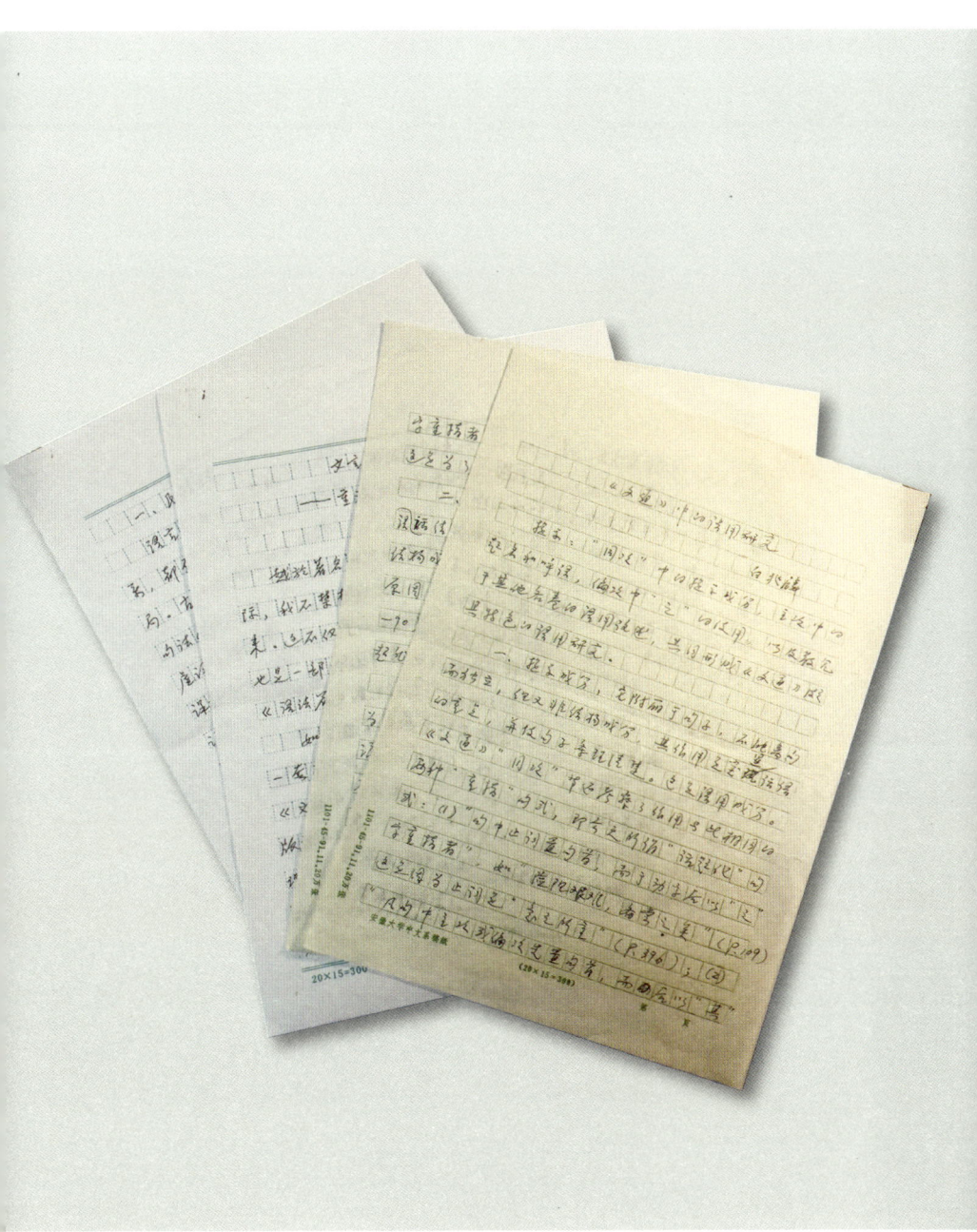

手稿原件

著者生平与主要论著

白兆麟(1937—),生于安庆,长在徽州。安徽大学文学院教授,汉语言文字学学科博士生导师,曾任安徽大学学术委员会副主任委员、中国训诂学研究会副会长。先后名列英国剑桥大学《世界名人录》(第16版)和哈佛大学《国际学者名人传》(第10版)。发表学术论文九十余篇,主要收入《安徽大学汉语言文字研究丛书·白兆麟卷》(安徽大学出版社,2013年)及《国学与中华传统文化》(安徽人民出版社,2014年)。主要著作有:

《简明训诂学》,浙江教育出版社,1984年;
《简明文言语法》,河北教育出版社,1990年;
《左传微》(点注),黄山书社,1995年;
《盐铁论注译》,广东教育出版社,1995年;
《文法训诂论集》,语文出版社,1997年;
《盐铁论句法研究》,商务印书馆,2003年;
《文法学及其散论》,九州出版社,2004年;
《新著训诂学引论》,上海辞书出版社,2005年;
《〈马氏文通〉综论》,九州出版社,2011年;
《续经籍籑诂》(常务副总纂),安徽教育出版社,2012年;
《国学二十讲》,合肥工业大学出版社,2016年;
《麟角集》,合肥工业大学出版社,2017年;
《新著汉语文法》,商务印书馆,2017年;
《桓谭新论校注》,黄山书社,2017年。

另有三本散文集:《顾盼集》《唏哦集》《鼎立集》。

前　言

《语言文化评鉴》，是我近日联想起往昔发表的好多篇书评而产生的念头，于是找来过去的期刊与出版的几部文集从中搜罗，加上近期所写的几篇读书札记，汇集起来居然有四十多篇，再按照现今的眼光删除几篇而编起如今的目录。见了这份目录，读者自然会产生一个问题：怎么会对写书评、札记有那么大的兴趣呢？

首先，是出于博士生专题讲授的需要。早在 1997 年由我领衔的安徽大学汉语言文字学博士点获准设立之初，我便为之设计了古代文法学专题、训诂学专题、经典文献讲座等课程，其中必然要涉及不少著名学者的学术专著，予以学理性的评析。在若干年讲座的过程中，便前前后后陆续发表了十余篇。譬如《普通语言学教程》《马氏文通》《新著国语文法》以及《说文解字》等，众所周知，都是在各领域具有开拓意义的经典著作，而其下有十余部所评析的对象，也大都是有着创新性的学术专著。

其次，是由于某种学术责任的驱使。有些书评与当时的博士生教学并无直接关系，而是感到有一种学术使命在身，要么为了推动汉语言文字学学科的深入发展,要么为了纯正学术界的风气而不得已为之。譬如对《盐铁论简注》的纠误,对《中国训诂学》的批评等。

当然,也有几篇是学界友人、昔日学生以及相关出版社编辑的盛情邀约,无论从哪方面来说都是义不容辞的。譬如对《庄子词汇研究》《艺境无涯》的评析等。

不过,有不少是由于个人阅读的志趣。除去语言学科而言,其他文、史、哲方面,国内外也出现了不少顶尖的思想家与杰出的学者,他们在人类文化发展史上做出过特有的贡献。譬如中国上古时代的思想家老子和孔子,西方早期的哲学家柏拉图和尼采,中国现当代的美学家宗白华与史学家黎澍等。在我看来,他们主要是靠深入思考、广泛阅读和长期积累,从而建构了宏伟的思想体系,酿就了独特的创新思维,形成了某种写作风格的。因此,阅读经典是一种神圣的事业,是一种淡定、执着的"审智"心态,而书评写作则是锤炼思维、提高品位的结晶。这二者所体现的是一种学术信念,而给人带来的是一种高雅情趣。

在博士生教学岗位上退下来之后的十余年里,由于过去在大学学习时期对外国文学的浓厚情趣,加上长期专业教学研究所养成的思维习惯,我在阅读那些具有严肃主题、严整思考、严正语言的经典文本之后,总会油然触发某种情结,便不由自主地在电脑上敲击起来而形成文字。沉浸在那样的阅读与写作的光阴里,我有时甚至于遐想:

万物之所以蓬蓬勃勃地生长,
因为火红的太阳是给它们温暖的教材;

月光之所以在夜晚那么皎洁,
由于广阔的星空可提供它最好的文本。

我深深地体悟到:往昔那些天才,是被顶尖级的阅读和创造性的写作所造就的。

由以上所述可知,本书所评鉴的对象,就时地而言,古今中外都有所涉猎;而就内容来说,大体可分为两大类。其中一类属于专业性的语言文字学,约 20 余篇;另一类属于非专业性的文化学,约有 10 多篇。前一类包括普通语言学、汉语文法学、训诂学、文献学、文字学方面,后一类涉及哲学、史学、文学与写作学等领域。广则广矣,深则人言言殊耳。不过,这的确留下了我毫不含糊的学术生命的痕迹。

总之,为了弘扬学术而推波助澜,便是这本文集奉献于学界的根本缘由。

白兆麟
2018 年 7 月 10 日

目 录

001	经典著作,温故知新
	——再读《普通语言学教程》
006	《马氏文通》疑难例句辨析
	——研读《马氏文通》札记
026	汉语教学语法体系的奠基人
	——评黎锦熙《新著国语文法》
036	论史存直先生的"教学语法"思想
	——从《关于汉语语法体系》到《句本位语法论集》
048	文法学的走向
	——重温《古汉语纲要》
055	建立"汉语通论"的新尝试
	——许威汉著《汉语学》读后
061	《古汉语语法及其发展》评析
066	《老子》复句辨析
	——《〈老子道德经〉句法述要》研读
075	一部独创性与综合性相糅合的巨著
	——评《上古汉语语法史》

091	继承传统学术,创新现代思维
	——评《语言学文集》
102	一部突破传统训诂界域的巨著
	——《〈尚书〉诠释研究》评介
112	《孙子兵法》的集大成研究
	——评许威汉《孙子学读本》
124	思路锐密,眼光犀利
	——李葆嘉《钩沉录》评析
136	十年磨一剑,其锋芒必现
	——序马启俊《〈庄子〉词汇研究》
149	展示佛经文献之瑰宝
	——评《玄应〈众经音义〉研究》
160	一部颇有意味的学术专著
	——喜读《汉语避讳研究》
169	高屋建瓴,雕梁画柱
	——评《问题驱动的广义修辞论》
177	《〈盐铁论〉简注》误释纠正
195	重读《从划分标准看文字类型》
	——读陆锡兴论文有感
199	统系《说文》的"天道"观
	——《说文解字》再论
214	多方探索,接轨现代
	——《中庸义理》析评

226	实事求是乃学术之第一要义
	——严正批评《中国训诂学》
239	"文本"的主观性和客观性
	——《解释学·导论》读后
243	辩证法思想推动着历史前进
	——《黎澍的"考求历史真实"及其他》
247	整体开拓,追根求源
	——《艺境无涯》评析
265	宏观构架,微观布局
	——评《写作学概论》
275	既要创新思维,也要注入传统
	——《中国当代人道主义文学思潮史》评析
280	信仰能净化心灵
	——读《灵光沐微尘》
283	情投缘合,诗书联璧
	——体味《刘永年书法集》
289	虚实相间,画龙点睛
	——评《粉墨春秋(二题)》
296	诗人余光中笔下的黄山
	——《黄山诧异》值得品味
301	惠特曼及其《草叶集》
	——纪念惠特曼逝世120周年

305	宗教的世俗与自疗
	——读长篇小说《荆棘鸟》有感
308	对束缚"人"的个性的极端反叛
	——读尼采自传《瞧！这个人》
318	柏拉图与孔子
	——读《柏拉图全集》之联想
323	由"道"而申论"德"
	——《老子》之再三研读
332	后　记
334	编后语

经典著作,温故知新
——再读《普通语言学教程》

孔夫子有一句至理名言:"温故而知新。"这是说,对于一切经典著作,只要认真而反复地温习,往往自能悟出新意,至少越发能够全面地加以理会而不至于片面地引起误解。

一个多世纪以前,被推崇为科学语言学之父的瑞士语言学家索绪尔,在其《普通语言学教程》中指出:"语言学的对象不是书写的词和口说的词的结合,而是由后者单独构成的。"其后,西方语言学家乃至中国语言学家,都把语言研究的重点放在或转到了口语上。尤其是20世纪二三十年代起,口语成了语言学研究的唯一对象,文字和书面语被视为次一等的、微不足道的研究对象,研究口语才是"科学"的,而研究文字和书面语则是"过时"的。过去,我对此也深信不疑。

退休后,由于已经养成的习惯,加之闲余时间多了,便取出索绪尔的《普通语言学教程》翻来覆去地阅读,因而有了一点新的体会。如今看来,以上所述是一个被误解了的命题。探其原因,有以下两点:

第一,这个命题是受了古希腊哲学家亚里士多德的影响。亚里士多德提出,声音是概念的符号,而"文字是符号的符号"。这一观点在西方延续了两千多年,因为它基本上符合古希腊以来西方语言文字的事实,也大体能解释当今世界上大多数语言文字的事实;然而它并不是"放之四海而皆准"的理论,尤其不符合中国语言文字的事实。

第二,这个命题是片面地理解了索绪尔的学说。索绪尔固然曾经沿袭前人所说,文字"唯一的存在理由是表现语言";但是,索绪尔毕竟是通晓世界语言文字的大家,他在其《教程》里明确地强调:"只有两种文字的体系:(1)表意体系。一个词只用一个符号表示,而这个符号却与词赖以构成的声音无关。这个符号和整个词发生关系,因此也就间接地和它所表达的观念发生关系。这种体系的典范例子就是汉字。(2)通常所说的'表音'体系。它的目的是要把词中一连串连续的声音摹写出来。"不仅如此,他还进一步表明:"对汉人来说,表意字和口说的词都是观念的符号;在他们看来,文字就是第二语言。"

汉字是"第二语言",说得再明确不过了。索绪尔的这个见解,完全超越了亚里士多德之文字是"符号的符号"说,也突出了汉字的性质与特点。更值得我们注意的是,紧接其后,他还宣告:"我们的研究只限于表音体系,特别是只限于今天使用的以希腊字母为原始型的体系。"这就等于说,他的《普通语言学教程》实际上只是"以希腊字母为原始型的体系"的印欧语言学,并不包括中国的语言文字在内。按理说,这应当引起整个语言学界,尤其是中国语言文字学者的重视。然而,该书中这么重要的基本论点,过去却被大家忽视了。

笔者在高校从事汉语言文字的教学和研究有半个世纪,也曾就汉字的性质与特点发表过数篇学术论文,一再认为,汉字是世界上最具个性、极富特点的表意体系的文字,它可以直接地表达观念和范畴。在汉语里,口说的音节往往比较模糊,听者也往往不能确切地知道说的究竟是哪个词;而一旦写成汉字,只要你认识,不管你原来是说哪种方言,都大体能明白要表达的是什么意思。汉字就是如此的神奇,它虽然也记录汉语的词,但与汉族人口说的词的关系并不像人们想象的那么紧密。

说到这里,不妨举个饶有趣味的例子。在中国,新婚夫妇在各地都称为"新郎"和"新娘",不管它们的实际读音如何。这两个称呼是怎么来的呢?从"口说的词"无法考察。然而从字形看,"郎"和"娘"都含有"良"字,自然与"良"有关。古代夫妇双方都可以互称"良人"。例如《孟子》:"施从良人之所之",此处的"良人"指丈夫。而《诗经·绸缪》:"今夕何夕,见此良人。"此"良人"则指妻子。文献证明,"良"既可指"夫"也可指"妻"。为了加以区别,进一步衍化的结果,指丈夫就用"郎",称妻子则用"娘"。

如果进一步追问,"良"何以用来指称"夫"与"妻"呢?这就不能不涉及该字初始的本义了。中国最早的一部辞书《尔雅》解释云:"良,首也。"中国最早的一部字典《说文解字》曰:"良,善也。"据《尔雅》,"良"的本义是"首",引申为"首领"义。《左传·桓公八年》:"且攻其右,右无良焉,必败。"此"良"指将领。凡为首长,须有众望,于是又引申出"善(美好)"义。中国封建社会里,"夫为妻纲",丈夫是一家之主,故妻子称丈夫为"良人",因而"郎"有"主人"之意。其配偶为一家之女主人,故以"娘"呼之。随着语言的流转,"郎"原来具有的"主人"之义逐渐消失，便转而成为配偶间的称呼。渐渐地，"娘"变为子女对母亲的称呼，而"郎"又变为对未婚男子的称呼。由此可知，少数民族称其酋长为"郎主"，因"郎"与"主"同义。后人不明其义，加之对少数民族的不敬，宋代以后，小说、戏剧里把"郎主"写作"狼主"了。类似这样的实例足以证明，汉字确实具有"表意"的独特个性，说它是"第二语言"十分准确。

然而遗憾的是，一个多世纪以后，本文开头所说的那种情况不但没有改变，反而变本加厉，从"符号之符号"这个被误解为绝对的真理出发，又提出一条所谓"人类文字的发展规律"，并得到学界的确认：从表形文字经过表意文字发展为表音文字，而表音文字又分为音节文字和音素文字，音素文字是文字发展的最高阶段。其实，这是由一个错误的前提推导出来的一条似是而非的结论。可是，不少语言文字学家仍然把它奉为圭臬。这个误导出来的结论，在中国所引发的恶性后果，便是"重语轻文"。还是索绪尔说得对："我们一般只通过文字来认识语言。研究母语也常要利用文献。如果那是一种远离我们的语言，还要求助于书写的证据，对于那些已经不存在的语言更是这样。"事实就是如此，离开文字根本没法探索语言，尤其是原始人类语言的研究，如果不从"书写的证据"入手，那仅仅是凭靠想当然的发音而胡乱推测而已。

上述事实还给了我们什么启示呢？我们以为，对于从国外引进的某些语言文字方面的理论，应当结合汉语和汉字的民族特性与实际情况来认真地加以检验。顺便再提醒一下，索绪尔还曾根据汉语是孤立语之典型，而印欧语是屈折语之标本的观点进一步提出：汉语是超等词汇的典型，而印欧语却是超等语法的标本。这本来是基本符合两种不同语系语言的实际状况的，可有些学者总是想找出某些零碎而牵强的事实来化解甚至消弭上述基本区别。

须知，汉语和西方语言，无论是拉丁语系还是斯拉夫语系的，都根本不同，而汉字在世界现存的众多文字当中，更是独树一帜。在运用国外引进的语言文字理论来解释汉语和汉字现象的时候，切不可生搬硬套，而应当采取慎之又慎的态度才是。归根结蒂，我们的语言文字学家应当从本土语言文字的实际情况出发，努力总结自身的、具有民族特色的语言文字学理论来。

正是应了诗人苏轼所咏唱的："旧书不厌百回读，熟读精思子自知。"

2000 年春

《马氏文通》疑难例句辨析
——研读《马氏文通》札记

《马氏文通》(商务印书馆 1983 年版,以下简称《文通》)是我国第一部具有科学体系的语法著作,它反映了古代汉语语法结构的整体,具有求实的科学性、严密的逻辑性和一定的创新性。不仅如此,在引证和分析书例上也是极其丰富的。对此,吕叔湘先生在重印《马氏文通》之序言里就曾指出:"首先,《文通》收集了大量的古汉语例句,大约有七千到八千句。比它后出的讲古汉语语法的书好像还没有一本里边的例句有它的多。这些例句里边有不少,作者没有作出令人满意的分析,就是现在也仍然缺乏令人满意的分析。但是《文通》把它们摆了出来,而后出的书,包括我自己的,却把它们藏起来了。也许,为了教学的方便,不能不这样做,但是对于这门科学的进步,这种做法显然是不足取的。"

吕先生是非常严肃的语言学家。他的话,无疑对我们是一种鞭策。在多次研读和教学《文通》的同时,对那些疑难例句也曾尝试着进行分析。为了"这门科学的进步",我们不应该再"把它们藏起来",还是抛砖引玉为好。

《报任少卿书》:"彼观其意,且欲得其当而报汉。"以上下文言之,"彼"当太史公自谓,不应用"彼"字。而遍查各本,皆用此字,实无他书可为比证。未敢臆断,附识于此。(《文通》第58页)

按:此引文前有一大段文字描述李陵"奋不顾身,以殉国家之急"的情状,紧接着太史公写道:"仆窃不自料其卑贱,见主上惨怆怛悼,诚欲效其款款之愚,以为李陵素与士大夫绝甘分少,能得人死力,虽古之名将,不能过也。身虽陷败,彼观其意……"由上文可以推断,"彼观其意"之"彼"并非"太史公自谓",而确实是指李陵。再联系上面一段文字:"夫仆与李陵俱居门下,素非能相善也。趋舍异路,未尝衔杯酒,接殷勤之余欢。然仆观其为人,自守奇士……其素所蓄积也,仆以为有国士之风。"与"观其为人"相比较,"观其意"显然也是太史公推测之辞。因此,20年前在给本科生讲授这篇文选时,笔者曾经在当时所用教材即王力主编《古代汉语》第三册第906页之天头眉批道:"**观其意——作者插入语。**"此文当以"彼且欲得其当而报汉"为句,"彼"为主语,"观其意"则为叙述中的插话。

《史记·游侠列传》:"今游侠,其行虽不轨于正义。然其言必信,其行必果,已诺必诚,不爱其躯,赴士之厄困。既已存亡死生矣,而不矜其能,羞伐其德,盖亦有足多者焉。""今游侠"三字单置于首,"其"字附于名以顶指焉,叠成数读,直至"赴士之厄困",然后续书"既已存亡死生矣"一句,上接"今游侠"之起词,犹复叠拖数句。句读起伏,声调婉转,最为可法。(《文通》第 60 页)

按:《文通》是在论述接读代字(类似后来所谓关系代词)"其"字时,引证以上书例并加以分析的。据《文通》之分析,"游侠"是起词(主语),紧接之"其"是接读代字,所谓"叠成数读",所谓"直至",所谓"然后续书",所谓"上接……起词"云云,都说明商务本根据《马氏文通校注》对该句的标点,不符合《文通》所作分析的本意,其中两处句号应改为逗号才是。今作具体分析如下:

"游侠"是总冒在整个句子前面的主语,"既已存亡死生矣……亦有足多者焉"是其谓语。而具有接读代字"其"的部分"其行虽不轨于正义……赴士之厄困"整个是具有定语性质的结构,用来表明主语"游侠"是什么样的"游侠",其实质是主语"游侠"的后置定语。这是第一层面。

在谓语当中,"既已存亡死生矣,而不矜其能,羞伐其德"这个次要分句,和主要分句"盖亦有足多者焉"构成一个表示因果关系的复合句形式。也就是说,所引这个例句第一层面最重要的部分是:"今游侠……亦有足多者焉。"而"既已存亡死生矣"一句(读),与"不矜其能,羞伐其德"两句(读)又构成一个表转折关系的复句形式。这是第二层面。

在包含接读代字"其"字的定语部分,"其行虽不轨于正义"一句(读),与"其言必信,其行必果,已诺必诚,不爱其躯,赴士之厄困"五句

（读）又构成一个表示让步关系的复句形式，前有"虽"字，后有"而"字。这是第三层面。而"其言必信……赴士之厄困"本身又是由五个并列的分句（读）所组成。这是第四层面。这个后置定语，就语义来说近似于表语，但是，由于全句结构上另有"既已存亡死生矣……亦有足多者焉"这部分作谓语，因而只能把它解释为"游侠"的后置定语。

应当指出，以上分析是为顾全《文通》的语法体系，其中主要是把"其"字看作接读代字（关系代词）。这里至少有两个问题：一是"接读代字"这个词类能否成立；二是单句里又包含所谓复句是否合理。《文通》所说接读代字只有"其、者、所"三个，"者、所"十分勉强，只有一个"其"比较合格。为了维护汉语语法体系的总格局，完全没有必要为一个"其"字而建立一个词类。后来的古代汉语语法著作，一般也就不再设立"接读代字"或"关系代词"这个词类。如果不把"其"字看作接读代字，那么上述分析也就失去了依据。

其次，正因为说单句包含复句不怎么合乎逻辑，在分析上述例句时才不得已而使用了"复句形式"这个名称。如果要避免这种不合理，对上述例句还另有一种分析方法，即把该句当作一个多层次的按断复句。"今游侠……而不矜其能，羞伐其德"这个偏句是"按"，"盖亦有足多者焉"这个正句是"断"，其"盖"字即是断语之形式标志。这是第一层次。在偏句里，"其行虽不轨于正义……赴士之厄困"，与"既已存亡死生矣……羞伐其德"构成一个意念上的递进复句。这是第二层次。而"其行虽不轨于正义，然其言……赴士之厄困"是个转折句，"虽"与"然"前后呼应；"既已存亡……羞伐其德"是个递进句，其中有"而"字连接。这是第三层次。在上述转折句中，"然"字后"其言……其行……已诺……不爱……赴士……"又是五个分句并列;在上述递进句中,"而"字后"不矜其能,羞伐其德"也是两个分句并列。这是第四层次。

《史记·屈原列传》:"人君无愚智贤不肖,莫不欲求忠以自为,举贤以自佐,然亡国破家相随属,而圣君治国累世而不见者,其所谓忠者不忠,而所谓贤者不贤也。"自"人君"起至"而不见者"止,皆一气呵成,而殿以"者"字,则句调略顿,以明以上诸句递相联属,而句意则推原其故也。(《文通》第70页)

按:《文通》对所引该句之解说,实在说不上是结构分析,这大概就是吕先生所说的"作者没有作出令人满意的分析"一类的句子。不过,在引用该例句前,《文通》有个关于"者"字的解说:"而句读之长者,或单以'者'字殿之,而并无所指者,亦以明其故也,则'者'字惟以提顿其句读已耳。"这就是说,上引例句中的"者"字不是所谓"接读代字",而是表示"提顿"的"助字"。这样一来,该句当视为一个多重按断复句。"人君……而不见者"是按句,"其所谓……不贤也"是断句。这是第一层次。在按句中,"人君……举贤以自佐"与"然亡国破家……而不见者"构成一个转折复句,其间用转折连词"然"字;在断句中,连词"而"字前后两个"所谓……"构成一个并列复句。这是第二层次。在表"按"的转折复句中,"人君……不肖"与"莫不……以自佐"又构成一个条件句,"无"即"无论"。"然"字后"亡国破家……"与"圣君治国……不见"也构成一个并列句,当中的"而"即并列连词。这是第三层次。

如果需要,也可以把"莫不欲求……以自佐"再分析为并列句,这就是第四层次了。

  韩愈《淮西事宜状》:"今若分为四道,每道各置三万人。"犹云"每道应置各三万人","各"居宾次而先焉。(《文通》第79页)

  按:《文通》把"每、各"均列入"逐指代字",且云:"惟'每''各'二字,其用不同。'每'字概置于名先,'各'字概置于其后,间或无名而单用。"结合所举例句,如"各言尔志","各往往称黄帝尧舜之处","各自有时","不可者各厌其意","岁奉匈奴絮缯酒米食物各有数"等,"各"字均置动词之前,《文通》却一律把它们看作宾次,而且硬说"各置三万人"就是"置各三万人",这显然是牵强附会,不合汉语事实。其实,"每"与"各"的区别有两点:一是"每"常用于体词前,表示指示(《文通》称为"偏次");"各"常用于体词后,表示复指,当视为"主次(主语)"。二是在语义上,"每"偏重于"统指","各"偏重于"分指"。所举"每道各置三万人"一例即应如此分析:"每"置于名词"道"字之前,用作定语,意在"统说";"各"置于"道"字之后,"置"字之前,复指名词"道",用作主语,意在"分说"。"统""分"之别,须细加体会。

  《庄子·列御寇》:"人者厚貌深情,故有貌愿而益,有长若不肖,有顺懁而达,有坚而缦,有缓而钎。"诸静字皆耦,而有对待之意,故以"而"字连之。惟"长若不肖",犹言"有技与无能者",用如两名,故以"若"字连焉。"若"者,及也。(《文通》第119页)

按:《文通》是以此例证明连词"而"字所连接的前后两项是静字（形容词），而"若"即"及"，其前后两项"用如两名"，即为名词。就一般而论，所言极是。但"长若不肖"一例却并非如此。细审《列御寇》原文即知，"人者厚貌深情"一句是总写，意谓外貌仁厚而内心却深沉，即如通常所言"人心难知"也。以下即从五个方面具体叙述其"厚貌深情"。"貌愿而益"：愿，谨愿；益，俞樾云"同'溢'，溢之言骄溢也"。谨愿与骄溢，义正相反。"顺懁而达"：顺，一本作"慎"，顺通慎；懁，又音绢，与"狷"（应进而退）通，即达、佻达。顺懁即拘谨，佻达即放纵，义正相反。"坚而缦"：缦，"慢"之借字，缓也。坚强却惰慢，义亦相反。"缓而钎"：钎，借为悍。舒缓却桀悍，义亦相反。再看"长若不肖"：唐陆德明曰："外如长者，内不似也。"清马其昶云："若，犹而也。"此句谓形如长者而实为不肖。马建忠仅着眼于字而不着眼于词，未明此"若"字通"而"，因而视其前后两项为名词，殊不知"长"与"不肖"亦皆形容语也。

韩愈《荆潭唱和诗序》："非性能而好之，则不暇以为。"犹云"不暇以作诗"也。"以为"二字煞句者，盖"为"之止词可蒙上也。（《文通》第 135 页）

按：除此例以外，《文通》还列举其他不少句例，如"恭俭岂可以声音笑貌为哉"、"以银为钱"、"以唐为楚相"等，来证明其说："'以为'二字，间有'以此作为彼者'之意，则'为'字不仅为断词，且为动字而有作用矣。"此说之成立须有一前提，即"以"字是介词或动词，"以"字后当有体词性词语，或者省略而能补出。上引"不暇以为"却并非属于此类。"为"字如《文通》所云是动词,其后省略一名词或代词。但"以"字却不是介词,其后补不出体词性词语。该"以"字应看作连词,完全可以用"而"字来替换,句式和语意丝毫不变。《文通》曾以"是故蓍之德圆而神,卦之德方以智"(《易·系辞》)为例说:"一用'而',一用'以',则'以''而'两字可通用之明证。"(第119页)可见"不暇以为"即"不暇而为",也就是"不暇为之"。

韩愈《进学解》:"然而圣主不加诛,宰臣不见斥,非其幸欤!"其意盖谓"不为宰臣所斥"也,则"见斥"二字反用矣,未解。(《文通》第164页)

按:《文通》是在论述"经籍中凡外动转为受动"的第四种格式,即"以'见''被'等字加于外动之前者"时,对上引例句之"见"字的用法提出了疑问。这里体现了作者的实事求是的科学态度。其实,"见"字用于外动词(及物动词)之前,除了表示被动以外,还有另外一种用意。就拿上引一例来说,首先,前两句之起词(圣主、宰臣)皆为施事而非受事,按马氏说法,"诛"和"斥"不是"受动字";其次,"圣主"和"宰臣"两句相对,"见"与"加"互文见义,"加"字从来不表示被动,"见"字在该句中自然也不表示被动。对这种用法的"见"字,孔颖达于《正义》曾疏曰:"自彼加己之辞。"《文通》在分析"先生又见客"(《汉书·司马相如传》)一例时,也曾引某云:"'见'者,加于我之辞也。"(第163页)由此可见,这种用法的"见"与"加"一样,具有抽象动词的意味,"加"即"加以","见"亦即"予以",而句中的"诛"和"斥"便是用作所谓"止词"(宾语)了。上引两句解释为"圣主不加以诛罚,宰臣不予以斥责",可谓简捷而又合理。表示被动的"见"用于外动词前,是助动词。上述用法的"见",因为与"加"互文,其动词义比较明显。如果单独使用,由于重新分析,把"见"字后"斥"一类的看作动词,那么"见"就意义虚化,极易被看作副词,即与"相"字类似。"宰臣不见斥",吕叔湘以为此"见"近乎代词,表示动作行为的受事者是第一人称,"见斥"即"斥我"(参《中国文法要略》)。这也是再分析的结果。其他如"见顾""见教""见信"等,就有多种分析:如果其主语是受事者,则可解释为"被照顾""受教导""被信任";如果其主语是施事者,既可解释为"予以照顾""加以教导""予以信任",也可解释为"顾眷我""教导之""信任我"。

《论语·卫灵公》:"志士仁人,无求生以害人,有杀身以成仁。""杀",动字也,紧接"有"字,并未间以介字,则作"惟有"之解。犹云"志士仁人决不求生以害人,惟有杀身以成仁而已"。"无"字作"不"字解者常也。(《文通》第179页)

按:《文通》经常批评经生家随文作解。这里,释"无"为"决不",释"有"为"惟有",也是随文作解,与《文通》体系不合。《文通》于"约指代字"一节曾指出,其二"后乎名、代诸字而为其分子者,则常在正次,盖分子正次,分母偏次,乃约分之例也"(第84页)。并举《汉书·高帝纪》"相人多矣,无如季相"为例云:"'无'者,于所相多人之中无人如季相者。"又举《孟子·告子下》"二王我将有所遇焉"为例云:"'有'者,二王中有一也。"同理,上引《论语》一例中的"无"和"有"也当视为约指代字,分别为句中主语,"无"即"无人","有"即"有人",均复指"志士仁人"。

《汉书·贾谊传》:"夫移风易俗,使天下回心而乡道,类非俗吏之所能为也。""类"字疏作"皆"字,然解作"似"字,则辞意较婉,亦无不可。(《文通》第182页)

按:《文通》是在论述"其他同动字,为'似''类'等字"时,分析上引一例的。《文通》于"表词"一节曾指出:"凡以表决断口气,概以'是''非''为''即''乃'诸字,参于起、表两词之间,故诸字名断辞。"(第129页)上引"类非俗吏之所能为也"一句之"类",正置于断辞"非"字之前,就不当视为同动字。其实,此"类"字已经虚化为所谓"状字"。《文通》于"表词"一节论述"断辞"之后,曾举《贾谊传》"甚非所以安上而全下也"为例,并分析云:"'甚'亦状字,而'非''也'二字兼用者,盖此句表词乃'所以安上而全下'之读。'甚'字不能状读,则用'非'字以间之。"(第132页)同理,"类"字用于"非"字之前,也应看作状字,用今日之语法术语来说,就是"语气副词"。"类非"意谓"似乎不是"。

《孟子·公孙丑下》:"不识王之不可以为汤武,则是不明也。"……"以"字司词,皆其句之起词也。如是,以"以"字为受动字,亦无不可,盖"以"字可作"用"字解。(《文通》第185页)

按:《文通》在分析上引一例时,把此句与《万章下》"故君子可欺以其方"一例相提并论。稍加比较即可看出,这是两个不同的句子:"不识"后之"王之不可以为汤武"一读,"王"是施事者,"为"并非"受动字",其中"以"字是连词,与"而"字一样,用来连接助动词"可"与动词"为",此"以"不能作"用"字解;而"君子可欺以其方"一句,"君子"却是受事者,"欺"是受动字,其中"以"字是介词,"其方"是其宾语(《文通》称为"司词"),此"以"才可解作"用"字。《文通》说"以"之司词即句之起词,这是严重失误。查《孟子》原文可知,该句之起词当为"欺子产者",而"以"之司词却是"其方"。在分析其他几个例句时,也有类似的失误。这里就不再重复了。

《孟子·梁惠王下》:"王曰:'大哉言矣,寡人有疾,寡人好勇。'对曰:'王请无好小勇。'"犹云"请王无好小勇也"。夫"请"者,孟子所请之人,谓"王"也。所请之事,"王无好小勇"也。今"王"字先于"请"字,一若"王"为"请"字起词矣,故有以"王"为对呼之名者此也。是则"王"字当一顿。至如"王请勿疑","王请度之","王请大之"等句,皆此例也。(《文通》第 215 页)

按:《文通》引此例之前云:"'请'字之后,其承读起词如为所请之人,往往置先'请'字,有解为所呼之名者非是。"其中前一层所概括的规律,无益于句法分析;后一层所说"解为所呼之名者非是",其判断正确。就此类例句而言,"王"当为起词(主语),不应视为"请"之止词而前置。"请"置于起词和语词(谓语)之间,即由动词虚化为副词,与古籍中用在动词前的"敢""窃""愚"等相似。按照《文通》之体系,此类当称为"状字"。其"状字假借"一节即云:"状字本无定也,往往假借他类字为状字者,然必置先于其所状。"(第229页)其中有一条就是"有假借动字为状字者",所举例如"立诛之""生拘石乞""动欲慕古"等(第230页)。《文通》所谓"假借",大多相当于今日所说的"引申"和"虚化"(语法化)。"请、敢、窃"一类用作副词,都是表示某种尊敬和谦让的情态。

《战国策·齐策》:"无齐,虽隆薛之城到于天,犹之无益也。""犹之"云者,犹云与上文鱼失水比,犹无益也。"之"字不为义,故"犹之"亦状语也。(《文通》第245页)

按:《文通》视"犹之"为"状语"(即状字),又以为"之"字"不为义",极是。但在具体分析"犹之无益"之"犹之"时,却过于坐实。此前,《文通》在列举若干例句之后云:"所云'上之''次之''下之',皆以历数地位,列为状语,则诸'之'字无解而有解矣。"说"之"字有解,至于如何解释并未说明。其实,上述诸"之"字皆衬音助词,仅起凑足音节作用。如"犹之无益"即"犹无益","犹"是副词"依然"的意思。上引《齐策》一例,前有"虽",后用"犹之"配合,正是让步复句的表达格式。

《庄子·养生主》:"技经肯綮之未尝,而况大軱乎!""未尝"两字,所以状"经"字也,今后置焉,犹云"技未尝经乎肯綮"也。或云"技经肯綮者未尝也",亦通。则"未尝"两字,用如表词,而"技经肯綮"则为读矣,亦无不可。(《文通》第253页)

按:《文通》以为"未尝"二字是状动词"经"字而置后,这是主观推测,古籍并无此种句法,因而找不出第二例来。俞樾云:"郭注以'技经'为'技之所经',殊不成义。'技经肯綮'四字,必当并列。《释文》曰:'肯,著骨肉也。'綮,司马云'犹结处也'。是'肯綮'并就牛身言,'技经'亦当同之。'技',疑'枝'字之误。……枝谓支脉,经谓经脉。枝经,犹言经络也。经络相连之处,亦必有碍于游刃。庖丁惟因其固然,故未尝碍也。"(转引自《庄子集释》第121页)如此,"技经肯綮"为四名词并列,"未"是否定副词,"尝"即尝试,为动词。依《文通》体系,"尝"是语词,"技(枝)经肯綮"是止词而先置,当中间以"之"字。这才是古书中常见的句法。《文通》于"之字之用"一节亦曾言及,"凡止词先乎动字者,倒文也。如动字或有弗辞,或为疑词者,率间'之'字,辞气确切者,间参'是'字"(第251页)。并举《论语·里仁》"古者言之不出"为例,析曰:"'古者'句之起词,'不出'其坐动也,'言'则'出'之止词也。今止词先置,而'出'为'不'字所状,故间'之'字以明焉。""技经肯綮之未尝",其结构与此相同。《文通》也曾论及:"至介字后司词,间亦先置而参以'之'字者。"但所举例都是"之"字置于先置司词与介字之间,而动字皆在介字之后,除《养生主》此例以外。

《孟子·万章上》:"晋人以垂棘之璧与屈产之乘,假道于虞以伐虢。"第一"以"字司名字,解用也。"以伐虢"者,"伐"外动字,"虢"其止词,皆为"以"字所司,今后乎"假"字者,以言所为"假道"也,即假道之初意也。此"以"字以联先后动字之法,见于书者,所在皆是。(《文通》第263页)

按：《文通》视后一"以"字为介词，因而说"伐虢""皆为'以'字所司"。可是后面又说，"此'以'字以联先后动字之法"。这显然有些矛盾。"司"即"支配"，受介词支配的当为体词性词语。"以伐虢"之"伐虢"是外动字带止词，即今之所谓"述宾词组"，其前之"以"字即无支配作用，唯有连接作用。因此，此"以"字已经虚化为连词，其作用正如后来所说的"以联先后动字"，其语意亦如所云"以言所为"，即表示前一行为之目的。《文通》于分析此例之前亦云，此类"'以'字间有可省者"。"介字"一般不能省略，而连字则可用可不用。

《史记·匈奴列传》："愿寝兵，休士卒，养马，除前事，复约，以安边民，以应始古。"……所引"以"后散动字，皆言其前动字之所向也。（《文通》第263页）

按：《文通》对此例的分析并未失误，只是将此例和《淮阴侯列传》"解衣衣我，推食食我"一例相提并论，并云"今省'以'字"，这就把不同结构的句子相混淆了。"以安边民，以应始古"里的两个"以"字，与"以伐虢"的"以"字，二者性质并不相同：后者是连词，可用"而"字替换，说成"假道于虞而伐虢"；前者是介词，两个并列使用，不可用"而"字替换，也不能省略。"以安边民，以应始古"，两个"以"字之后皆省略代词"之"字，称代上述"寝兵，休士卒，养马，除前事，复故约"五事。如果省去两个"以"字，"安边民""应始古"即与以上五事并列，极易引起误解。《文通》接着在分析大量例句后说："诸'以'字后司词，皆蒙上文而不书。"可见介词"以"后省略宾语是一般规律。至于"解衣衣我，推食食我"两句,并非省去介词"以"字,而是未用连词"而"或"以"。这是应当加以辨析的。

《庄子·田子方》:"丘之于道也,其犹醯鸡与?微夫子之发吾覆也,吾不知天地之大全也。""微夫子"者,"非夫子"也。《论语·宪问》"微管仲",马注云"微,无也",未确。《汉书·赵充国传》"微将军,谁不乐此者",如云"无将军"则失之矣。(《文通》第275页)

按:《文通》于分析上引一句前云:"'微',非也。介字,惟司名字,置句前则为假设之辞。"说"微"是介词而"惟司名字",并不符合语言事实。"微管仲""微将军",其后是名词,但是,所引《田子方》"微"字后并非所谓"名字",而是"夫子之发吾覆"一读,即今之主谓词组。可见,"微"不是介词,而是同动词。马融释"微管仲"之"微"为"无",极是。即使如《文通》释"微"为"非",也并非"介字",当归入"断辞"。《文通》在论及"表词"一节时即云:"凡以表决断口气,概以'是''非''为''即''乃'诸字,参于起、表两词之间,故诸字名断辞。"所举例如《孟子·公孙丑上》:"今人乍见孺子将入于井,皆有怵惕恻隐之心……非恶其声而然也。"接着指出:"后三句起词蒙上,故'非'字反决,其后三读皆为表词,煞以'也'字,辞气更为切实。"(第129页)上引《田子方》一例之"微",与此例之"非"字用法完全相同,应视同一律。而且,"微"无论释作"无"还是"非",本身都并不表示假设;其假设之意,是由上下两句之关系显示出来的。《文通》在论述"提起连字"一节时,也曾提到:"且假设之词,有不必书明而辞气已隐寓者。"(第279－280页)如果加上连词,其假设之意则更明显。如上述二例:"若非夫子发吾覆也,则吾不知天地之大全也。""若无将军,谁不乐此者。"

《礼记·大学》:"心诚求之,虽不中不远矣。""心诚求之"者,设辞之读也。"虽不中"者,跌进一步也。"不远矣"句,则折收矣。(《文通》第319页)

按:《文通》对上引例句的分析,虽然大体不差,但毕竟有些含混。特别是把此类例句放在"若""苟""诚"等诸"假设之辞"里论述,似乎有些不伦不类。其所以如此,主要是因为马氏当时尚未树立复句尤其是多重复句的观念。即如《大学》一例,就是一个二重复句:"心诚求之"与"虽不中不远"为假设复句,"诚"即所谓"假设之辞",这是第一层次;"虽不中"又与"不远"构成让步句,"虽"即所谓"拓开跌入之辞"(第316页),这是第二层次。又如所举韩愈《上张仆射书》:"苟如是,虽日受千金之赐,一岁九迁其官,感恩则有之矣,将以称于天下曰知己知己,则未也。"这是一个多重复句:"苟如是……"与"感恩则有之……则未也"构成一个大的假设复句,这是第一层次;"虽日受……迁其官"与"感恩则有之……则未也"构成一个让步复句,这是第二层次;"感恩则有之矣"与"将以称于……则未也"又构成并列复句,这是第三层次;其中,"将以称于天下……"与"则未也"又是一个小假设句,这是第四层次。

《左传·昭公七年》:"匹夫匹妇强死,其魂魄犹能凭依于人,以为淫厉,况良霄,我先君穆公之胄,子良之孙,子耳之子,敝邑之卿,从政三世矣。郑虽无腆,抑谚曰'蕞尔国',而三世执其政柄。其用物也弘矣,其取精也多矣,其族又大,所凭厚矣,而强死,能为鬼,不亦宜乎!"此节"况"字后四用"矣"字,一用"虽"字,皆读也,直至"能为鬼不亦宜乎",方上接"况"字之句。如此长句,如不将"能为鬼"提明,则辞气不贯矣。(《文通》第321页)

按:以上一节,商务标点本分作三句;据《文通》分析,所谓"四用'矣'字,一用'虽'字,皆读也",所谓"直至'能为鬼不亦宜乎',方上接'况'字之句",显然是视为一句;而杨伯峻《春秋左传注》标成两句,即把"执其政柄"后之句号改为逗号。我们认为,在上述三种断句中,标成两句更符合原文的结构和语意。细加揣摩,"匹夫匹妇强死……以为淫厉"这一偏句,与"况良霄……从政三世矣"这一正句,构成的是一个进逼复句,其间有连词"况"字为标志,句末"矣"字后应标问号。《文通》以为,"能为鬼不亦宜乎"上接"况"字之句,并说"'况'字后句长者,有将为所比者说明以足辞气者",所举唯上引一例。其实这是误解。除此例以外,其余16例(第320—321页)均未出现"为所比者"。正如上面所分析的,"况"字只贯到"从政三世矣"为止。《文通》在解说《左宣十二》"困兽犹斗,况国相乎"一例时即云:"'况'字后但有'国相'一名字,并无动字相续,似不成句。不知'况'字后凡为所比者,概皆不言而喻。"(第320页)此一规律,完全符合汉语之实际。再看所引《昭公七年》那个例句,如果简化成"匹夫匹妇强死……犹能凭依于人,况良霄乎",岂不跟"困兽犹斗,况国相乎"完全一样?对这两个进逼复句,都可以用上《文通》的解说："'犹'字低一层比，'况'字跌入有势。"(第320页)所不同的，只是《左昭》一例之偏句和正句都比《左宣》一例层次复杂。若要再分析，其偏句又是个承接复句，而其正句又是个意合的递进复句。如果给这个递进复句加上相应的连词，那就是："况良霄，不仅为我先君穆公之胄……而且从政三世矣。"其未说出之"所比者"是："况良霄，其魂魄更能凭依于人。"至于"我先君穆公之胄，子良之孙，子耳之子，敝邑之卿"，自然是四个偏正词组共同作表语。

现在再来分析后面一句："郑虽无腆，抑谚曰'蕞尔国'"是一偏句，"而三世执其政柄……不亦宜乎"是一正句，"虽"与"而"呼应，自然是转折复句。"曰"后原标逗号，应当删去。"政柄"后之句号，应当改为逗号。该转折复句之正句，又是一个意合的因果句，如果也加上相应的连词，那就是："因为三世执其政柄……所凭厚矣而强死，故能为鬼，不亦宜乎！"这个因果句的偏句，其层次也比较复杂，为节省篇幅，就不再往下分析了。即使这样也可以看出，"能为鬼不亦宜乎"一句，并不直接上面一句的"况"字。这明显是两个独立的长句子。不过在语意上后一句补充前一句而已。

《汉书·匡衡传》："宜遂减宫室之度，省靡丽之饰，考制度，修外内，近忠正，远巧佞，放郑卫，进雅颂，举异材，开直言，任温良之人，退刻薄之吏，显洁白之士，昭无欲之路，览六艺之意，察上世之务，明自然之道，博和睦之化，以崇至仁，匡失俗，易民视，令海内昭然咸见本朝之所贵。"排行语词共计十八顿，同上。(《文通》第405—406页）

按：所谓"同上"，即上面所云："既曰语词，即句读矣，何以'顿'为？盖单行语词之为句读也，固矣。有时语词短而多至三四排者，诵时必少住焉，此其所以为顿也。"（第405页）同样是"语词"（指动词性谓语），单行为句读，排行则为顿。设立两个标准，这对析句不利。如果同样看作"句读"，就径直把上引例句看作多重复句。其偏句是"宜遂减宫室之度……博和睦之化"，这是叙述手段；其正句是"以崇至仁，……令海内昭然咸见本朝之所贵"，这是表明目的。这个多重目的复句的偏句，如果不考虑具体内容，其本身只是一个由十八个述宾词组（分句，《文通》所谓"读"）构成的承接复句。这个多重复句的正句，又是一个二重复句："崇至仁，匡失俗，易民视"是其偏句（该偏句本身是一承接句），"令海内昭然咸见本朝之所贵"是其正句，二者也构成一个目的复句。要注意的是，其中"以"字是连接大的目的复句的连词，"使"这个动词是小的目的复句的语词。

《孟子·滕文公上》："君薨，听于冢宰，啜粥，面深墨，即位而哭。""啜粥"两字、"面深墨"三字，间于句中，非起词，非语词，惟言谅阴之容。又"啜粥"者，外动与止词也，而"面深墨"者，则名字与其表词也，似读非读，与上下文无涉也。无可强名，故谓之顿，视同状辞耳。（《文通》第409页）

按：《文通》云："凡有起、语两词而辞意未全者曰读。"据此界说，"面深墨"当为"读"。又据其分析《史记·孔子世家赞》："余读孔氏书，想见其为人。适鲁，[言地之读，以表所观之地，状读，故先焉]观仲尼庙堂车服礼器,[此言所观之器]……当时[读,言时]则荣,没[读,言时]则已焉。"(方括号内皆为《文通》所析云)可见,省略起词之"适鲁""观仲尼……礼器""当时""没"皆为"读"。同例,上引"啜粥"亦当为"读"。再从文意来看,"听于冢宰""啜粥""面深墨""即位而哭"四读,都是陈述"君薨"之后,嗣君"谅阴"(守孝凶庐,义为尽孝)期间节制自己言行仪容的事项。如此,无论就结构还是文意而言,怎么能说是"似读非读,与上下文无涉"而"视同状辞"呢?上引一例当看作一个二重复句:"君薨"与"听于冢宰……即位而哭"是第一层次;"听于冢宰,……即位而哭"是第二层次,其起词"嗣君(太子)"省略了。

2002 年 9 月

汉语教学语法体系的奠基人
——评黎锦熙《新著国语文法》

黎锦熙(1890—1978),字劭西,湖南湘潭人。1920年起,先后任北京高等师范学校(北京师范大学前身)、北京女子师范大学、北京大学、燕京大学国文教授,首创讲授国语文法课。1948年任北京师范大学文学院院长、国文系主任(参见《中国大百科全书·语言文字卷》)。黎氏著有《新著国语文法》(1924年)、《比较文法》(原名《文法会通》,1930年)、《国语文法纲要六讲》(1925年)、《汉语语法教材》(合著)等著作30余部,论文300多篇。这些著作尤其是《新著国语文法》,奠定了汉语教学语法体系的坚实基础。

(一)《新著国语文法》产生的学术背景

自鸦片战争起,列强入侵中国。为适应这种需要,特别是传教的实际需要,一些传教士试图用印欧语的语法对汉语语法进行解释,便产生了以沿海方言和首都方言的口语为考察对象的一些语法小册子。这些书大多以各自的母语语法为蓝本,对汉语词类进行初步分类。但是，由于编写者大多不精通汉语，又缺乏语言学方面的基本知识，且多采取实用主义立场，因而没有也不可能对汉语进行认真细致的研究，这些著作科学价值并不高，谬误之处甚多。

1898年戊戌变法这一年，《马氏文通》出版，标志着中国汉语语法学的创立。此后，各种语法著作蜂起。五四运动以后，白话文取代了文言文的地位。在时代潮流的激荡下，随之出现了许多白话文语法著作。归纳起来，大致有四种类型：一是模仿类，即基本上仿照《马氏文通》体例，这些书一般缺乏创见，很快被淘汰；二是修正类，即对《马氏文通》提出一些批评，并进行修正补订工作，可以章士钊的《中等国文典》(1907年)和杨树达的《高等国文法》(1920年)为代表；三是探索类，即试图仿照英语语法另起炉灶，重新构拟一个新语法体系，可以刘复的《中国文法通论》(1918年)和金兆梓的《国文法之研究》(1922年)为代表；四是革新类，如陈承泽的《国文法草创》，该书如吕叔湘所谓"是《马氏文通》以后相当长的一个时期内最有意思的一部讲文言语法的书"，对后代的研究影响很大。

在《马氏文通》之后的30年，最引人注目的、真正着力推行教学语法的是黎锦熙，其《新著国语文法》即建立了一个比较完整的国语文法新体系，开创了我国用白话文撰写汉语语法的新纪元。这部书规模宏大，观点新颖，材料丰富，分析细致，因而影响深远，是当时学习和研究国语文法的一部杰出的著作。在汉语语法学的草创时期，如果说《马氏文通》代表了古代汉语语法研究阶段，那么《新著国语文法》便代表了现代汉语语法研究阶段。从《马氏文通》到《新著国语文法》，在对象上反映了从文言转向白话，在方法上也从词本位研究改为句本位研究,从较多的模仿改进为较多的独创。当然,由于毕竟处于草创时期,模仿印欧语系语法的痕迹还相当地明显。

(二)《新著国语文法》的语法体系

《新著国语文法》于1924年商务印书馆初版,以后多次重印。著者从1920年起,在北京的几所高校里讲授国语文法,编写了许多片段的讲义,记录了零星的笔记,后来据此形成全书的长编。在长编的基础上,简练而成《新著国语文法》一书。本书以白话文为描写对象,全书共分20章。其主要内容综述如下:

1. 关于"句本位"文法。当时通行以词类为纲来讲授文法,本书一改传统的路子,提出以句子为纲来讲文法。黎先生批评"词本位"文法体系,以为"仅就九品词类,分别汇集一些法式和例证,弄成九个各不相关的单位,是文法书最不自然的组织,是研究文法最不自然的进程"(《引论》)。并指出,如果采取"句本位",从句子的研究入手,不但可以得到正确的词类用法,而且可以发现一种语言的普通的文法规则,有助于学习和翻译他种语言,可以帮助心灵的陶冶。"句本位"文法,"退而'分析',便是词类的细目;进而'综合',便成段落篇章底大观"(同上)。后来又在其《今序》里指出,所谓"句本位"语法是指"把'句本位'作中心,把组成句子的六种成分作出发的重点"。著者以此为指导思想来编排组织本书,例如第二章论述词法,第三、四、五章论述句法,第六章又讲词法。具体来说,就是先把句子分成六大成分,然后根据词在句中所充当的句子成分划分词类,又从这六大成分引出实体词的七个"位",并由此分析单句,研究省略和倒装,进而分析复句以至句群段落及篇章。他还认为,最适于解释"句本位"文法的工具是"图解法"。

2. 关于词类问题。著者区分词类采用意义(观念)标准。他认为，词类是词"所表示的各种观念"分出来的若干种类。譬如：名词是事物的名称，用来表示观念中的实体；动词是用来叙述事物之动作或功用的；形容词是用来区别事物之形态、性质、数量、地位的(如"长""温和""一座""那个")等。根据汉语中语词所表示的"各种观念"，著者把汉语的词分为"五类九品"。所谓"五类"即实体词(名、代)、述说词(动)、区别词(形、副)、关系词(介、连)、情态词(助、叹)。这实际上是逻辑分类。

在替词归类时，著者使用了另一标准，即依据词在句中的位置、职务定类，使词类与句子成分对当。但是，由于汉语的词在句中的位置、职务错综复杂，而变更时又不像印欧语那样有词的形态变化，所以"国语的九种词类，随它们在句中的位置或职务而变更，没有严格的分业"，进而得出了"依句辨品，离句无品"，也就是词无定类的结论。后来虽然改为"凡词，依靠结构，显示品类"，但内容实质仍是一样的。

3. 关于单句的成分。词进入句子后便转化为句子的成分，"句本位"文法的"重心"就是分析句子的成分。本书把单句的成分确定为三类六种：

  主语，述语——主要成分
  宾语，补足语——连带的成分
  形容的附加语，副词的附加语——附加的成分

主语是一句话里的主体；述语是述说主语的；宾语是外动词作述

语时的连带成分,如"造桥"的"桥";补足语是述语的连带成分,或补足主语,如"人民是英雄"中的"英雄",或补足宾语,如"学生请我讲课"中的"讲课";形容的附加语是添加在实体词上的附加成分,如"一座""长的";副词的附加语是修饰或限制述语的附加成分,如"赶紧修桥"里的"赶紧"。分析句子时,首先要确定两个主要成分"主语"和"述语",先找两个中心词;然后再找出连带或附加于中心词上的连带成分或附加成分。这种析句法称为"句子成分分析法",后来有些学者也称它为"中心词分析法"。从书中对补足语的阐述来看,著者有些过分偏于逻辑语义的分析了。

4.关于实体词的"位"。书中所谓"位",是指"名词或代词在句中的位置"。设立"位"的目的,主要是为了把实体词的词性固定下来。著者根据词在句中的位置和职务确定词类,把词类和句子成分一一对应,如说名词、代名词常作主语、宾语,动词常作述语,等等;但是词在句中的位置和职务常有变更,特别是实体词变更尤多,它不仅可作主语、宾语,还可作补足语、附加语等。本书替实体词设"位",就是说实体词不管充当什么句子成分,词性都不改变,只是所居职位不同。该书替汉语的实体词设立"七位":主位(实体词用作主语)、宾位(实体词用作宾语)、补位(实体词用作补足语)、领位(实体词用作形容词附加语)、副位(实体词用作副词附加语)、同位(实体词用作与上述五种位同一成分的)、呼位(实体词离开上述六种位而独立的)。同时,书中还设立了各种位的"变式",例如主位直接倒装在述语之后的,便是"变式的主位",宾语在动词前或句首,便是"变式的宾位"等,阐述了汉语的变式句。可以看出,这所谓"位"如同《马氏文通》的"次",是分析语句的一套辅助术语,是为了固定各个成分的"论理的次序"(逻辑的次序),以便于阐述语言习惯上的各种变化格式。黎氏的"位"比起马氏的"次"显然更有条理,是一个进步,但这种设立也是不必要的。分析汉语的语句,有主、谓、宾、补等这一套就够了。

5. 关于复句。本书对汉语复句分析详尽,把复句分成三大类:(1)包孕复句,又叫子母句。其中又分为三小类,即名词句、形容词句、副词句。(2)等立复句。其中又分为四小类,即平列句、选择句、承接句、转折句。(3)主从复句。其中又分为六小类,即时间句、原因句、假设句、范围句、让步句、比较句。

6. 关于句子的语气。著者根据句子所表示的语气把句子分为五类:(1)决定句,表完结语气;(2)商榷句,表商度语气;(3)疑问句,表然否或抉择、寻求的疑问;(4)惊叹句;(5)祈使句。在讨论这五类句子时,书中也讲述了汉语特有的表语气的助词及其作用。

(三)《新著国语文法》的"句本位"思想

《新著国语文法》是我国第一部以白话文为对象的系统而完整、并有很大影响的语法著作。这部著作的最大特点,是以"句本位"为指导思想而建立起一个新的语法体系。其"句本位"思想体现在以下几个方面:

首先是词类的划分上。著者在给词类下定义时,既采用意义标准,而在具体分析时又主张从句法功能上去鉴别。这与《马氏文通》主要从意义或逻辑上给实词分类相比较是进了一大步,但著者却又狭隘地解释为:某类词只能充当某种句子成分。这势必推导出"凡词,依句辨品,离句无品"的绝对结论。其实词类的划分并不只在句中观察,还要参照词与词的组合关系等。

其次是在"短语（词组）"的分类上。著者按照它们在句中的作用分为：凡作主语的即为"名词短语"，凡作状语的即为"副词短语"。于是，同样一个动宾关系的短语，只因为在句中出现的位置不同，便分属两类以上的短语。这种分类显然与其词类划分是一脉相承的。

再次是在句子结构分析上。著者首先明确了句子的六大成分及其内部关系。这六大成分被分为三个层次：一层为主要成分（主语和述语）；二层为连带成分（宾语和补足语）；三层为附带成分（形容词附加语和副词附加语）。具体分析时采用"中心词分析法"，一举找出句中各成分。这种析句法能够划清主干和树枝，有一定的成分层次观念，对辨清整句的格局、确定句子类型、修改病句，的确有一定的帮助。它至今在教学和研究中仍被广泛运用，是传统语法析句的典型代表。不过，这种析句法不能有意识地突出句子结构内部固有的层次性，因而无法合理解释一些比较复杂的句法现象；其次是完全凭意义来确定句中成分关系，如依据施事受事决定主语宾语，这主要归于逻辑范畴而并非语法范畴。

由于著者十分重视句子的分析，因而对复句的论述也比前人充分而详细。复句分三大类，其下又分若干小类。这就为复句分析奠定了坚实的基础。后来诸家这些方面都大同小异。不仅如此，书中的阐述已经涉及句群问题了，这是难能可贵的。

(四)《新著国语文法》的句子成分分析法

著者所建立的"句本位"语法体系中的单句成分和图解法，是传统的句子成分分析法的源头。虽然他所说的"单句成分"与今日所说的

"句子成分"有所不同,但基本构架和分析都已形成。1950年,黎氏撰写《中国语法与词类》一书,将其图解法简化为"读书标记法"(又称"加线法"),使其分析法变为一种更易于操作的分析方法。

句子成分分析法是植根于"句本位"的。众所周知,句子是语言的运用单位,词和词组都是句子的构成单位,严格说来,是构成句子成分的单位。同样一个词或词组,在充当不同句子成分时的语法功能和语法意义都是不同的,因而设立句子成分就用词造句和考察句子而言,是必要也是必须的。不过,语句分析应当侧重于句法结构的分析以及与句法结构形式相对应的语法意义的分析。单用逻辑意义分析代替语法形式、语法意义的分析自然是不可取的。

句子成分分析法用七种不同的符号标记句子成分:主语用双线,述语用单线,宾语用浪线,定语用圆括号,状语用方括号,补语用尖括号,独立语用三角号。这可以反映出句子的格局。吕叔湘在其《关于语法分析问题》中指出:"这种分析法有提纲挈领的好处,不仅对于语言教学有用,对于科学地理解一种语言也是不可少的。"(1978年)

(五)《新著国语文法》的贡献与缺陷

《新著国语文法》内容丰富,材料翔实,结构严谨,条理分明,立论持重,而且配有图解,作为教科书非常合适,因此深受欢迎,盛行不衰,不仅在此后的40年里,对普及汉语语法知识、发展汉语语法学起了巨大的推动作用,而且在今日看来,作为教学语法的典型代表,仍将会引起人们的高度重视。

首先,其体系非常齐整完备。该书区分了字、词、短语、子句、分句、单句、复句;有九个词类,六个句子成分,七个"位",还隐约提出了

"句群"。这些无疑为语法教学提供了极好的内容。书中又配置许多图解,极便于教学。其中心词分析法也简便而易于操作。因此,这部书的最大贡献在于建立了一套汉语的教学语法体系,它突出了语法的功能性和实用性。

就拿词法来说:(1)明确地区分了"字"与"词"。(2)把量词单独列为一个词类。这是很有见识也很有意义的,开拓了汉语词类研究的新局面。(3)将动词从内容意义上进行再分类,并把它同句法的组织联系起来。例如书中分外动词为八小类:处分事物,经验方法,交接物品,交涉人事,等等。这种分类不一定符合"词类的次范围特征",但重视词类的再分析,重视语法中的语义分析,无疑是完全正确的。(4)对介词的研究更为深入。与《马氏文通》相比,黎氏的介词研究不仅扩大了范围,而且划分了类别(时地、原因、方法、领摄)。此外,对助词的阐述也更为细致,更为深入。

其次,提出了与语法相适应的"句本位"思想。《马氏文通》及后来与它同时代的一般语法著作大都偏向"词本位",而该书强调建立"句本位"的汉语语法体系。此前,虽说已有体系完备和涉及"句本位"观念的白话文法著作,但终因流传不广而影响不大。就其重视句法这一点来说,"句本位"的语法理念是符合汉语实际的。这已经为长期以来的汉语语法教学的实践所证明。因此,《新著国语文法》似当与《马氏文通》并列为汉语文法学之开创力作。

即如句子成分分析法,它在很长一个时期里是非常适合于语法教学的,因而为教师所普遍应用。用来替代《暂拟汉语教学语法系统》的《中学教学语法体系(提要)》,推行不利,遭遇抵制,就是有力的证明。

由此看来，句子成分分析法仍然是语法教学甚至语法研究的基础，这有助于提高分析语言、运用语言的能力。我们只能结合现代语法学思想与汉语实际不断地完善它。

《新著国语文法》当然也有一些缺陷，主要有以下三点：

1. 对汉语语法的特点重视不够。如著者《今序》所说，该书以《纳氏文法》的框架来描写汉语语法，因而不能避免有模仿英语语法的弊病。

2. 在词类区分上存在矛盾。著者一方面主张根据意义（观念）区分词类，另一方面又提出根据词在句子里的位置或职务来定类，所谓"依句辨品，离句无品"，进而又用实体词"七位"来限制实体词的转类或通假，以摆脱"依句辨品"的困境。

3. 在解释一些语法现象时，往往用逻辑分析代替语法分析。例如经常从逻辑或心理出发，忽视句法结构的特点，凭主观想象任意解释省略和倒装。

2007 年 2 月

论史存直先生的"教学语法"思想
——从《关于汉语语法体系》到《句本位语法论集》

史存直先生(1903—1994)是安徽合肥人,早年曾留学日本,当过中学教师和出版社编辑,后来一直担任华东师范大学中文系教授。在汉语语法学研究方面,史先生坚持传统语法学观点,可谓矢志不移。他曾于上世纪50年代发表过许多语法学论文。1970年写成的《关于汉语语法体系》一文,提出了一个以"句本位"为原则而又有所改进的新体系,这确实有其合情合理之处。这篇论文后来收入他的《语法三论》(1980年)里,但在当时并未引起语法学界的足够重视。1982年出版《语法新编》,把他的一整套语法观点具体化了。1986年,他的《句本位语法论集》和《汉语语法史纲要》出版,完整地体现出他的汉语语法学思想。

(一)着眼于中西语言之差异

各民族语言都有自己的一套语法手段,各种语言所采取的表达形式并不相同。史先生多次强调,汉语语法与西方语法相比,有三项差异:(1)分析与综合的差异;(2)词结合方法上的差异;(3)句构造上的差异。

西方语言具有丰富的形态,是综合语;而汉语没有所谓"屈折"或"词形变化",是分析语。印欧语用来表示词结合关系的手段是"形态变化",而汉语用"词序"和"起介系作用的虚词"这两种办法来表示词与词的结合。英语、俄语的谓语必须是定式动词或包含一个定式动词,而在汉语里,不仅名、动、形三类词皆可同样直接作谓语,甚至词组和子句也可作谓语,等等。这些看似常识,但各家对汉语的语法特点的认识并非同样的全面与深刻。在这方面,史先生不止一次地予以具体阐述与强调,并且始终贯串于他的汉语语法研究之中。

他指出,语法学史上有一个重要的事实可以给我们以启示:西方人在两千年前就创立了语法学,而中国人直到一百年前才出现第一部汉语语法著作,而且还是模仿西洋语法而写成的。这绝对不是由于汉人的智力低于西方人,只要看一看中国在十几个世纪以前就建立了体系完整的音韵学就可明白。那么其关键自然在于两种语言自身的特点。

因此完全可以推想,印欧语富于形态,所以很早以前西方语法研究能够侧重于形式,当初基本上只有词法,直到近代才发展了句法,形成了完整的语法体系;而汉语形态极其贫乏,用词造句的规律非常简单,掌握起来不大感到困难,所以直到马建忠受了西洋语法的启发才写出成体系的《马氏文通》来,其内容从汉语的实际出发而侧重于意义。也正是从这种差异着眼,史先生才看重从长期教学实践中总结出来的教学语法,而不盲从后来盛行一时的各流派的语法理论。

（二）立足于"句本位"之重要原则

众所周知，"句本位"的原则，是黎锦熙先生早年提出来的。当时通行以词类为纲来讲授文法，而黎氏《新著国语文法》一改过去通行的方法，提出以句子为纲来讲文法，即"句本位"文法。黎氏指出，如果采取"句本位"，从句子的研究入手，不但可以得到正确的词类用法，而且可以发现一种语言的普通的文法规则，可以有助于学习和翻译他种语言，可以帮助心灵的陶冶。"句本位"文法，"退而'分析'，便是词类的细目；进而'综合'，便成段落篇章底大观"（《引论》）。

在《关于汉语语法体系》一文里，史先生开宗明义，认定"建立语法体系必须注意以下三项根本原则：(1)句本位原则；(2)形式与内容对勘而以形式为纲的原则；(3)句法与词法对勘而以句法为纲的原则"。他一再强调：研究语法就必须在头脑里先树立"句本位"的观点，因为"说语法的目的在于研究用词造句的规律"；"研究语法规律，实际上就是研究用词造句的种种格式"；"其理论的归结必然是词法应该为句法服务，因而建立语法体系必须先考虑句法，然后才能考虑词法"。他指出，分析句子至少需要设立"主、谓、宾、补、定、状"六个成分。经过多方比较，他认为还是"黎锦熙的体系缺点少些。其原因是：(1)黎氏强调了'句本位'原则，对句子都做了彻底的分析，没有'兼语式'或'递系式''复杂谓语'之类的毛病；(2)黎氏吸收了西洋'学校语法'以形式为纲的优点，未陷于烦琐"。

当然，史先生并非没有看到黎氏《新著国语文法》的缺点，"它的缺点主要是由于未看清汉语和印欧语的基本差别，因而未能彻底摆脱西洋语法的影响而来的"。在这样的思想指导下，史先生对黎氏的语法体系进行了若干修正。

上个世纪七八十年代之交,不少语法学者抨击传统的"句本位"语法,指责它专重意义而忽视形式。这种误解,显然与计算语言学的兴起和西方某些语言学思潮的泛滥有关。就前者而言,刘涌泉先生于《语言学必须现代化》一文中说得很明白:"机器只认识形式,不懂意义。"而且把"面向人的语言学"与"面向机器的语言学"区别看待(载《中国语文》1978年第4期)。这实际上是说,对人而言,用形式与意义相结合的语言学;对机器而言,用形式主义的语言学。对于"面向人的语言学",史先生说得非常彻底:"对人进行语言教学仍必须采用形式与意义相结合的方法,不能采用形式主义的方法。形式主义的偏向愈严重,教学效果就会愈差。"(《语法研究的两个方向》,见《句本位语法论集》,上海教育出版社1986年)

从整个语言学发展史来看,开初的传统语言学着眼于意义,后来出现的"结构主义"语言学、"转换生成语法"等流派则强调形式,近一个时期似乎有向传统语言学回归的倾向。马希文先生在其《谈谈数理语言学》一文中指出:"形式语言学有了二十多年的历史。但是它并没有对语言学的发展做出显著的贡献,——这可能是由于只从表面形式去研究语言是非常不够的——为了解决语言构造的问题,必须寻找新的途径以深入语言的内部即语义学的领域。"(载《中国语文》1978年第3期)在我国有一个明显的事实,就是语法学界出现了"三个平面"的语法理论,也就是主张"句法、语义、语用"三者结合的汉语语法研究的新思路,这也再一次说明,语言的意义又重新引起人们的重视。这是符合汉语的特点与实际的。今天应当从这个新角度来重新考察"句本位"的语法思想,给它以科学的评价。

(三)坚持并完善传统的教学语法体系

西方的语法研究,有各种各样的学派及形形色色的理论。汉语语法研究至今虽然没有形成学派,却有各种不同的理论,不成体系的且不去说它,自《马氏文通》起,就有所谓"词本位"说和"句本位"说,近几十年来,又有所谓"词组本位"与"小句本位"的提法。粗略的划分,大致有传统的教学语法和非传统的专家语法之别。专家语法,又称理论语法;教学语法,又称学校语法。

王力先生曾指出:"学校语法着重在实践,科学语法着重在理论的提高。"又说:"学校语法和语法教学的关系密切;科学语法和语法体系的关系密切。"这当然不是说教学语法不需要理论,而是要把理论寓于实际材料之中;也不是说理论语法不解决实际问题,而是在解决实际问题的同时,还要解决一些较大的理论问题。

南京大学卞觉非教授于其《理论语法与教学语法的分野》一文中,对此作了更为全面、细致的分析。他明确指出:"理论语法与教学语法既有区别又有联系:前者具有前瞻性、创造性和探索性的传统,属理论型的;后者则具有规定性、稳定性和供销性的特质,属应用型的。"(参学术会议提交论文,2004 年)

史先生早年就明确地说过:传统语法的优点主要在于"句本位原则"。根据他的进一步调查,"句本位"这个原则,"很可能是黎锦熙先生根据二十世纪初英国学校语法的一般趋势提出来的"(《学校语法和专家语法》,见《句本位语法论集》,上海教育出版社 1986 年)。他认为,这个主张包含两项极为重要的内容:第一,它改变了句法对词法的地位;第二,它强调了句子结构的整体性。在其《汉语语法史纲要》一书第一章里,史先生又一次强调:研究句子的格式(即语法规律)就必须结合句子的内容来研究;就词法和句法这两个部分的内在关系来说,词法对于句法应该有依存关系。他指出:"西方的学校语法,一般地说来是符合于上述两项原则的。"之所以如此,"并不是经过理论的钻研一次达到的,而是在长期的教学实践中经过不断改进提高而达到的"。显然,史先生更为看重的是教学实践以及由教学实践提炼出的"句本位"原则。

汉语语法在客观上本来只有一种体系。但是,由于语法学者的主观认识不同,语法学界便存在几种不同的语法体系,且以能"自成一家"的来说就有五六种之多。客观存在的语法体系,自然没有什么偏差可言,只有逐步完善的问题。而语法学家所建立的语法体系既然有那么多家,若用客观实践来衡量,就必然有这样或那样的偏差,不过是或多或少罢了。

因此,语法学家所建立的语法体系,偏差越少就越合理,就越有助于分析语言事实,也就越能够指导语言实践。经过多年的考察和比较,史先生认为还是传统的学校语法偏差少一些,比较切近语言事实,能够"执简驭繁",既合情也合理。在这方面,吕叔湘当年所说对我们不无启示:"现在国外的语法研究可以大致分为三派:传统语法,结构主义语法,转换语法,……结构主义语法和转换语法各有一套理论,往往是引几个例子谈一个问题,的确能说得头头是道,可是到现在为止,还没有看到过应用结构主义语法理论或转换语法理论,全面地、详细地叙述一种发达的、有文学历史的语言的语法的著作,可以拿来跟用传统方法写出来的一些有名的著作相比较。"(《汉语语法分析问题》)这实际上印证了史先生的说法,传统的教学语法的成就和地位,当在所谓专家语法之上。

西方的语法学家非常强调上述两种语法的区别,譬如乔姆斯基曾申言,他的语法理论不适用于教学,并说作为教学语法,传统语法是很好的(参吕必松编《语言教育问题研究论文集》,华语教学出版社1999年)。而中国的语法学者一般对此缺乏自觉意识,在讨论语法问题时往往人言言殊,难以形成共识。其中典型的例子就是从"暂拟体系"急忙过渡到"中学教学语法体系(提要)",这在一定程度上扰乱了语法教学和教师的思想。史先生并非一味地坚持原有的教学语法体系不变,他不仅强调要逐步地加以完善,而且实际上也已经这么做了。

首先,他把黎氏六大成分的三个层次改为两次划分:

主要成分——(主语、谓语)
次要成分——连带成分(宾语、补语)
　　　　　　附加成分(定语、状语)

其理由是:(1)主要成分与次要成分性质不同,主要成分中的主语和谓语是互相对待的,而次要成分互相间以及主要成分和次要成分之间都没有对待关系。和次要成分相对待的乃是这些成分所依附的中心词。这些成分所依附的中心词可能包含在主语部分里,也可能包含在谓语部分里,所以黎氏把宾语和补语算作谓语的连带成分,就不免把关系搞错了。(2)连带成分和它所依附的中心词之间的关系比较紧凑，而附加成分和它所依附的中心词之间的关系比较松弛。

其次，鉴于汉语中主语有一多半既非施事、又非受事的事实，他提出析句时不必先问主语是施事还是受事。在必须谈及施受关系时，才称在施事地位的主语为"施事主语"，在受事地位的主语为"受事主语"，称既非施事又非受事的主语为"提示主语"。

再次，鉴于汉语中宾语的内容实在复杂，但又不能分类过细，他提出可以把动词的直接对象称为"受事宾语"，而把动词影响所及的宾语称为"关涉宾语"。与此相关的是介词的宾语，"把"字后面的宾语通常是"受事宾语"，而其他介词后面的宾语通常都是"关涉宾语"。

第四，鉴于动词和形容词的语法功能相同，就理当并为一大类，他建议给它取一个总名称，即"表词"，其下分为"动词"和"象词（形容词）"。

第五，在名词的附类里可包括"时间词""处所词"和"方位词"。助动词可分前置和后置两种，前置的表"可能、应当、或然、意愿"等，后置的表"时态、趋向、能够"等。助动词及其所依附的动词或象词结合起来算作一个句成分，不必再分析。

第六，他把虚词划分为三类：介系词、语气词、感叹词。介系词又按照它的介系方式分为四小类：介词、连词、间词（结构助词）、系词（"是"）。

此外，他认为从汉语的历史发展来考察，不仅上古汉语没有表示被动的形态，就是后来也并未发展出这种形态来。倒是在形式上不分能动、被动的古老习惯一直存在。因此从全面考虑，仍把"被"字当作动词比较合适。这样，不仅它后面的那个实体词乃至整个句子的结构都容易处理,而且和"被"同时存在的"受、挨、让、叫"诸词也就一致了。

以上所述,就是史先生所拟定的"先句法,后词法"的汉语语法体系之框架。他一再强调,语法的基本要求是"执简驭繁",而且要有利于教学。且不说别的,就以汉语语法的句子成分为例,黎氏设立了七个,史先生则强调六个。根据现代认知心理学,人在头脑中对信息进行编码加工是以板块为单位的,而短时记忆的容量一般为七个板块左右。看来将句子成分的数目定为七个或六个,并非偶然巧合,而是有着一定的心理基础的。在一个句子平面上,一次分出六七种区别性成分,自然比二分法的解释力度要强。(参见周一民《句子成分分析法新议》,载《励耘学刊》2005年第1辑)

显而易见,史先生在坚持并发展黎氏"句本位"思想的基础上,进一步完善了教学语法体系,其中不乏精彩的理论阐述。而且,有不少见解已为后来思想新锐的年轻语法学者的深刻论述所证明。

(四)推崇句子成分分析法

句子成分分析法,是黎锦熙先生根据"句本位"原则而提出的析句方法,具体运用时采用"中心词分析法",一举找出句中的各个成分。这种析句法能够划清句子的主干和树枝,辨清整句的格局,确定句子的类型,有助于修改病句,因而长期以来在教学和研究中被广泛运用,是传统语法分析句子的典型代表。

不过,这种析句法当初由于不能清晰地突出句子结构内部固有的层次性,有时无法合理解释一些比较复杂的句法现象,加之几乎完全凭意义来确定句中成分关系,如依据施事受事决定主语宾语等,因而在上世纪70年代末曾经受到激烈的批评。对此,史先生不以为然。

他在《与张斌先生讨论语法问题》《评几种新的句分析法》等多篇论文中反复地强调句子成分分析法的长处。概括起来有如下几点：

首先，对句子进行分析，是要找出它的自然结构，而成分分析法兼顾形式和内容之间相依为用的关系，所以完全能够达到上述目的。

其次，成分分析法的基础并不在于"寻找中心词"，而在于六个句成分以及成分之间的三个层次，即：主语、谓语是一个层次，称为主要成分；宾语、补语是一个层次，称为连带成分；定语、状语是一个层次，称为附加成分。

再次，成分分析法能适应没有"词形变化"的汉语的需要，可以根据主语和谓语的对待关系来决定从何处开始进行分析，不至于感到茫然而难以下手。

第四，对于比较长的句子，采用成分分析法依然能保持完整的格局，而根据句子的格局就可以发现句子有无毛病，若有毛病随即予以修正。

第五，成分分析法只要分析到句成分为止就可以结束，无须像层次分析法那样一直分析到语素，避免了不必要的麻烦。

正因为句子成分分析法有以上种种优点，所以它很长一个时期里是非常适合于语法教学的，因而为教师所普遍应用。用来替代《暂拟系统》的《语法提要》在教学实践中推行不利，就是有力的证明。朱德熙先生在其《语法分析和语法体系》一文中，曾经客观地指出：把层次分析当作一种分析方法，恐怕不一定妥当，因为层次性是语言的本质属性之一，是进行语法分析不可缺少的手续之一，不是一种可采用也可不采用的方法（载《中国语文》1982年第2期）。这是相当深刻的见解。正如史先生所说,成分分析法运用得当,完全能够显示出句子的三个自然层次来。

由此看来,句子成分分析法仍然是语法教学甚至语法研究的有效方法,它有助于提高分析语言、运用语言的能力。我们不能否定它,只能结合现代语法学思想与汉语实际来不断地完善它。

史先生在继承和完善黎氏的汉语教学语法体系方面,可谓特立独行,矢志不移。这不仅在他的《关于汉语语法体系》这篇重要论文里全面地体现了出来,而且在他的其他几篇相关论文里也多番阐述与发挥。他还专门写有一篇题为《在语法方面我继承了黎锦熙先生的哪些东西?》的论文,针对"黎先生的东西究竟过时了没有"的问题,提出了一个评判的标准:"其实要评论某种主张或某一学说过时未过时,必须把它的基本思想和一些具体处置分开来看,即使具体处置上有失当的地方,如果它的基本思想是健全的,那我们就必须把它的基本思想保留下来,让它继续发挥作用。"毫无疑义,这个标准所反映的观点是正确的。他还说:他通过"五十年的钻研生活","才逐渐体会到传统学校语法实有其理论基础,胜过专家语法","随之,黎先生的语法思想也就受到了我的重视"。他总结说,他从黎先生那里继承了以下三项:1. 句本位思想;2. 六个句成分和三个层次;3. 前置助动词和后置助动词。他指出:"这三项中有两项半也正是黎先生从英国学校语法吸取来的,只有后置助动词才是黎先生的独创。"

史先生还指出,黎氏对其新中国成立前的某些提法后来已经放弃不谈了,如"七位说"和"同动词"之类。对其新中国成立后由于受语法学界的影响而提出的某些见解,如"广义形态"和"熔解论"(即短语在语法体系中的独立地位），史先生也没有采纳。即使如"句本位"原则，他认为无非表示词法应服从于句法，而且他也吸取了结构主义的精神，在"句本位"理论中注入了句子的"整体性（格局）"这一思想。再如"六个句成分和三个层次"，他也从理论上做了小改动，还斟酌汉语实际对六个句成分的内容做了小调整。

综上所述，史先生不仅是一位汉语教学语法体系的坚定不移的维护者，而且也是一位使汉语语法体系不断完善的锐意进取的革新家。

2006 年 9 月

文法学的走向

——重温《古汉语纲要》

越于著名语言学家周秉均先生百年寿诞之际,我不禁想起先生所著《古汉语纲要》(以下简称《纲要》)一书来。这不仅是一部简明扼要的高校文科教材,也是一部内容丰富的学术专著,尤其是其中的《语法篇》启示着文言语法学的今后走向。

周先生生前并没有刻意要建立一套文言语法的体系,正如马建忠当年撰写《马氏文通》时一样。然而,1981年由湖南教育出版社出版的《纲要·语法篇》所隐含的语法学理念,却带有一个文法学走向的严肃问题。那么,在此走向问题上有哪些值得今日关注的呢?重温该篇之后,我以为至少有以下三点。

一、民族性

语言是历史的产物,各民族语言的语法体系,都有一个主要由其语法特点构成的基本格局。古汉语语法的民族特点分别表现在词法和句法两个方面。就词法而言,对那众多的文言虚词如何处置,是能

否体现其民族特点的关键课题之一。周先生在其《纲要·语法篇》"助词"一节论述道:

> 助词是一种作为造成词句的辅助材料的词类,它是一种特殊的虚词。一般语法书只把表示语气和语音的叫作助词或语助词。现在我们把词素中的虚素和结构中的虚素也算作助词,因为它们也同样的是一种辅助材料。(第394页)

由此出发,著者把此类虚词的功用概括为四种,并据此把助词再分为"语气助词、衬音助词、结构助词"三小类。这么一来,虽然在某些具体虚词的归类上不无商榷之处,但总体上看,与把它们按照西方语法学学理处置为所谓"词缀"相比较,却是合乎汉民族之情理的,因而也就健全了"助词"这一特殊词类。

在文言里,韵文和散文是两种并行而同样发达的文体。从《诗经》《楚辞》到唐诗、宋词,由比较自由发展到格律完备,不仅注重诗句的叶韵,而且考究字数、节奏和对仗。周先生极其重视古汉语这一比较突出的民族特点,在《语法篇》里设专章来论述"旧体诗词的语法",其下分"词法、句法、句读、倒装、省略"五节。其中值得我们注意的内容有"独词句""声律句读""复合词字序的倒装"和"虚词省略"四项。

先看"独词句"。著者写道:"由于格律或修辞的关系,诗词中常常选择一种只有一个名词或一个名词词组的句子,就是普通所说的独词句。""这种句式后来又发展成为仅只几个名词排列在一起的形式。"(第470页)此种提法对读者极具启发作用。

再如"声律句读"。著者强调:"散文的句读问题,现在随着标点本的印行已经基本解决了。旧体诗词虽然也有标点的本子,但问题仍然没有完全解决;原因在于旧体诗词有两种句读,一是声律的句读,一是意义的句读。这两种句读往往不能一致。"接着从"声律句读是一个复句的终点"和"声律句读只是单句的一部分"两个方面,举例予以解说(第471—472页)。前者如:

风急天高猿啸哀,渚清沙白鸟飞回。(杜甫《登高》)

并指出其中"每一声律的句读都包括三个句子,是前二中二后三式"。后者如:

镜湖三百里,菡萏发荷花。(李白《子夜歌》)
吴娘夜雨萧萧曲,自别江南更不闻。(白居易《寄殷协律》)

并指出,前一例"前五字是一个声律的句读,只是句子的状语,和后面的五个字合起来才是语法上的一句"。后一例"头一句只是整个句子的宾语"。经过这么分析,这些旧体诗词的语义关系才显得清晰明了。

又如"复合词字序的倒装"。书中举有二例(第475页):

他乡为表弟,还往莫辞遥。(杜甫《王十五司函出郭相访》)
时难年荒世业空,弟兄羁旅各西东。(白居易《自河南经乱》)

著者指出：前者"还往"习惯上本作"往还"；后者"西东"习惯上本作"东西"。如此分析，即向读者点明"还往"之"还"在句中并非副词，而"西东"之调整纯粹是协韵之需要，这都是诗人有意为之的。

二、传承性

《古汉语纲要》一书篇幅并不很大，总共41万字，内容却包括"文字""音韵""词汇""语法""修辞"五篇，其中《语法篇》亦不足150页，可以想见其行文简练，惜墨如金。就是在这样的情况下，著者依然注意学术的传承性。笔者注意到，在不过10万余字的《语法篇》里，在几个关键处，他依然不惜篇幅，讲明前辈学者的学术亮点。

其一，在"数词"一节讲到"古代表示零数，往往在整数零数之间加'有'字"，"'有'在甲文和金文中作'又'"时，还引用郭沫若于《甲骨文研究》一书中的一段话，足足有七八行之多（参第344页）。

其二，在"虚数表示法"一段说："古人往往用'三''九'表示虚数，这是清代汪中的一个发明"，接着引用其《述学·释三九》篇中的言说，并指出："自汪氏发明此说以后，过去拘泥数字而难以解释的词句，都可涣然冰释了。"（第349页）

其后又引用刘师培所云"古人于浩繁之数，有不能确指其目者，则所举之数，或曰三十六，或曰七十二，如三十六天、三十六宫是也"。

其三，在述及"转折连词·轻转"之"顾"字时，著者不放过引用马建忠的巧妙说解："承上文，不相批驳，只从言下单抽一端，轻轻掉转，犹云别无可说，只有一件云云。"（第390页）

"叹词"一节内容本就简单，而著者依然注意引用马建忠的言说："其发而为叹美为伤痛者，或音同而字异，或字同而情变，所谓随事见

情,因声拟字,不可拘也。"(第 405 页)

这些显然是因为没有别的说法比马氏表达得更细腻而准确的了。

三、科学性

《纲要·语法篇》的科学性,可以说贯串于整个篇章的骨子里。这主要体现在两个方面。

其一是开阔的学术视野。《语法篇》开篇第一章即讲"实词的用法",按理应当直接表明其"词类"分为哪十一类即可。然而周先生却说"词类的区分,自马建忠以来,各家的见解不同,现在选择重要的各家列表",让读者"知道各家对词类区分的大概情形"。在列举了七家分类法之后,随即表明"我们现在采取《初中汉语课本》的办法"(第331—332 页)。

为何如此,著者没有只字说明。这显然是给采用此书做教材的教师留下较大的空间和余地,以便让他们自己去思考、去选择、去发挥,而绝不以己为是,强作解者。这是一种实事求是的科学态度。

不仅如此,著者还在该篇多处引用具有西方语法学涵养的著名学者王力、吕叔湘等人的论述来论证。譬如在说到动量词产生以后,出现数词带动量词放在动词前面和后面两种方式时,引王力的说法:"事物单位词一般是放在名词的前面,行为单位词一般是在动词的后面。到了现代汉语里,行为单位词就只能放在动词的后面了。"(第 355 页)周先生跟着仅仅说了一句:"这是一个重要的发展。"

又如说到先秦时期,"'其'字多作定语、主谓结构中的主语、复指成分的主语,而不大作一般的主语、宾语"时,接着补充道:"汉魏以后,'其'字可用为主语、宾语,见吕叔湘《汉语语法论文集》。"(第 360 页)

除了举两个例句外,别无一字解说,可谓干净利落。

其二是严密的逻辑思维。这一点突出地表现在《多义虚词》和《古书的句读》两章。为省篇幅,这里仅以后者为例。在论及"音节的句读和文法的句读"时,著者指明"前者从声气分,后者从文意分,两者的差别很大"。本已说得比较清楚了,周先生仍然大段引用黄侃《文心雕龙札记》里"论句读有关于音节与关于文法之异"的论说,其篇幅几乎占一页有半。起初有些意外,转而一想,周先生是因为黄侃之论述"非常精辟"的缘故(第457页)。正是由此启发,在其后的分析中,周先生纠正了不少学者的误说。例如:

《诗经·七月》:"四之日其蚤,献羔祭韭。"朱熹说:"蚤,蚤朝也。韭,菜名。献羔韭而后启之,《月令》仲春献羔开冰先荐寝庙是也。"

周先生指出:"按诗只说蚤,并未说蚤朝,朱子的解释是值得商榷的。其实上面的读法是以音节为标准的,如果以文义为标准,应该读作'四之日,其蚤献羔祭韭'。'蚤'是表明时间的副词,在此修饰'献'和'祭'。……明白了这种句法的特点,解释起来就毫不费力。"(第458页)

在此章第二节"古书误读举例"中,著者共列举十五个例句,分别就"不明词义""不明句法""不明事实""不审文情"四端而予以剖析。这里仅就最末一端而举二例:

《论语·述而》:"子在齐闻韶,三月不知肉味,曰:不图为乐之至于斯也!"武亿说:"此宜以'子在齐'为读,与'子在陈'同例。下文'闻韶音,学之三月',详玩此文,正以'闻韶'属'三月'为义。"

周先生指出:"按不知肉味与三月不知肉味,在程度上有很大的差别。把下句'不图为乐之至于斯也'联系起来看,自应读成'三月不知肉味';同时,要这样读,极度快乐的情况才能形容出来。武氏拘于《史记》,不玩文情……反而降低了表现力量。"(第464页)

《孟子·滕文公上》:"舜何人也,予何人也,有为者亦若是。"旧读"舜何人也?予何人也?"孙奭疏云:"舜何人也,我何人也,亦言其人即一耳,但有能为之者亦若此舜矣。"

周先生分析道:"按孙氏盖读作'舜何?人也。予何?人也。'所以他说'亦言其人即一耳'。颜渊说这几句话的意思,在于强调人的主观能动性,孙氏这样改读更能显现它的主要精神,对文情更加切合。"(第465页)

周先生学术视野之开阔和逻辑思维之严密,由此可见一斑。今日研究文言语法学之青年学者,当追此步武才是。

2008年初

建立"汉语通论"的新尝试
——许威汉著《汉语学》读后

早在1980年,著名语言学家吕叔湘先生就提出过一种设想,即大学中文系关于汉语的课程,如现代汉语、汉语史、汉语方言等全放在汉语通论里。这一构想富有创意。十多年之后,许威汉先生终于以其语言学学养和语言教学与研究的体验撰成《汉语学》,该书具体体现了这一设想。

一

贯通古今,努力构筑一个新的有机的理论体系。这部新著既不同于一般的中国语言学著作,也并非"古汉语通论"和"现代汉语概论"二者之简单凑合。该书开篇即把汉语学的研究对象——汉语置于整个人类语言系统去考察,确定其在人类语言谱系中的地位,自始至终地强调它的孤立语的特性,并以此为纲,贯穿于汉语学各个部门的研究。譬如,某一时期常用的汉字是极有限的,但由其构成的语词却无比丰富。这是一组矛盾。但汉字与汉语词却千百年来相辅相成,其中原因,著者解释道:"以有限的汉字代表语素生成难以估计的复词,而复词的大量产生又遏制了汉字字量的扩大;汉字不仅与汉语单音成义的特点相适应,也与汉语词汇复音化发展的总趋势相适应。"(第 23 页)关于词的复音化结果,一般认为是表意精确的需要,少有深究。而著者认为:"单音节孤立语这一特点,不仅使汉语构词必然走复音化道路,也使汉语词汇发展必然走其独特道路。"(第 243 页)再拿语法研究来说,自有汉语语法学以来,人们习惯于通过汉语和印欧语系某些语种的比较,得出汉语无严格意义的形态变化的结论。这当然是正确的。可是著者指出,没有严格意义的形态变化,正是孤立语的普遍特点,不独为汉语所有。认识汉语孤立语特性,是对汉语特点的更高层次的理解。把握这一特性,或许对当代汉语语言学诸多部门的研究都有裨益。

当代汉语语言学已有许多分支学科,但作为本体论,主要部分仍不外乎文字、语音、词汇和语法等。《汉语学》在每一部分都要言不烦地阐述了该部门的主要内容,而每一部分的论述都不是孤立进行,而是与其他有关部分相互联系起来的。如在文字部分,著者把汉字的衍生和词汇的丰富联系起来,多处强调汉字是和汉语的孤立语单音成义的特性相适应的。在论述词汇体系部分,为了证明词汇体系的客观性,书中分析同源词音义关系,即涉及了语音、语义方面的内容;解释同类词的规律性联系,即利用了汉字的部首所表示的概念意义,涉及了文字学的内容;说明词的构成形式的联系,牵涉词的复音化,更涉及语音、语法、语义甚至表达等多方面的内容。正如该书所述,"古人行文往往综合运用词汇、语法、修辞等手段(今人行文亦往往如此),我们

也要相应地综合运用词汇、语法、修辞等知识细加分析。"（第515页）

二

把汉语的史实与现状处处结合起来考察，既是该著主要的研究途径，也是其主要的论述方法。现代语言学往往强调解释。由于解释的角度和目的不同，解释的方式也有所不同。《汉语学》中的论述也是一种解释，此种解释是立足于对汉语深刻而广泛的考察而得出的结论，再用以说明语言各方面的特征。

汉字的简化趋势已是共识，但很少有人去关注此种趋势的具体实现过程。著者认为，繁简始终存在着矛盾，这种矛盾有共时的，有历时的，也有逆时的。如商代的来源于图腾崇拜的正体字与甲骨文的俗体字是共时的矛盾；秦代的大篆晚于甲骨文、钟鼎文，但比它们更为繁复，这是逆时的矛盾。

该书根据对各时期具有代表性的言语作品的具体言语分析，论述了汉语语法的流变。这些作品如《左传》《史记》《世说新语》等，它们各自代表某一时期的口语的基本面貌。比较它们之间语法上的一些差异，并由此反映语法的流变，其结论自然要可靠得多。相形之下，有些论者随意从典籍中抽样举例以说明语法现象的变化，就难免牵合之嫌了。再如古今汉语，虚词都是极为重要的部分，了解这些虚词的来源，对探索语言发展过程的语法化问题具有极大的现实意义。著者分析了汉语虚词的三个来源：由实词虚化而来，借用同音词表示，同音同形而词性或词义不同。这样的考察和阐述就使读者明白，语法化历程并不单是语言单位的由实变虚，还有其他复杂的因素。

我们在借鉴和引进欧美语言学理论时，应注意其研究对象大多是与汉语不同的语种。由于研究对象的差异,在考察方法和研究途径等方面应该有相应的变化,《汉语学》提醒我们作如此思考。

三

由于著者对汉语基本特性的把握和对汉语学各个部门的关联研究,因而在其著作中有着不少新的见解和成果。关于语言内部的结构层次,上世纪50年代以前,一般都分为语音、词汇、语法三部分。乔姆斯基学说出现以后,语言的内部结构被认为是:语义—语法—语音。这样,词汇学被看成是语义学的分支。而著者认为,上述解释还"不明确",应该这样示意:"语言系列以语义为基础,语言诸要素(语音、词汇、语法等)种种关系相互交织。"(第230页,并有图示)应该说,这样解释更清楚地显示了语音、词汇、语义、语法之间错综复杂的关系。著者进而指出:"由于汉字与汉语单音成义的特点相适应,汉字对汉语的影响极大。"这种语言结构观,不只是受了域外语言学理论的影响,更重要的是充分考虑到汉字与汉语的特性,将汉语各部门联系起来考察的结果,因而有所发展。

许慎的"六书"说为研治文字学之经典,是古代汉语学的光辉篇章。初入门者常会迷信"六书"说之神圣。著者则比较完整地勾勒了此说之由来与成形过程,并指出其不足。"六书"不独为许慎所创,汉代的班固、郑众均曾述及,唯许氏著《说文》,释名目,集众人之功于一体,遂传"六书"。在分析其内容以后指出:"'六书'是汉字相当完备时的一种分类法。这种分类法当然只是对于文字分类的一种学说。既是一种学说,就有补正发展的余地,不宜把它奉为天经地义的。"(第15页)这就给"六书"说以中肯的评价。随着学术的进步,"六书"说的局限也显露出来。后来有了商周两代的金文、商朝后期的甲骨文,再有宋代金石学以来长期的文字学积累,"六书"说渐趋完善势所必然。最后,水到渠成,把"六书"说和现当代汉字构造的"三书"说及新"三书"说有机地联系起来。此种联系明显地体现了学术的继承与发展。其他如由音韵学到现代语音学的转变,由传统训诂学到现代词汇学的转变,由古代"语词"研究到现代虚词研究,等等,无不体现了著者对有关古今汉语各种学说来龙去脉的清晰的把握。

《汉语学》还首次系统地提出汉语的"词汇体系",并予以说明和论证。著者是基于汉语的孤立语特性和汉字与汉语单音成义相适应的特性,分别从词的内部形式、外部形式及构成形式几方面来论证的。在内部形式方面,汉语史上的同源词音义关系的偶然性、约定性、回授性、类聚性、多元性、延展性,表现了同源词内部的有机联系。这种联系主要表现在语音和词义两个方面,语音(以先秦古音为依据)上有叠韵、对转、旁转、通转、双声、准双声、旁纽、邻纽等关系,而同源词的词义也有相同、稍有区别或相关的联系。另外,显示"词汇体系"的词的外部形式联系和词的构成形式之间的联系也都无不以汉语史实为参证。在汉语语言学各个部门中,词汇学是较为薄弱的环节。著者为汉语词汇学的建设进行了富有成果的探索。

以上分析说明,《汉语学》确实是一部尝试构建理想的"汉语通论"的创新之作。既然是尝试,也就难免会有一些不足之处。本文仅提出两点供著者修订时参考。

一是行文有时前后有重复。由于把"古汉语通论"同"现代汉语通论"融为一体,"汉语言学"各部门的关联研究,有时在论述中容易造成前后重复。如在概述"词汇"一节时,已经提到乔姆斯基学说出现后一般对词汇在语言中的结构层次的认识,并阐述了理由(第 230 页),接着在说明"词汇体系"时又重复上述文字。又如在谈到"了解本始义、引申义、(破)假借义本来不是易事,有时它们相互混淆交错"时,著者以"良"字为例,作了详尽的分析(第 308 页)。到了"语法"部分,在说到"状语多样丰富"时,因举例涉及"良"字,又夹杂大段文字来分析其本始义、近引申义、远引申义,还列表整理出"良"的词义系统来(第443 页)。此段文字不仅重复,而且与上下例句分析不相协调。

  二是个别内容不应以正文形式出现。如"汉字"部分在述及"汉字部首形、音、义的全面了解"时,著者将《说文》"540 部首的简要说明""按笔划顺序整理排列"于正文之中。虽然"这部分很重要,不能等闲视之",但是,"供随时查阅"的资料还是以"附录"列于书后为宜。

1997 年 2 月

《古汉语语法及其发展》评析

由杨伯峻、何乐士两位先生合著的《古汉语语法及其发展》(语文出版社1992年,以下简称《发展》),有人誉为"一部承前启后、开拓创新、具有较高理论价值和实用价值的汉语语法巨著"。这是当之无愧的。不过,任何一部理论著作也不可能完美无缺,该书亦有某些不足之处。这里先就其中编"介词"一章的某些阐述作一必要的剖析。

《发展》是这样阐述"介词的功能"的:

二、从语法上看,介词短语的增添是句子结构扩展的重要手段。介词短语可以:

……

(三)作定语,这种用例很少。一种是"介宾"与中心语之间不用"之"连接,如"及时雨","由窦尚书","沿江一带";另一种是用"之"连接,如"方今之务","自此之后"等。

（四）作谓语，少数介宾有时可单独作谓语。如"国家之败，由官邪也"。(《左传·桓公元年》)（第379—380页）

首先，且不说介宾短语在理论上能否"作定语"和"作谓语"，这方面《发展》一书并没有展开论述，而应当指出的是，上引著者的阐述与该书所说的"介词的概念"和"介词的特征"是不相吻合的。对"概念"，本书说："介词介绍它的宾语给谓词。'介·宾'位于谓词前或后，对谓词起修饰作用。"（第379页）对"特征"，本书又说："二、介宾短语位于谓语的前或后，……三、介词一般不用作谓语的中心，不出现在谓词的位置上。这是介词与动词的主要区别。"（第379页）

如前所说，介宾短语既然可以"作定语"，这个介宾短语就不只是位于谓词前，也不只是对谓词起修饰作用，而是还能位于体词前，还能对体词起修饰作用了。要么就是对"介词的概念"阐述得不够严密，对"介词的特征"叙述得不够周全；要么就是"介宾短语可以作定语"这一提法不妥当。二者必居其一。

叙述介词的第三特点时，著者虽然加上了"一般"这样的词语，似乎与前引"少数介宾有时可单独作谓语"没有什么矛盾了。但是，对于这样一部"古汉语语法巨著"来说，丝毫没有阐明在什么样的特殊条件下这少数介宾短语才可以"作谓语"，在这样的情况下，"介词与动词的主要区别"又在哪里，这不能说不是该书的一个明显的疏漏。

其次，再来考察一下《发展》一书中所列举的有关全部用例。"作定语"的介宾短语，该书一共举了五个，其实应当分属三种情况来看待。

一、"及时雨""沿江一带""方今之务"里的"及时、沿江、方今"不是短语,而是"复词"即合成词。《发展》在论述短语和复词的区别时,也曾以"备员"为例说:"第一,'备员'二字结合紧密,其间难以插进别的字……;第二,'备员'意义比较固定。"(第69页)按照这两个标准,"及时、沿江、方今"毫无疑义地应当看作"复词"。书中稍后,著者即把"方今"说是"成为表时间的一种惯用格式"(第389页)。因此,"及时雨""沿江一带""方今之务"都属于该书上编所说的"主从结构的短语"(第71页),而不是什么介宾"作定语"。

二、"由窦尚书"之"由"字并不是介词,而是动词,是"经由"的意思。正如该书"定语"一节所说,"动词及其短语作定语,表示人、事、物的性质和特征"(第52页)。顺便提一下,"定语"一节就没有涉及介宾短语作定语的内容。

三、"自此之后"当是表示时间的方位短语。"自此"虽是介宾短语,但与"后"之间既无修饰关系,更无领属关系,根本说不上是定语。其间的"之"字用同"以"。著者在此段以后的第二节就写道:"'自'与其他词语组成不少固定格式,表示与动作有关的时间和范围。"(第381页)而且还明确地指出,"'自是(此)之后'与'自是以来'用法同"(第382页)。这就是说,"自此之后"以及"及时、沿江、方今"这类词语,都是作为一个语言单位进入句子的。认清这一点十分重要。

至于"作谓语"的一例"国家之败,由官邪也",经查并不在《左传·桓公元年》,而在《桓公二年》。著者把"由官邪"当作介宾短语,显然不妥。"国家之败"是加"之"字的主谓短语,"官邪"也是主谓短语,"由"同"以",当是连词,这是一个先果后因的复句。同样是杨伯峻编撰的

《春秋左传词典》(中华书局 1985 年),其"由"字的一个义项即释为"因",所举亦是此例(第 215 页)。该书下编在论及"先果后因复句"时,即把"……以(为、由)……也"作为第三种格式(第 967 页)。

最后,要讨论的是"从"字。在"介词"一章第三节叙述"表示带领谁或随从谁行动"时,举了《史记·项羽本纪》里的一个例句:"沛公旦日从百余骑来见项王。"接着著者分析道:

> 这个"从"表"使百余骑随从(自己)"或"后随百余骑"之义。"从"的意义指向不是由主语到其宾语,而是由"从"的宾语到句子主语,也就是说,不是主语随从介词的宾语,而是介词的宾语随从主语。(第 412 页)

这样表述,不能不使读者怀疑,"从"字的动作意义如此实在,且有使动用法,为什么不看作动词而要当作介词呢?再翻阅该书下编"动词谓语句"一章,著者在阐述"动宾结构"一节里的"施事宾语"时写道:"动宾结构内部含有表使动的语义关系……它表示在主语的支使下,宾语发出该动词谓语所表示的动作。"(第 535 页)其下恰恰也举了上引《史记》的那个例句,并明确地把句中的"从"字看作"及物动词作使动用法"(第 535 页)。应当说,这既是材料分析上的前后矛盾,也是词性归属上的摇摆不定。

对于一部严谨的语法巨著来说,这也是一个应当避免的失误。不错,该书前面说过,某些词有兼类现象,如"从"字既可用作介词,又可用作动词。然而,某个具体例句里的某个词,应当只具有一种词性,不可能跨越两个词类。

不过,从全书来说,还是瑕不掩瑜的。

1995 年 2 月

《老子》复句辨析
——《〈老子道德经〉句法述要》研读

南京大学周钟灵教授于1982年发表过一篇题为《〈老子道德经〉句法述要》的长篇论文,里面涉及该书复句的分析。本文以此为参照,对其中复句认真地进行辨析,以期更加符合《老子》文义的脉络。周先生指出:

> 《道德经》中的复句却很多。这反映出《道德经》具有丰富多彩的抽象性的哲学思想内容,必得多用复句作为表达的语言形式。例如:
> 是以圣人处无为之事,行不言之教。(联合式复句)
> 夫唯弗居,是以不去。(因果式复句)
> 不尚贤,使民不争。(目的式复句)
> 为无为,则无不治。(假设式复句)
> 谷神不死,是谓玄牝。(命名式复句)

众人皆有余,而我独若遗。(转折式复句)

俗人察察,我独闷闷。(反对式复句)

朴虽小,天下莫能臣也。(让步式复句)

名亦既有,夫亦将知止。(理由式复句)

……它们都是二项式的复句,即只具有两个分句的复句。另外还有多项式的复句,即具有三个以上的分句的复句。

为省篇幅,以下所举例皆略去。显而易见,周先生是从内容和结构形式两方面对《道德经》里的复句进行分析的。不仅如此,他还重点剖析了该书中的假设句("则"字句)、因果句("故"字句)和转折句("而"字句)等复句句型。前贤的论述固然比较周到,但今日看来,仍然有着补正的必要,因为学界的认识比起过去又更加深入了。

一、关于复句的定名

试看以上所举两例及其定名:

谷神不死,是谓玄牝。(命名式复句)

俗人察察,我独闷闷。(反对式复句)

对前一句,作者称之为"命名式复句"。这种定名似不准确。与此句相类似的还有以下几例:

玄牝之门,是谓天地根。(六章)

得之若惊,失之若惊,是谓宠辱若惊。(十三章)

其上不皦,其下不昧,绳绳不可名,复归于无物。是谓无状之状,无物之象,是谓恍惚。(十四章)

能知古始,是谓道纪。(十四章)

归根曰静,是谓复命。复命曰常,知常曰明。(十六章)

生而不有,为而不恃,长而不宰,是谓玄德。(五十一章)

  类似的例句还有不少,这里就不再罗列了。以上共有六例。先看第一例,"玄牝之门"本身即是名称,老子用不着再为之命名。再看第二例,"宠辱若惊"并非为"得之若惊,失之若惊"命名,而只是一种概括。第三例"无状之状,无物之象",根本就不是一个名称,何命名之有?何况接着一句"是谓恍惚",哪有刚刚"命"过"名"又接着"命名"的?至于第五例,如果说"归根曰静"是命名句,其后"是谓复命"一句自然就不再是命名了。以上分析足以说明,"是谓(为)"什么什么的,并非一定用来命名,而大多是表示评断的。

  对后一句,作者称作"反对式复句"。这种定名也不妥帖。因为它完全是从意义出发的。试将所列举的两个例句加以比较:

俗人察察,我独闷闷。

众人皆有余,而我独若遗。

  以上两个复句,除了下一句有"而"字以外,它们两个分句之间的关系没有什么根本性的区别,而作者将上一句称作"反对式复句",却将下一句归入"转折式复句"。试问,下一句"皆有余"和"独若遗"不也是语意相反么？可见把上引两句硬性分开是带有主观性的，并无客观依据。我们以为，将上述两句都称为"转折式复句"比较稳妥，前者是不用关联词的意合句，后者是使用关联词的形式句。

二、关于复句的分类

周先生将《道德经》的"假设句——'则'字句"分为两类："一、用连词'则'字的假设句"；"二、不用连词'则'字的假设句"。"这又可以分做用其他'关联字'的假设句和不用'关联字'的假设句两个部分来论述"。其"关联字"列举了"斯、若、乃、而"四个。对于《道德经》的"因果句——'故'（是以）字句"，他分为三类："一、用'故'（是以）字的因果句"；"二、不用'故'和'是以'而用其他关联字的因果句"，作者所说的"关联字"列举了"以"和"为"两个；"三、不用'关联字'的意合法因果句"。

以上所说显然不妥。首先，极易引起两点误解：其一，误以为"则、故"只是"连词"，而不是"关联字"；其二，误以为"若、乃、而、以、为"只是"关联字"，而不是"连词"。我们以为，科学的理解应当是：一、所谓"关联字"，是包括"连词""副词"以及某些"指示代词"等所有具备关联作用的字，其外延要比"连词"大得多。二、"若"是表假设关系的连词；"而"是表承接关系或转折关系的连词；"乃"是表承接关系的副词；"斯"原是指示代词，但可虚化为表承接关系的连词，相当于"则"字；"以"和"为"既可用作介词，也可用作连词。

其次，上述将"假设句"二分，而将"因果句"三分的做法不符合逻辑。合理的划分应当是先把以上两种复句都分为形式句和意合句，前者是指用关联词的，而后者是指不用关联词的。然后再根据需要往下细分。

三、关于转折复句

周先生指出:"'而'字是多功能的连词,既能表达多种的并列关系,又能表达多种的偏正关系。转折关系是并列关系的一种,表达转折关系的句子就是转折句。转折句也是一种复句,它常常用'而'字作为语法标志。"接着列举了八个例句。我们认为,以上说法有两点需要补正。

首先,笔者早年曾经发表过一篇题为《说"而"》的专篇文章(《安徽教育》1979年第3期)。文中指出:"古代汉语的连词'而'字,用法极为灵活。……一般谈文言虚词的书都归纳为'顺接'和'逆接'两类。""'逆接'即表示转折关系,而'顺接'包括并列、递进、修饰、承接等关系。"试看下列《老子》用"而"的句子:

持而盈之,不如其已;揣而锐之,不可长保;……富贵而骄,自遗其咎。(九章)

此三者不可致诘,故混而为一。(十四章)

我独异于人,而贵食母。(二十章)

诚全而归之。(二十二章)

域中有四大,而人居其一焉。(二十五章)

将欲取天下而为之,吾见其不得已。(二十九章)

兵者不祥之器,不得已而用之。(三十一章)

上德无为而无以为……上义为之而有以为。(三十八章)

上士闻道,勤而行之。(四十一章)

我无为而民自化,我好静而民自正,我无事而民自富,我无欲而民自朴。(五十七章)

很明显,以上例句里的"而"字,既不是表示并列关系,也不是表示转折关系,而是用来表示承接关系的,其中不少都可以用"则"字替换。

其次,作者在论及"假设句"和"因果句"时,都曾谈到"不用关联字"的"意合法";而论及"转折句"时,却未曾涉及。这也是不符合逻辑系统的。试看《老子》一书里的意合法转折句:

俗人昭昭,我独昏昏;俗人察察,我独闷闷。(二十章)
天下,神器,不可为也。(二十九章)
君子居则贵左,用兵则贵右。(三十一章)
偏将军居左,上将军居右。(同上)
胜人者有力,自胜者强。(三十三章)
万物归焉而不为主,可名于大。(三十四章)
乐与饵,过客止;道之出口,淡乎其无味。(三十五章)
天下万物生于有,有生于无。(四十章)
大盈若冲,其用不穷。(四十五章)

上引各例前后两分句之间皆有转折之意。笔者曾经说过:"转折复句由两个部分构成:前一部分叙述一层意思,后一部分转到另一层表达与上述意思相反或相对的意思。前者为偏,后者为正。"(见《说"而"》)从以上所列意合法的句子可以看出,老子所着意的是后面一层意思,若在中间加上"而"字,其语意重点则更为明显。显然,把转折关系看作"并列关系的一种"是不很妥当的。

四、关于按断复句

"按断复句"之得名,据笔者所知,最早见诸王力先生于1943年出版的《中国现代语法》一书。他说:"按断式,是论据在前,结论在后的。按断式可以是一种建议,也可以是一种对于既成事实的判断。"在论及主从句之"理由式"时,又说:"理由式和按断式的分别,就在主从句和等立句的分别上。在按断句里,'按'的部分和'断'的部分是同样看重的;在理由式里,只着重一件事情,另一件事情只算是一个理由。咱们在形式上也很容易分辨:理由式往往是有'既'字的,按断式是没有'既'字的。"

到了20世纪90年代,杨伯峻与何乐士合著的《古汉语语法及其发展》这部巨著又发挥了上述按断复句的理论:"按断式是指前面的分句叙述情况,叫做'按';后面的分句对前面的叙述作出评断,叫做'断'。前面'按'的部分常不止一句,有并列句,有连贯句,也有转折句,这一部分是被评断的对象。后面'断'的部分常常比较简短,比较容易辨别。……按断句与一般的判断句不同,判断句由主语和谓语两部分组成,是单句;按断句由'按'语和'断'语两部分组成,大多是复句。"

据我们考察,按断复句在语言交际,尤其在论辩过程中,其作用独特,因而被经常使用。试看《老子》一书里的按断复句:

（一）以判断句为断语：

谷神不死，是谓玄牝。（六章）

得之若惊，失之若惊，是谓宠辱若惊。（十三章）

其上不皦，其下不昧，绳绳兮不可名，复归于无物。是谓无状之状，无物之象。（十四章）

是以圣人常善救人，故无弃人；常善救物，故无弃物：是谓袭明。（二十七章）

重积德则无不克；无不克则莫知其极；莫知其极，可以有国；有国之母，可以长久：是谓深根固柢、长生久视之道。（五十九章）

（二）以叙述句为断语：

知常容，容乃公，公乃王，王乃天，天乃道，道乃久：没身不殆。（十六章）

吉事尚左，凶事尚右；偏将军居左，上将军居右：言以丧礼处之。（三十一章）

勇于敢则杀，勇于不敢则活：此两者或利或害。（七十三章）

（三）以反问句为断语：

是以侯王自称孤、寡、不谷，此非以贱为本耶？（三十九章）

(四)以复句为断语：

持而盈之,不如其已;揣而锐之,不可长保;金玉满堂,莫之能守;富贵而骄,自遗其咎;功遂身退,天之道哉。(九章)

视之不见,名曰夷;听之不闻,名曰希;搏之不得,名曰微:此三者不可致诘,故混而为一。(十四章)

善为士者,不武;善战者,不怒;善胜敌者,不与;善用人者,为之下:是谓不争之德,是谓用人之力,是谓配天,古之极。(六十八章)

以上共十二例,按照不同类型分成四组。现在分析如下：

(一)组:《老子》一书作为评断语的判断句,其系词一般用动词"为"或"谓"来表示。上面所引五例,其主语都是用指示代词"是"字,其宾语或为专用的术语名词,或为主谓词组与并列词组等。

(二)组:《老子》一书里,也有用动词性词组为谓语的叙述句作评断语的,上面举了三例;不过其主语或不出现(如前二例),或者出现(如后一例)。

(三)组:这在《老子》一书里仅有上引一例。

(四)组:上面所引第一句是承接复句,先叙述,后判断;第二句是因果复句,"故"是其连词;第三句是个二重复句,前三个分句"是谓……"构成并列关系,后一个分句"古之极"则是结语。

2008 年 8 月

一部独创性与综合性相糅合的巨著
——评《上古汉语语法史》

中国社科院语言所研究员姚振武,在 2015 年退休之际奉献给学界一部丰厚的专著——《上古汉语语法史》(上海古籍出版社 2015 年)。今年仲夏,我便收到了他的这部沉甸甸的书。在读了这部专著的《后记》与《主要参考文献》,尤其是《绪论》之后,不禁有一种学术责任心迫使我以认真的态度反复阅读这部书,以便写出一篇书评来。在认真阅读这部巨著之后,上面的题目就从脑际自然地蹦了出来。

所谓"独创性",当然是指这部书的大部分学术见解和成果都是出自著者自己的研究与开掘;所谓"综合性",那是指该书的一部分内容是吸收了众多专家学者已有的成果和见解。正如著者于《后记》所云:"本书从来源上可分为三个部分。第一部分是我历年的研究成果。""第二部分为其他学者比较可靠的研究成果,在一定程度上被直接吸收进来。""第三部分最为费时费力,需要结合第一手资料,考察分析大量现有研究成果,去伪存真,去粗取精,往往一个章节就是一个独立的研究课题。"本文即从上述两个方面来予以评析,这不仅能够揭示该巨著的学术特色,展示著者本人长期以来的深度思考和学术见解,而且还能够借此机会全面梳理在上古汉语语法研究领域内究竟有哪些中青年学者做出了比较重要的贡献。

一

先说综合性,因为在我们所说的古代汉语语法学领域里有几位前辈、大家是应该首先提及的。从书后所列"主要参考文献"来看,就有马建忠、黎锦熙、王力、吕叔湘、丁声树、高名凯、周法高、赵元任、刘世儒、史存直、朱德熙、杨树达、杨伯骏、何乐士、孙良明、管燮初、裘锡圭、郭锡良、唐钰明等近二十位。由于他们的姓名大多是众所周知,其论著在学界又是有目共睹的,因而一一列举出来反而成了累赘。

其次是与此相对,在学界几乎没有什么名气的一批中青年学者,哪怕他们对上古汉语语法学只有一得之见,该书著者也没有忽略他们。应当说,这一点更加显示该书著者不同凡响的学术眼光。在其《主要参考文献》里占有一席之地的这些学者(按所列顺序)有:潘玉坤《西周金文语序研究》、沈培《殷墟甲骨卜辞语序研究》、王贵元《战国竹简遣策的物量标记法与量词》、杨五铭《西周金文被动式简论》、赵平安《两周金文中的后置定语》、周清海《西周金文里的被动式和使动式》、白平《汉语史研究新论》、陈初生《早期处置式略论》、胡敕瑞《动结式的早期形式及其判定标准》、康瑞宗《古代汉语语法》、李明《汉语助动词历史演变研究》、李平《〈世说新语〉和〈百喻经〉中的动补结构》、李小军《语气词"已""而已"的形成、发展及有关问题》、时兵《上古汉语双及物结构研究》、宋金兰《古汉语判断句词序的历史演变》、徐肖斧《古汉语中的"与"和"及"》、杨必胜《关于及物化现象》、杨永龙《先秦汉语语气词同现的结构层次》、余健萍《使成式的起源和发展》、张猛《训诂和汉语体系的关系》(手稿)、张延俊《也论汉语"数·量·名"形式的产生》、赵大明《左传介词研究》、朱承平《先秦汉语句尾语气词的组合及组合层次》、朱红《基于语料库的汉语第一人称代词分析》等。其中,有的只是一篇小论文,有的还是未正式发表的博士论文或者手稿,而该书著者把它们全收了进来。笔者之所以在此不厌其烦地予以罗列,也算是有意识地"立此存照"吧。

二

当然,对上述所列的老中青三代学者的见解和成果,著者也不是完全"一视同仁"的,而是根据他们的学术价值与学术贡献的大小来"区别对待"的。这里有必要将文本里引用三次以上或是重点提及的中青年学者,逐个列出他们的学术论点或见解,以引起学界和读者的重视。

(1)关于人类语言的产生,著者多次引用姚小平《洪堡特——人文研究和语言研究》一书所介绍的观点:"洪堡特就认为语言的起源是一种'突现'","汉语由于其强烈的语言保守性,保留了原始的孤立结构";而且,"古典语体的汉语具有独到的长处,那就是把重要的概念直接系接起来;这种语言在简朴之中包含着伟大,因为它仿佛摈弃了所有多余的次要关系,力图直接反映纯粹的思想"。(第2—5页)

(2)关于上古汉语的一致性,著者多次指出,喻遂生从周原甲骨和殷墟甲骨、商代金文和周代金文、殷墟甲骨和周代金文、殷墟甲骨和先秦典籍及商周文字的关系等多方面系统考察了商、周语言的关系,得出的结论与陈梦家完全一致,这就是"卜辞文法也奠定了后来汉语法结构的基本形式,周、秦的文字文法,都继承了殷代文字文法而继续一贯地发展下去";并深入考察而得出结论:"甲骨文时代长,数量大,又能反映实际语言,其语料价值是毋庸置疑的。"(第9页)

(3)关于上古汉语语法的综合性,著者提及孙良明的考察,说他根据汉魏晋人的笺注总结上古汉语"动词"和"名词"的组合总共包含24种语义关系,其中"名+动"9种,"动+名"12种,"形+名"3种,这说明"语法结构的多功能性";又说他论及"宾语前置句式的变化"时指出,一段时间的多数,后来可能变为少数;相应地,一段时间的少数,后来可能变为多数。这说明"多种形式一种功能"。(第22、27页)

(4)关于词头"有",著者说他"重点参考了白平《'有'非词头辨》"一文,指出:"汉语,尤其是古代汉语缺乏形态,兀自凸现出一个常见的'词头',这是非常可疑的。"于是他进而指出,"'有'字很可能是一个具有实义的修饰语",对此,著者综合各家意见作了十分具体的阐述。(第44页)

(5)关于状态形容词,著者参考杨建国的说法,认为"状态形容词是一种相对静止状态的描写,不具备概念上的可变性,所以不能接受时间副词和程度副词的修饰。从功能上看,性质形容词可以带介词结构作为补语,表示比较";而"状态形容词不具备这种功能"。"性质形容词可以有'使动用法'和'意动用法',状态形容词也不具备这种功能"。(第98页)

(6)关于次序记录法,著者采纳张玉金的说法:"殷商时期用数词记次序,形式上与普通基数无异,内容上一般是表示时间的顺序。例

如'唯王八祀''七日丁亥既执','八祀'就是第八年,'七日'就是第七日的意思。"(第 115 页)

(7)关于人称代词的发展,著者引用钱宗武对今文《尚书》的考察比较多。如"我"字,据其考察,"今文《尚书》中自称代词'我'用作单数凡 74 见","今文《尚书》'我'用作复数凡 122 见"。因此著者说:"可见'我'表单数已常态化了。"又如第二人称代词,著者整段引用他的研究成果:"今文《尚书》'人''尔''乃'没有格的区别。……'汝''尔'格位的使用只有偶然性没有必然性。……'汝''尔''乃''而'单复数同形。"由此著者说:可以看出,上古汉语第二人称代词系统的"格"和"数",呈现的是一种似有若无的面貌,其模糊性甚于第一人称代词系统。(第 175、185 页)

(8)关于副词和介词的发展,著者有几处采用杨逢彬的意见。譬如说到时间副词时,"杨逢彬认为,殷墟甲骨刻辞中的时间副词只有两个:卒、气"。"这两个副词都是'最终'的意思。至于它们的区别,大约是:'气'是由动词'气'虚化来的,而'卒'是'(时间上)到……为止'的意思。因而副词'气'重在过程,可以译为'一直';'卒'则重在结果,可以译为'最终'。"说到程度副词时,"杨逢彬认为殷商时期程度副词只有一个'引',只修饰'吉',表程度高"。(第 253、271 页)

而殷商时期的介词,"杨逢彬认为真正可称得上是介词的只有两个:'于'和'自'"。不过他又指出,"殷墟甲骨刻辞中的'于'还不是一个纯粹的介词;它还残留着一些动词性,还残留了一点词汇意义"。至于介词'自'的来源,"杨逢彬认为是由动词'自'虚化而来";而且"作为动词的'自',其意义本来是自足的,不一定要与其他动词连用"。但要表达"自……开始直到……"这样的话题时,"自"就必须与其他动词连用,在这一表达中"直到……"往往是表达的重点,这样,"自"及其宾语就处于从属的、不被强调的位置,以至于必须依附于某个谓语动词而存在,于是"自"就虚化为介词。(第 275、279 页)

(9)关于语气词的发展,著者多方采用张玉金、赵平安、李小军等的见解。如:"西周时期标示疑问语气的语气词主要有'其'(旧读'基'),见于《尚书》《诗经》";"近年来,赵平安等学者考证,本原型语气词'只',是'也'的写讹";"李小军认为,随着'已'动词性的减弱,'而'的连词功能也在相应减弱,……而两者语义的弱化一旦达到一定程度,边界就会开始模糊,结合逐渐紧密并融合;最后'而已'被重新分析为一个复合语气词。"(第 364、366 页)

(10)关于主谓结构的发展,著者提及甲骨学者历来有"后置主语"一说,并引用沈培的见解:这样的句子"应该是当时实际语言的反映"。他甚至"考虑到这种现象是否反映更早时期汉语的特点",这"是很敏锐的"。(第 397 页)

与此有关的是系词"是"产生的时期问题。著者指出,据汪维辉研究,"标志系词'是'用法完全成熟的否定式'不是'","是在东汉时期出现的,这也远早于王力等所认为的唐代"。(第 428 页)

(11)关于后置定语的发展,著者谈到"名词性成分作后置定语,即所谓'大名冠小名'"时,特别指出"这一部分主要根据孟蓬生《上古汉语的大名冠小名语序》一文。这种后置定语比较多见的大致有以下几类:人名、地名、星名、动物名、植物名和水土名。(第 470—474 页)

(12)关于处置式的产生,著者完全采纳了陈初生的见解。因为引文很长,这里不能不作剪接:处置式的词序似是上承远古和上古前期汉语的宾语前置("受事主语句")而来。宾语径置动词前面的句式与处置式的关系倒是非常密切的。这种句式可以看作是意念上的处置式,但意念上的处置式与意念上的被动式极易相混,后来古人才用介词"以"为语法标志,就像以"于"为被动句的语法标志一样。于是,"以"字句处置式就正式产生了。著者认为"陈初生的推理是有道理的"。(第484—485页)

三

现在轮到来重点梳理并评价这部巨著的独创性了。第一步,对著者的独创性需要有一个总体性的了解,这可以从该书后附的"主要参考文献"所列他本人的论文即可一目了然。其论文一共21篇,最早的发表于1988年,最晚的是2013年,时间跨度为25年。就其中所论述的内容来看,大致属于语言学理论的2篇,属于专书语法研究的2篇,其余17篇涉及上古汉语语法的名词、动词、代词、量词、结构、句子乃至造词法等,其"上古汉语语法史"的覆盖面不可谓不广。从这个角度来说,姚振武是最有资格撰写这部巨著的学者。此话绝不为过。这一节就是按照该书的论述顺序,系统地展示已经融入本书中的上述论文的主要亮点,以便让学界与读者比较全面地了解那么多独特见解的学术意义以及给学界今后思考与研究的启示。

(1)汉语较多地保持了人类语言初期的形式特点。这也是根据西方著名语言学家对汉语的评述,著者道出了其中的原委:"人类的思维形式、语言形式、逻辑形式最初本是三位一体的",而作为"最古老的语言"的汉语,"其语法形式与人类思维形式、逻辑形式密切对应"。"汉语语法的保守性,至少可以从目前可考的三千多年的历史得到证实。在这三千多年中,汉语基本的语法格局始终保持不变"。(第5—7页)

(2)著者提出一个"古指称词"的概念和术语。它"承担着后来指示代词和第三人称代词这两套代词的功能。殷商时期有'之、兹'两个。西周时期,逐渐又有了'彼、是(时)、此(斯)、厥、其'等。西周中晚期开始,'厥'逐渐为'其'所取代……。'兹'在东周以后就很少见了"。(第12页)

(3)关于上古汉语综合性的思考。著者指出:人类语言一开始就是分析与综合的统一体。由于这种关系,指称与陈述既对立,又统一;既互相区别,又可以互相转化。这种性质导致语言发展史中"同一化——多样化"不断交互出现的发展模式。我们在上古汉语语法发展史中看到的正是这种模式。他接着说,"显然,语法成分处于缺乏形态的'孤立'状态时,综合性就特别强。据我们考察,上古汉语综合性的主要表现是'一种形式多种功能'和'多种形式一种功能'现象。这是上古汉语的主要特点,同时也深刻地影响了上古汉语语法发展的过程"。具体说来,名词兼有动词的功能,或转化为动词,是多样化的发展;真正的被动式"为 n 所 v"与"数+量+名"格式的产生等,也都是多样化的结果。(第22页)

(4)关于语法成分的同一化问题。著者指出,"同一化是指几个相类成分统一为一个成分"。"第一种情况是,在同一语法范畴表达系统的多个成分中,某一个成分具有相对的普适性,表现强势,于是逐步取代其他相同(类似)成分,最终'一统天下'。"他举的例子有上古汉语第一人称代词系统(我、余[与]、朕、吾等)具有综合性(多种形式一种功能),其中"我"的功能具有相对的普适性,……所以最终取代了其他第一人称代词。"还有一种情况是,相类的多个成分虽然具有综合性,但最终的发展并不是其中的一个取代了其他,而是该多个成分被另外一个成分所取代。"例如古指称词"彼、是、此、其、之"等,当用于第三人称代词时,具有很强的综合性,但最终的发展却是另外的"他"成为专职的第三人称代词。(第36—37页)

由以上(3)(4)两点可以看出,著者对语法现象的深刻见解和辨析功力超出一般学者。正如他自己所说的那样,"汉语的一些综合现象,过去也有所注意,但给出的解释多不能令人满意。现在我们找到了语言的综合性的逻辑基础,这就是基于本体范畴的指称与陈述的分化。于是语言的综合性与语言的分析性一样,具有了可证伪性"。这是新提出的语法理论与旧有的语法现象相结合的最好的例证。

(5)关于"逆演化"的问题。这是著者"特提出来供进一步研究"的问题。他指出:语法理论上的语法化,一般是指实词的虚化;但我们在考察上古汉语发展史的过程中,发现一些似乎是虚词实化的现象。他列举了三个例字。一是殷商时期的"允",原是表肯定的语气副词,而到西周时,却演化为表"真实、确实、诚信"义的形容词的迹象。二是"必",西周时是个语气副词,表断定、确定不移或命令的语气,而东周以后,又发展出少量动词的用法。三是"悉",西周时用作范围副词,而降及东周,有发展为"使尽"义的致使动词的迹象。当然,著者也慎重地指出,"以上所谓的'逆演化',根据只是目前掌握的事实。情况究竟如何,也许有待以后发掘更多的资料来做更深的研究"。不过,敏锐地提出问题毕竟是解决问题的第一步。(第39—41页)

(6)关于助动词的发展,著者对于几对助动词的同异可谓辨析入微。一是"愿"和"欲",他指出,这"是一对既互相区别,又紧密联系的助动词。'愿'表示施事者的主观意愿。这种意愿的实现,往往需要所交谈的对象的配合或其他客观条件的允许";而"'欲'本义表示施事者即将独立做出他想做的行为,无需任何配合商量"。而且"战国晚期以前,'愿'没有否定形式,'欲'有否定式'不欲'"。二是"克"和"能",他指出,"二者意义接近,都表示'有能力''条件许可'等"。它们"主要是历时替代关系。'克'最古老,见于殷商时期,'能'出现于西周金文,以后逐渐增多,大约至战国中期以后,'克'完全淡出,而为'能'所替换"。三是"可"和"可以",著者先是把"可"与"能"作比较,它们"虽然都是表示可能性,但所关涉的动作行为的方向不一样。'可'表示由外向内,'能'表示由内向外,所以二者在句中一般不能互换"。谈到"可以"时,他先指出它"是由助动词'可'与介词'以'由于经常邻接使用凝结而成的",而后说,"助动词'可以'战国中期以前多表示动作由内向外……其性质一般来说相当于'能',而不相当于'可'";而且"'可'和它的否定形式'不可'都可独用,即单独回答问题……'可以'没有此种用法。它显然与'以'的前身是介词有直接的关系"。"但战国中期以后,这种区别逐渐模糊了"。四是"宜"与"当",著者指出,"助动词'宜'比较古老,在西周金文中就已存在",它"还经常处在主谓短语的前面或后面,表示评价";而"作为助动词,'宜'与'当'的意义接近,用法则略有区别,'当'不能放在主谓短语前面表示评价"。(第81—97页)

(7)关于"数+量+名"格式的产生,著者提出了自己的解释。他说,"整个上古时期一直是'名+数+量'占绝对优势地位"。并排除众议指出:"据我们的考察,'数+量+名'比学界原先认定的时期要早得多",因此,过去对其产生和发展的"种种解释,都有重新讨论的必要"。他认为:"就汉语,尤其是古代汉语而言,两个不同的语法形式,在语义相同或者相通的条件下,往往可以不加分别彼此通用,这是一条重要规律。……后来的'名+数+量''数+量+名'格式也是如此。这条规律常常成为某些新形式产生的原因。"(第158—159页)

(8)关于动词转化为名词的问题。著者认为:"动词、形容词不用任何形式标记也可以名词化,并且所得出的类型与用形式标记的完全一致。"其"原因及规律就在于本体名词与动词具有天然的、内在的统一性。可以说,'动'是'名'的存在形式。一个本体名词,如果以分析的形式说出来,就必然要包含'动'的范畴。反过来,一个'动'的范畴如果指称化,就很容易指向它所依附的那个'名'。"(第339页)

(9)关于构词法的发展。在谈到"作册""御史"这类一般被认为"动宾式"(或"支配式")的复合词时,著者指出,"这个看法是有问题的。一个名词,是不能被分析为'动宾式'的,反过来说,一个动宾结构也不能同时又是名词。这就关系到语言学中关于'向心结构'的基本原则:向心结构的功能应与它的核心语的功能一致。动宾结构是典型的向心结构,其核心语为动词,所以动宾式的功能应与动词,而不是名词的功能一致。这是一条为无数事实证明了的规律"。他进而说道:"凡动作行为总是和动作行为对象相联系。'转指'就是指动词性成分语义发生变化,转而指称与该动作行为相关的各种对象,诸如施事、受事、与事、工具等。转指是动词性成分的一项基本功能。从构词的角度看,不妨称之为'转指造词',它是汉语语法结构词汇化的一种方式。"(第 386 页)这无疑地为汉语构词法的发展增添了新的内容。

(10)关于主谓结构的发展。在这方面,著者也有他自己的论断:"本体名词以及相关的实义动词,是任何语言中最根本的成分。这二者作重要的句法表现之一,就是充当主语(名词)和谓语(动词),组成主谓结构。"而"只有指称或指称化的成分,才能充当主语;只有陈述或陈述化的成分,才能充当谓语"。这一结构涉及"主＋之＋谓"式的产生与消亡的问题。他认为,这种格式"不仅见于《尚书》(今文),还见于《诗经》的大、小雅","东周以降,'主＋之＋谓'不仅继续存在,而且相当盛行"。这种格式在西汉初年已大大衰落,后来就消失了。著者说,这是因为"'主＋之＋谓'的'之'从一开始就不是必需的。也就是说,没有它,主谓结构也可以处在非独立的、指称的状态下,并且这种性质依然可以是显豁的"。(第 396—400 页)

(11)关于受事主语句的问题。著者在这一节的开头就指出:"上古汉语受事主语句可分为意合句、遭遇义动词句、指称句,以及被动句四大类型。"在谈到意合句的发展时,涉及其中"于"字的性质与作用问题,他认为"于"既不表主动,也不表被动,"凡是能插入'于'字的动宾结构,其'于'字的作用就在于使原结构变为动补结构,从而强化该结构原有的语义关系"。(第 401—405 页)

在谈到遭遇义动词句的发展时,又涉及一个"见"字的性质与作用问题,他说:"经过观察我们发现,'见'字与这些遭遇义动词('遇、遭、受')一样,不仅用在动词性词语前,而且也用在名词性词语前,表述的意义完全一致。"在列举并分析了一些"见＋及物动词"的例句之后说:"'见'的遭遇义是从'见'的本义直接发展而来的。……如果把'见'看

作虚词,则难以说明其虚化的过程,事实上也未见有人作过这方面的解释。"(第 406—408 页)

(12)关于被动式的产生。著者敏锐地提出:"上古汉语还有一种受事主语句,即通常所说的表被动的'为'字句。该句包括两种形式:'(n)为(n)v'和'(n)为 n 所 v'(括号表示其中的成分可省略)。对于这种'为',语法学界一直存在两种意见,……分歧的实质在于'为'后的动词性成分究竟是对受事主语的指称,即动词性成分转指受事,还是对受事主语的陈述。"他认定"两者不仅产生年代不同,而且性质也不一样。前者是指称式,后者才是陈述式即真正的被动式"。(第 412 页)对此,学者马清华给以充分的肯定。他说:"借助国产理论对语法化问题进行独到的研究,是新时期语法化研究的一种方向性突破。"(《语言研究》2003 年第 2 期)

四

在综观这部巨著之学术成就的最后,我们不能不概述如下几点:

第一,对西方语言学理论的辩证吸纳;第二,对古代汉语"孤立"状态的深刻把握;第三,对从汉语自身的事实出发来思考汉语之理念的一再强调;第四,对古代汉语种种语法现象的细致辨析;第五,对老中青三代汉语语法学者各种见解的实事求是的评析。正如著者在其《后记》里所说的,"本书可能是第一部较为系统地考察当今一种活的语言在公元前一千多年间语法发展史的专著。……只有汉语,既有极长的历史长度,又有最丰富、一脉相承的文献资料,具备构建这样一部语法史的条件"。主观和客观两个方面都提到了,著者思维之严密亦由此可见。最后,应当提及一下该书在语言学纯理论上的贡献。

其一，提出指称和陈述的分化产生了语言。著者根据几位世界顶尖级的语言学家的观点，认为语言的起源是一种"灵光一现"，是"基因突变"；他又根据"语言，作为一种结构来看，它的内面是思维的模式"的见解，并参照古希腊哲学家亚里士多德把客观世界分为十个范畴，其中本体范畴占有特殊的位置，其他九个范畴（行为、状态、数量等）都是本体的属性的学说，明确提出：人类这种思维形式（本体—属性）反映到语言上，就是本体为指称（主语、名词等），其他九个范畴为陈述（谓语、动词等），从而构成一个短句（语言），同时也就是一个判断（逻辑）。接着他说道："只有人类能够把同一个客观对象分成'本体'和'属性'两部分来认识和思考，同时用指称和陈述两分的方式表达出来。这就是人类语言'突现'时的状态。"（第 2—3 页）

其二，他在成段地引用西方著名语言学家萨丕尔的论述之后概括道："人类语言最基本的成分就是名词和动词，最基本的关系就是词序和音势。其他一切都是后起的，非根本性的。既然是后起的，非根本性的，它就会留下发展变化的痕迹，就无法做到'说一不二'。与印欧语相较，这些后起的、非根本性成分的脆弱性，在古代汉语里表现得比较明显而已。"他进而指出，人类的语言，是不可能一开始就具有丰富的、复杂的形态系统的。所有的复杂都是由简单演化而来的。……语言的发展不可能是一种非此即彼的过程，其间一定有各种各样的中间现象。因此，"面对事实，需要改变的是理论，而不是扭曲事实来迁就理论"。他的这种可贵的见解，是由古代汉语人称代词"形态"的所谓"不严格性"而引起的。因此，他接着阐明："古汉语人称代词的'形态'现象，说穿了，就是一种整体'孤立'背景下的，发展过程中产生的，局部的、暂时的、不成熟的形态化现象。……这种现象是弥足珍贵的,它对于我们深入理解人类语言类型,具有重要的意义。"(第182—183页)这就与该巨著第一章所论述的"上古汉语的语言学价值"起着遥相呼应的作用。

其三,在探讨汉语语法规则问题上,过去很长一个时期坚守"例不十,法不立"的原则。对此,著者提出了自己的看法。他认为,这个原则,"鼓励尽可能多地搜罗事实,其严谨的精神是值得提倡的。但如果说,在科学研究中,非要到'事实'积累到一定的数量才可以立论,这种科研方法则是值得商榷的。'事实'是没有'偶然'的,只有事实的多寡才有偶然。是否'事实'这是关键。只要是事实,哪怕再少,都要引起足够的重视。科学研究,对待事实不能搞'少数服从多数'。凡是'多数',都是从少数发展来的,凡是'少数',都有发展为多数的可能。无数事实说明,忠实、发掘少数的事实,往往会成为科学发展的导线,应予格外的重视"。(第427—428页)这个尖锐的提法,对学术研究具有一定的警醒作用。

那么,该书是否也有某些遗憾之处呢? 当然有。为了学术研究的完整和进步,这里顺便提出两点供著者与读者考虑。一是著者在论及介词"于"字不表示被动时曾指出,"其实早有学者注意到'于'不表被动,如郭锡良、康瑞宗等均指出了这一点"。在其下的脚注里注明郭氏等人论著一在1981年,一在1987年。而笔者早在1978年就发表专文论证:"'于'字在古代汉语里是个纯粹的介词,它只起一种单纯的介接和组合作用。理解了'于'字本身的这种特点和基本用法,就不会对它的应用范围十分广泛而感到迷惑不解,也不会觉得它意义繁多、用

法复杂而难以掌握了。"(《安徽教育》1979 年第 1 期)

二是论及放在及物动词前的"见"字的词性时,著者除了在正文中表明自己的看法以外,在其下的脚注中也提及:"吕叔湘认为类似表被动的副词或词头;周秉钧视为副词;钱大群等视为介词。"对此,笔者也曾于 1998 年发表长篇文章指出:用在及物动词前的"见"有两种作用:一是表示被动,拟称为"见 1";一是不表示被动,拟称作"见 2"。其结论是:"其实,'见 1'应当归入助动词","因为它不能引进动作行为的施事者",而且"还可以从'见'字的引申虚化过程得到证实"。而"见 2"则是"自彼加己之辞","我们主张把'见 2'归入称代性副词,……就如同'相'字由动词虚化为带指代性的副词一样"。文中不仅申述了三条理由,而且还提出了与著者商榷的意见。(《安徽大学学报》1999 年第 1 期)

以上两点,虽然与上述著者的意见不尽相同,但对深入讨论相关问题应该有一定的作用;然而都没有引起著者的重视而把它们给忽略了。

2016 年末

继承传统学术，创新现代思维
——评《语言学文集》

南京大学中文系教授、音韵学家鲁国尧托人转送来一部他的新著《语言学文集》（上海古籍出版社 2013 年，以下简称《文集》）。其副题《衰年变法》四个字特别引起我的注意。国尧教授与我都已是耄耋之年，自然是所谓"衰年"；而"变法"二字则立即使人想起中国历史上的三次重大变法，上古的商鞅变法、中古的王安石变法与近代的戊戌变法，这三次变法都以失败而告终。莫非他由语言学转向历史学或政治学了？读过《自序》始知，此之"变法"非彼之变法也。

国尧学兄于"衰年"读到有关两位大画家齐白石、黄宾虹至老年决心扫除"形似"、摈弃"临摹"、大变画风的"动人事迹"，因而"发誓走'衰年变法'之路"，提出了"义理、考据、辞章、坚实、会通、创新"的"治学十二字诀"。

全书收集了他近年所撰四十九篇文章，除了语言学之外，内容"广及思想史、美学、接受学、古人类学、历史学、文学、文献学、西洋比较法等学科",著者大致把它们分为七组。第一组有几篇是正面阐述其"变法"之理念与实践的;第二、三两组分别是音韵学与语言学史方面的评论文章;第四组的札记、读后感八篇和第五组的十六篇序言,是他"学术思想和学术主张"的表述;第六组是三篇学术会议发言;末组四篇属于杂感之类。如果就其"衰年变法"的"追求"与本文篇幅所限而言,我们的评析当着眼于第一、三、五组的若干篇文章,其他几组或及焉,或否焉。

一

第一组的头一篇,是鲁国尧在"中国语言学发展之路——继承、开拓、创新国际学术研讨会"上的总结发言。这篇发言反复阐述 20 世纪著名史学家陈寅恪,在其《冯友兰〈中国哲学史〉下册审查报告》一文中所说的对待"外来之学说"的教训,"他先后列举三例,一是'忠实输入不改本来面目'之唐代唯识宗,二是死灰复燃之近现代唯识学,三是他目睹的正在进行的'忠实输入北美或东欧之思想'";而结论也是三条,"卒归于消沉歇绝","疑终不能复振","亦终归于歇绝者"。陈先生最后画龙点睛:"其真能于思想上自成系统,有所创获者,必须一方面吸收输入外来之学说,一方面不忘本民族之地位。此二种相反而适相成之态度……二千年吾民族与他民族思想接触史之所昭示者也。"

以上一段文字发表于 1933 年,而国尧教授坚信,"于今日,于将来,仍然具有指导意义,仍然光芒四射"。在这篇发言的最后,他热情地指出:"中国语言学人应该坚定地走自主创新之路,为繁荣中国语言学而奋斗。"

正是从上述理念出发,著者才写下了以下几篇开拓创新的文章。

其一是《一个语言学人的"观战"与"臆说"》。该文针对人类起源问题"近二十多年来,以分子生物学为支撑的'出自非洲说'呈席卷之势","认为有必要向中国语言学界介绍与之针对的学说",因而以大量的篇幅引证并详尽阐述"以中国科学院吴新智院士为首的中国古人类学家"对此说的"质疑、诘难",他们发表了许多文章,"不屈不挠地坚守自己的""多地区进化说"。在此基础上他提出了自己的"一点臆想":"分子生物学出现的时间不算长,就打进古人类学家的研究领域,提出了'出自非洲说'。如果这门学问再发展若干年,其研究成果也许颠覆今日的学说。"不仅如此,他还引用《现代物理知识》杂志所刊载的题为《人类语言出自非洲》的一则报导,说奥克兰大学的一位学者,根据"人类基因和表型的多样性呈现距离非洲越远则越少的趋势","发现在现代语言中,距离非洲越远地区的语素(语言的最小单位)也越少";据其统计,"起源地非洲 141 语素","中国普通话 32 语素"等。针对此数据,他质问道:"中国普通话是不是'32 语素'? 而且,我们中国人所熟悉的长江以南的众多方言,它们较之普通话复杂得多,例如吴方言,即以声母而论,因为保留了古全浊声纽,其数目即在三十个上下,遑论其韵母?(笔者按,西洋学人往往忽视声调)。至于中古汉语,其语素远逾现代汉语普通话的数目,这是铁板钉钉的。"

无独有偶。上述文章发表于 2012 年。本文笔者寓居美国期间,亦于同年在美国的中文报纸副刊上发表一篇题为《土生土长的中国人》的学术札记。该文开篇即指出:"关于人类的起源,目前公认的有两种:一是非洲起源说,二是多地区起源说。前一说是个更老的话题。《世界日报》3 月 24 日有篇转载于《新京报》的学术报导,题为《马鹿洞人在云南》,指出'马鹿洞人'在中国云南的发现显示,现代人在东亚地区起源和演化比先前所知的复杂得多,而这类化石可能代表东亚地区一种未知的已灭绝的古代人群。因而又揭开了上述二说的争议。"

文章接着写道:"据我所知,自17世纪中叶以来,中国人是'外来'还是'本土'说,一直争论不休。1965年,被国际奉为汉学大家、加拿大学者蒲立本所谓'公元前五千年原始汉语和吐火罗语同源同族',是当前西方汉学界的主流说法,这个说法有力地支撑了认为'中国人是从埃及或者其他地域迁移而来'的观点。本文根据所见之资料综述一下关于此话题的不同见解","近几年来,安徽蚌埠双墩遗址的发掘成功,无情地打破了中国人'外来'的说法","在此基础上,中国科学院历史地理学家、著名古文字研究专家黄盛璋先生公布了他的研究成果,他通过对双墩文化及发掘出来的607个刻画符号的研究,证明中国人是'土生土长'的"。这批"双墩刻画符号是淮河中游最早的淮夷族所造的字符,它早于埃及最早的陶刻两千年……这些起源阶段的文字符号,比起蒲立本所说的'吐火罗语'早了两千年。这就回应并否定了加拿大汉学家所提出的'原始汉语和吐火罗语同源说'"。以上引文不仅是为了支持国尧兄的论证,而且表明在中国不少有头脑的学者持此种观点。

其二是《语言学与美学的会通:读木华〈海赋〉》。著者之所以撰写此文,主要是有感于他的老师朱德熙所说的一番话:"回过头看五十年代以来培养的学生,其中虽然也不乏杰出者,但总的看来,失之于陋。"他以为,其"表现之一是治学的'窄'";而"应该倡导'会通',语言学与其他学科的会通即是一途";"会通的目的在超越,在创新"。于是他亲自实践,挑选《文选·海赋》中的两段,从语言学与美学相结合的角度,具体分析"描写大海的波涛汹涌、震天动地的无比壮美的景象"和"描摹海中灵怪之一的鲸鱼,其生存和死亡的两种状态"。

如《文集》所言,即使"从语言学角度研究而言,也有多种途径,如词语使用的选择,修辞手法的丰富,文字的视觉冲击感,等等"。而著者却独辟蹊径,单"从音韵学的视觉来考察《海赋》的美",因为在他看来,"赋,不只是视觉艺术,而且是听觉艺术"。为此,他自创"韵集""音耦""骈调"等概念术语来解析《海赋》的"布局规律"和"组织方式",从而让读者体会其中和谐的"音乐美"。

有意味的是,笔者较早地于2001年也谈到了同样的问题,只是用"学科的融合"这一概念来表述:"如果说,古代的学术以合为主,因而出现了不少综合型的大学问家,他们兼通在今天看来属于几门不同学科的学问……那么近代却是以分为主,学术门类越分越细,这有利于就研究对象进行深入细致的考察与分析。"可是,"现代学术又由分立趋向融合。因为分工过细,必然容易忽略与其他学科的交流与渗透,妨碍对研究对象作全面系统的观察与认识。学术再度趋向融合,也是科学发展的必然。当然,这种融合并非简单的重复,而是高层次上的结合与渗透"。

接着所举的例子,就是美学大师朱光潜在《西方美学史》一书论述"移情"之理时写道:"我国古代语文的生长和发展,在很大程度上是按移情的原则进行的,特别是文字的引申义。"笔者曾在《顾盼集》中写道:"他还特别为上述文字加注:'读者试图翻阅段玉裁《说文解字注》,注意一下文字的引申义,就可以明白这个道理。'"其后还举了一些例子来具体说明。为节省篇幅,就不再赘引了。

笔者前后两处说到与国尧兄有着相同的论述,无非是说,这种不谋而合乃"势所必然,心同此理"罢了。

余下的六篇,其主旨大致为以下四点:一,反复强调"变法"即改变学术理念的重要;二,再三宣扬前面已介绍过的陈寅恪的治学原则;三,告诫学人,不仅要中西贯通,而且要古今贯通;四,论证将"历史比较法"和"历史文献考证法"二者结合起来的必要性。至于这一组最后一篇《郑成功两至南京考》,在我看来,是用以印证"历史文献考证法"的有效性。

二

第三组两篇都是关于菲特生《十九世纪欧洲语言学史》的,前一篇为《读议》,后一篇为《校订本后记》。前者如鲁兄所言,"本文的宗旨在于……以批判精神审视"该书"及十九世纪欧洲语言学盛行的比较法"。此篇《读议》值得我们注意的有这么几点:一是"西方语言学至十九世纪而臻鼎盛","首先在于'天时'";二是菲特生等欧洲学者,"在论述十九世纪西方语言学的重大成就时,就事论事,局限于语言本身的进程和内在因素,这是他们的不足";三是"每一学科都不是'单科独进',而是相互影响,相互激荡,由小到大,由弱到强";四是"科学的门类虽然多种多样,但是其发展的进程却有其相似性因而彼此必有交叉影响";五是"欧洲十九世纪的众多语言学家以比较的方法研究语言学,努力理清各语族、各语支的亲属关系,然后'寻根',追寻'共同祖先',即重构原始母语,其学术思想显然跟当时如日中天的生物学有密切关系";六是"所谓'比较'""是有其特定的涵义,他们指的是有亲属关系的语言之间的比较。寻觅被比较的语言之间形态变化的体系的相似,是确认它们具有亲属关系的准绳";七是"破除西方中心主义,树立'全球史'的观念。世界文明是多元的,不同的土壤、不同的环境都能培育出各自的参天大树,各民族的语言都有自己的特色,都做出了自己的重要的贡献"。

后一篇《后记》,概括说来有这么几点:一是再次强调"接受学"的重要,建议引进中国语言学;二是高度评价菲特生的《十九世纪欧洲语言学史》,并赞扬钱晋华女士的中译本;三是具体叙述自己补译与校订该书的认真态度与过程。其中也不乏校订者的学术理念。

读了上述两章文字,颇有感慨,随即想起笔者也有类似的经历。1959年大学毕业即分配到高校从事汉语教学工作,为了同时提高语言学理论和俄语阅读水平,便托友人从前苏联购来两部俄文版的专业书,一是契柯巴瓦院士的《作为语言学对象的语言问题》,一是茨维根采夫院士的《19—20世纪语言学史文选》。教学之余,凭借《俄华大字典》,断断续续地花了十几年的时间,前后两次硬"啃"这两部大书,并做了一些笔录与杂记以备后用,直到"文革"结束。此后,又花了一年多的业余时间,将其中有学术参考价值的部分内容翻译成三篇文章。第一篇是《索绪尔的语言学说》,加上[译者按]发表于1978年;第二篇是《作为结构的语言系统》,发表于1980年。以下选择其中与上述内容有关的两小段,供读者参考比较:

索绪尔说,在研究自己的对象时,应该区分共时的观点和历时的观点。换句话说,把研究对象放在"同时发生的轴线"和"连续发生的轴线"上来研究。前者是研究同时存在的事物之间的关系,后者是研究在时间里的变化。当我们碰到价值的概念而"不考虑到两种轴线的存在",就不可能严密地、科学地进行研究。

布龙达尔认为,比较语法"首先是历史的,它优先研究词语的起源和发展,并把注意力主要集中于语源学和发展史。由于它的威望,普通语法或理性语法逐渐失去它的作用,而标准语法或实践语法开始获得历史的灵感。……换句话说,比较语法的价值在于它帮助建立起语言的科学的历史,在于它是'历史的'"。

以上叙述是为表明,那个时代有追求的中青年学人,内心深处都竖立着一个比较崇高的目标。

第四组首篇《语言研究"问思"录》,值得今日年轻学人关注的,笔者以为有以下几个方面:第一,以瑞典汉学家高本汉的著作为例,强调"语言研究需要充分占有材料";第二,以珠算究竟发明于元代中叶还是汉代以前为例,提出"材料需要查核","对于有争议的书或作者,只陈述一种意见,会误导读者以为这是唯一的观点,正确的做法应该交代、指出还有另一种观点";第三,"调查方言的上乘方法是使用两个或多个被调查者自然对话,从而获取鲜活的语料";第五,引述20世纪中国三位语言学家魏建功、王力、朱德熙的文章或书信,彰显"中国语言学的道义传统",即"爱国主义""自强不息""不崇洋"的精神。

余下两篇读后感,著者显然意在宣扬深厚的实事求是的学术传统,以此扫除"甚嚣尘上"的"学界浮躁之风"!

三

接着读过第五组的十六篇序及跋,你会明显地感觉到《文集》著者的热心肠。这么多的序文,几乎都是应邀为中青年学者的著作而撰写的,所涉及的学科大致都是他所精通的音韵学和方言学。有篇序里的一段文字能够展示其内心的情结:"回忆起我自己在年轻时、中年时,除了得到教过我课的诸位老师的奖掖外,还得到了并未给我上过课的好些先生的赏识或提携……如今我老了,我也应该仿效当年提携我的诸位先生于万一,对比我年轻的学人尽一点应尽的责任。"说得多么诚恳啊!

那么,国尧教授是否会滥用此种"情结"呢?否。上面所引那段文字的文章标题《重文章,更应重道德》,就明确地表示了他的态度和原则。从"重文章"方面来说,他予以肯定的那批著作,或者田野调查牢实,或者材料搜集齐全,或者研究方法得当,或者推理论证严密,总之是经过他的慧眼审视过的。譬如为谭世宝《悉昙学与汉字音学新论》一书所写的序中,就列举了五条事例,如"细致考辨"、诸多"论证"、重要"发现"等来说明该书"胜义缤纷,许多高见令我折服"。

又如《中外语言学史的对比与研究·序》,其中言道:"当今的这本书,即俞允海、潘国英先生的书名,它体现了当今时代思想的色彩。'中外'是并列结构,在俞、潘先生的笔下,中国语言学史与外国语言学史是并列的,然后加以对比,加以研究。这种学术思维、学术走向是值得我们重视的。"又说:"这本书所论述的范围不局限于中国,而以一半的篇幅付给欧美语言学史,兼及印度、日本。此书不仅论述了西方、印度、日本语言学的历史,而且叙述西方、印度、日本的文化、宗教传统。所以我说其述广、其论多,读者会从此书获得许多知识,许多教益。"

再如《刘晓南〈宋代四川语音研究〉序》,指出"这是一本原始创新的书"。因为"他提出了两个假说:一是宋代蜀方言和闽方言存在亲密关系,二是宋元四川方言历史断层说。这两个假说,言人之所不能言,道前人之所不能道"。其假说之所以得到"激赏",是因为爱因斯坦说过:"提出一个问题往往比解决一个问题更为重要,因为……提出新的问题、新的可能性,从新的角度看旧的问题,却需要创造性的想象力,而且标志着科学的真正进步。"

最后不能不列举《"特立"之著》这篇为李无未教授《日本汉语音韵学史》所写的序。之所以称之为"特立",除了该书著者的"卓识和机遇"之外,"值得赞赏"的是"搜集资料之勤勉,所得之丰赡,令人羡慕"。这部长达四十多万字的专著,"引用文献之多,估计有两百种左右"。不仅如此,"尚有一个特点需要指出",即打开该书的目录,"映入眼帘的是'传统日本汉语音韵学研究的特点','近代日本汉语音韵学研究的特点',等等。李无未教授著书,直奔评论",而"评骘是非得失优劣"是需要"识断"、需要"功力"的。

如果对国尧教授这部文集作形而上的统观,著者是要求中国语言学人:既要审视传统,又要放眼国外;既要回顾古代,又要盯住当代;既要登高望远,又要脚踏实地;既要依托理论,又要凭借资料。目标只有一个,那就是建立起中国自己的科学语言学。于是你不能不由衷地感到《文集》始终体现出一种老北大的优良传统,即自由独立的理念,开阔创新的思维,崇高纯正的目标,实事求是的态度。

写到这里,本文应该结束了。不过有几句心里话需要交待。国尧学兄来我们博士点主持学位论文答辩,见面时即希望提一提书中的不足之处,态度十分诚恳。不料一尝试就写成了现在这篇评析。至于说到该书之不足,当然不是没有。其一,所收文章似乎未经筛选,给人的感觉有些庞杂；其二，文章内容前后重复之处不在少数，若能再加以整饬会效果好些；其三，有些文章的标题未免过于口语化，似有再斟酌的必要。这只是笔者的感受，仅供著者及读者参考。

2014 年夏末

一部突破传统训诂界域的巨著
——《〈尚书〉诠释研究》评介

作为上古"六经"之一的《尚书》，在群经中的地位极其尊崇，当为华夏文化的元典。自汉以降，历代训诂大家的注释不计其数，即使到近代，也大多沿袭传统训诂的路径而不离左右。如今，研读了钱宗武教授的专著《〈尚书〉诠释研究》（社会科学文献出版社 2017 年），犹如新风扑面，喜悦之情油然而生。

这部作为扬州大学"优势丛书"之一的巨著，由十二篇论文构成，是对《尚书》这部经典的专题性、多角度、全方位的深入研究，具有强烈的创新意识，其结论或纠正前人之失误，或推进问题之考证，皆能给读者以新的启迪。

一

论著涉及词汇学的有三篇，主要研讨今文《尚书》中复合词之类型特点及其界定标准、重言词的形义特点及其界定、与《尔雅·释诂》的词义比较分析。

该书《复合词的界定标准、构成方式、特点及其成因》一文,首次相当完整地提出了复合词界定的五个标准:意义标准、结构标准、语法标准、修辞标准、文化标准。

意义和结构这两个标准,不少专家学者论及很多,这里无须细说,仅以所举《尚书》中的典型例子予以解说,或许会引起读者的关注:

修五礼、五玉、三帛、二生、一死贽。(《虞夏书·尧典》)
惟汝含德,不惕予一人。(《盘庚上》)

著者指出:前一例的"五礼""五玉""三帛""二生"都有特定的含义,并引郑玄注曰:"五礼,公侯伯子男朝聘之礼也。五玉,即瑞节,执之曰瑞,陈列曰五也。三帛,所以荐玉也,受瑞玉者以帛荐之,必三者。二生,羔雁,生也,卿大夫所执。"(第19页)后一例的"予一人",其"一人""已经不是一个词",它和"予"相结合,"构成固定的结构形式'予一人'……用于君王的自称"。(第21页)

引起我们兴趣的是别的专家学者较少论及的三个标准。先看语法标准,著者指出:这"主要是从语法的角度来考察两个词素的组合,如果两个组合在相同的语法位置上出现,且其中一个词素组合可以确定为复合词,那么另外一个组合也是复合词"。例如:

寅宾出日,平秩东作。(《虞夏书·尧典》)
寅饯纳日,平秩西成。(同上)

著者分析道:"西成,指日西没时刻。这里的'西成'是复合词而不是短语。""'西成'和'东作'在相同的语法位置上出现,用作动词'平秩'的宾语。因此,'东作'也是复合词而不是短语。"(第22—23页)

再看修辞标准。著者说,这"主要是指两个词素组合后,形成新的意义,这个意义是通过使用比喻、借代、委婉等修辞方式来表达的,它们与单个词素没有直接的联系,与单个词素的构形义也没有什么联系,这时可以从修辞学的角度来分析"。例如:

毕公率东方诸侯入应门右,皆布乘黄朱。(《周书·顾命》)
宾称奉圭兼币,曰:"一二臣卫敢执壤奠。"(同上)

著者指出:前一例词素"黄"与"朱"在今文《尚书》中都已经成为单个的颜色形容词,而"黄朱:指芾。诸侯礼服上的蔽膝叫'芾',芾是黄朱色。这里用颜色词代指事物"。因此,"这里的'黄朱'是复合词而不是短语"(第25页)。后一例,著者引用《白话尚书》:"臣卫,藩卫的臣仆,诸侯自谦之词。"接着指出:"从修辞学的角度来看,'臣卫'是运用了委婉的修辞手法,以表示对君王的尊敬。因而,'臣卫'是复合词而不是短语。"(第26页)

至于文化标准,著者强调,这里的"文化"并不是指人的知识和修养,而是指"今文《尚书》中表示专属文化概念的名词,这些词都是人们在长期使用过程中约定俗成的具有特指文化意义的词"。他列举了五个方面:表示人名的如"虞舜、皋陶、驩兜"等;表示地名的如"幽州、东原"等;表示山名的如"大别、熊耳"等;表示水名的如"沧浪、黑水、震泽"等;表示官名的如"御事、纳言、秩宗"等。并且指出:"这些词在意义上具有整体性,结构紧密,都是表示专属名概念的名词;同时,这些词中的一部分词很难分析它们的结构,具有结构的不可拆分性。"(第26页)

文末总结说:"总而言之,今文《尚书》复合词的界定,要以意义标准为主,结构标准、语法标准、修辞标准、文化标准为辅,同时还要考虑到复合词出现的频率、语境等因素,综合使用各种标准。"这里说的显然是操作层面,可谓全面周到。

该书《重言词研究》,就其研究对象而言,似乎不会再有什么新意,正如著者所言,"自清以降,研究者日众"。然而读过此篇之后,仍然感到新意迭出。首先,著者用定量的方法对今文《尚书》的重言词进行了统计:共有 32 个,出现 43 次。其中:《虞夏书》有 14 个,出现 15 次;《商书》仅有 2 个,皆见于《盘庚》;《周书》有 16 个。并列表——交代清楚(第 50—51 页)。其次,就《尚书》中 9 例同形音节的重叠,辨明它不是重言词,而是词的重叠,即词组,并将其分为动宾词组和偏正片语两小类(第 52—54 页)。再次,分析《尚书》重言词的修辞功能同样兼有描写容状、模拟声音、增强语气、调节语调四种。在此基础上又指出:由于今文《尚书》重言词在句中语法位置灵活,词义表达力强,兼之重言词叠音的特殊语音形式,很容易成为动态语言中构词造语的活跃因素,因而有不少成语和多音节附音词即以叠音词为构成要素。接着进一步分析其主要构造方式有"移位拼合、借用组装、通假整合、增加中心词、增加前后附着音节"五种(第 55—57 页,67—69 页)。这部分内容,几乎是其他学者所未曾论及的。尤为难得的,著者还强调,今文

《尚书》的重言词,除了动词性重言词占有一定比例的个性语言特点外,还将其与《诗经》重言词作语用比较,证明了今文《尚书》的重言词具有显明的时代特征。

　　以上这种纵横交错的考察分析,也见诸《〈尔雅·释诂〉与〈尚书〉词义比较研究》这一篇,这正是这部巨著的一大特色。拿专书与时代相近之辞书在词义上作比较,也是过去训诂家极少问津的。经过著者比较所得的几点结论亦很有价值:其一,《尔雅·释诂》主要解释古书中不常见的同义词,共 744 词(字),《尚书》是历史文献语言最早的口语化语料之一,共出现 434 词(字),约占 58.33%;而《释诂》所训词义与《尚书》词义毫无联系的仅有 42 个,亦即 90% 左右的《尚书》古词在《释诂》中基本可以得到解释。这一点足以佐证《尔雅》获得十三经之一的地位的必然。其二,与《尔雅》释义相比,今文《尚书》单音词正由一词一义发展为一词多义,具象词义发展为抽象词义,许多单音词已形成本义、引申义、假借义完整的词义系统,呈现出过渡性的特点。其三,由于《尔雅》辞书训诂的特点,决定了该书不可能概括词义的整个系统,必然导致《尔雅》与《尚书》古义在某种程度上的差异性,因而在利用《尔雅》等一些通释语义的专用书检索语义时,需要结合上下文语境来确定词义。(第87—88页)

二

　　论著涉及语法学的有七篇,分别讨论《尚书》中虚词通假以及通假的成因、副词的类型以及汉语实词虚化的两个平面、《周书》中特殊的被动语法标记、《禹贡》篇罕见的特殊语序与汉语语序观的反思、古文《尚书》虚词的语法特点,以及与清华简叹词的语用功能及语音联系等。这里不可能一一论及,只能就其有突出创意者或详或略地予以评介。

《〈尚书〉虚词通假兼论通假成因》一文,不仅指出实词有通假,虚词也有通假,而且提出文献语言中的虚词意义抽象,无形可依,不易造字,多为假借字,因而文献语言中的虚词通假和实词通假虽然方法相同,然本字多不同,寻求其本字,有形义相应和词频多寡两个标准。至于文言通假成因在于上古用字不规范,《尚书》的虚词通假提供了最有力的佐证。

颇值得重视的是《〈周书〉一种特殊的被动语法标记》这一篇,不仅阐述了今文《尚书》被动句的类型特点,即语意被动句多于形式被动句,在形式被动句的 16 个例句中,《周书》部分就有 15 例;而且提出了任何一种古汉语语法著作和教材都从未论及的被动句式,即以"在"为语法标记的形式被动句。据著者所论述,"在"字形式被动句共有 4 见:

  兹亦惟天若元德,永不忘在王家。(《周书·酒诰》)
  庶群自酒,腥闻在上。(同上)
  夏迪简在王庭,有服在百僚。(《周书·多士》)
  迪简在王庭,尚尔事,有服在大僚。(《周书·多方》)

以上前二例的后一句与后二例的前一句的结构类型当为:动词＋在＋主动者。第一例"永不忘在王家",孔安国即以"在王家"为"见忘在王家"(孔颖达《尚书正义》,阮刻《十三经注疏》本,中华书局 1980

年)。显然,"在"犹"于",其功能是引进行为的施事者,句型类似于先秦两汉常见的类型:见＋动词＋于＋主动者。第二例"腥闻在上",清代乾嘉著名学者江声以"在"为"于",介引行为的施动者"上","腥闻在上"即"腥气被上天闻到"。第三例"夏迪简在王庭",江声以为"夏"即"夏之后",是"迪简"的受事者,"王庭"即"汤王庭",是"迪简"的施事者(《尚书集注音疏》,《续修四库全书》第44册,上海古籍出版社2002年),其句型为"夏见迪简于王庭",即类似于"见…于"式的被动句。至于第四例,其句式与上一例基本相同。

不仅如此,著者还深入阐述了"在"作为被动标记的学理依据。他明确指出:在今文《尚书》中,介词"在"与介词"于"的语法功能基本相同,都可以用来引进地点或原因,而且经常互文见义,因而"在"用来引进主动者,就如同近代汉语用"吃"和现代汉语用"给"引进施动者表示被动,都是自然之理。这正表明,在汉语被动句历时和共时发展的纵横坐标轴上,清楚地显示今文《尚书》被动句处于语意被动句向形式被动句的发展过渡阶段(第315、317、325页)。

《〈禹贡〉罕见的特殊语序与汉语语序观的反思》也是值得我们特别关注的一篇论文,其中提出了"句子成分的排列异于常规顺序"的两种结构形式:一是"宾语＋谓语＋宾语"式;一是"定语＋中心词＋定语"("中心语＋定语＋中心语")式。著者指出:"这些变式句,句义是完整的,但句结构是离散的,我们称之为离合句。"(第326页)试看下列例句:

禹锡玄圭,告厥成功。(《虞夏书·禹贡》)

予则孥戮汝。(《虞夏书·甘誓》)

云土梦作乂。(《虞夏书·禹贡》)

厥篚玄纤缟。(同上)

以上第一例"禹锡玄圭",从语法关系上看,"锡(赐)"和前面的"禹"及后面的"玄圭"均为动宾关系,只是前者为间接宾语,后者是直接宾语。按照汉语传统的语序规则,双宾语句排列形式应是"动词性谓语＋间接宾语＋直接宾语"。而今文《尚书》出现的"间接宾语＋动词性谓语＋直接宾语"形式,是反常规的排列结构(第326—328页)。第二例也是双宾语句,"戮"是动词,其前后的"孥"与"汝"皆为直接宾语,是"直接宾语＋动词性谓语＋直接宾语"的排列形式(第330—332页)。第三例"云土梦",据《孔疏》、苏轼《东坡书传》、阮元考证,"土"为中心语,"云"和"梦"皆为定语,其排列形式是"定语＋中心语＋定语","云土梦"即"云梦之土"(第332—334页)。第四例"玄纤缟",《孔传》云:"玄,黑缯。缟,白缯。纤,细也。'纤'在中,明二物皆当细。"据此,"玄纤缟"是"中心语＋定语＋中心语"的排列形式(第335页)。

正是通过著者认真仔细的考察,才发现了以上那些罕见的两种单句句式,一是特殊的动宾关系,一是特殊的定中关系。这两种句式,实际上是汉语常见语序规则的变式,意义上仍保持了汉语常规语序所赋予的完整意义。著者明确指出:"今文《尚书》中出现这些罕见的单句句式并非偶然,不是孤零零一两个语例,而且古贤早已察觉这种特殊的语言现象。""运用认知语言学的观点分析这一种情况,就是新的刺激较能引起人们的反应。这些改变的语序部分也总是能够引起人们更多的关注。"(第335—336页)话虽如此说,然而,包括前面所述"在"于今文《尚书》中作为被动语法标记的发明在内,如果没有敏锐的学术眼光,自然不可能发觉;而如果没有深厚的学术功底,要阐明其中的学理依据则更是无能为力。

三

该书中有一篇《借代修辞和借代引申》是结合修辞学和词汇学,从修辞格角度出发,论述今文《尚书》中的词义借代引申的。其目的在于对汉语词义的引申提供文献源头的语料和理论参考。

著者指出:"借代引申指引申义和基础义是借代关系。借代义与借代不同,借代仅是临时换个名称,而借代义则是约定俗成的固定在词义中的永久性的意义。借代义产生的过程是词的基础义作借体,本体的意义约定俗成之后转化为词的引申义。"(第90页)这是至今对于借代义的最为明确的解说。不仅如此,著者还条分缕析,给今文《尚书》中的借代引申梳理出八种引申词义。为了不占过多的篇幅,这里仅列出条目,也大致可以看出著者的分析入微:1.以性质借代引申词义,2.以特征借代引申词义,3.以状态借代引申词义,4.以材料借代引申词义,5.以体用借代引申词义,6.以因果借代引申词义,7.以特定借代普通引申词义,8.以普通借代特定引申词义。(第90—99页)

另外有两篇顺便在此稍加交待。

其一是置于该书头一篇的《〈尚书〉无"者""也"字辨说》,开宗明义道:"我读《尚书》十几数十遍,一日忽有所悟,似乎少见'者''也',赶紧查查,果然整部今文《尚书》29篇竟没有一个'也',仅有一个'者'。……这种现象值得研究。"(第1页)

其二是置于该书末篇的《〈尚书补疏〉疏证》，文中指出：在中国近代学术史上，作为扬州学派学者的焦循"尤为翘楚"，他的《尚书补疏》旨在补疏《孔传》，其学术价值不仅仅在于《补疏》本身的训诂学价值，更重要的是《补疏》所体现的学术思想和治学方法，在《尚书》学史乃至整个中国近代学术史上都具有重要影响"。（第343—344页）

前者显示出，只有好学深思方能做出大学问的深刻理念；后者透露了作为扬州人的钱宗武教授对故里著名学者的笃厚情愫。这两方面，恰恰是作为专家一生治学所应当具备的素养与品性。

总而言之，这部37万余字的巨著极具针对性和专题性，其理论意义和实践价值不言而喻。同时也有力地证明了，某些外国汉学家所认定的汉语是最缺乏理据性语言的结论，是不符合汉语的语言实际的。正如该书著者所断定的，汉语是比较典型的以理据性原则对文化现实进行语言编码的语言。仅此即充分显示出著者广阔的学术视野、扎实的文献功底和深厚的理论素养。

2017年秋

《孙子兵法》的集大成研究

——评许威汉《孙子学读本》

一

上海交通大学出版社于 2016 年 8 月出版了一部《孙子学读本》。这是其策划的"当代大学读本·国学基础系列"之一。其主要编著者许威汉先生与我是亦师亦友的关系,交往经年,切磋良多。应当指出,该巨著是关于《孙子兵法》这部经典的最全面,也是最集中的研究成果,说是集大成者恰如其分。今就其规模、构架、内含三个方面予以评析。

就规模而言,全书分为三编,甲编为《孙子》十三篇之篇章解读,乙编为《十一家注孙子》的标点整理本,丙编为《孙子兵法》之深层次研究。《孙子兵法》全书不过 6 千余字,而《孙子学读本》共达 36.5 万字,竟超过原典的 60 倍。其研究规模之巨,毋庸置疑。

就构架而言,甲编即包括对原文加以注释及白话译文,并附有表解、军事哲学思想评要等内容;乙编则汇集了宋代以前对《孙子》最重要的注解;而丙编更广泛地从哲学、管理学、语言学等方面对原典加以评析。这种构架可谓高屋建瓴,设计完整,材料齐全。

就内含而言,仅从书前之《提示》和《〈孙子兵法〉刍议》二文,即可看出著者学识之积累与研究之深入。前者包括四个方面:其一,孙子学其来有自;其二,孙子其人其书其实述评及其他;其三,《孙子》经实践检验初获真理性证明;其四,《孙子》研究要重视语言因素。后者也包括四个方面:其一,《孙子》的若干有关情况(内含:年代与作者、流传与著录、版本和校勘、基础性研究、高层次概括);其二,《孙子》与先秦兵学的联系;其三,《孙膑兵法》与《孙子兵法》的关系;其四,《孙子》的现代科学价值(内含:建立唯物论战争观、强调主观能动性;用辩证法宇宙观考察应用战争规律)。显然,该书内涵丰满,应有尽有。

总而言之,自来有关《孙子兵法》研究的著作,内容之全面无出其右者。

二

《孙子学读本》对原典来说,不仅是一部内容全面之编著,而且也是一部颇有创新意义的著作。我们可以从全书设计、内容所及、旧注纠误三个方面予以阐明。

在全书设计上,其创新主要表现于甲编和丙编。甲编是对《孙子兵法》十三篇的解读,而每一篇都包括"原文、注释、译文、军事哲学思想评要、读法导引举要、篇章表解"六个部分。其中后三个部分都是编著者别出心裁的设计,对读者深入研究自然大有裨益。

丙编为《孙子学接要》,共含七个部分,其中最能展示其创新特点的有三个:其一是"《孙子兵法》全书表解",这是此前从来也没有人做过的;其二是"《孙子兵法》的管理学价值例说",这是古人无从顾及,也是前贤极少关注的;其三是"《孙子兵法》全书补议",仅就其中"开掘语言因素"一项而言,即涉及"词汇、语法、章句"三个方面,这也是研究《孙子兵法》的现代军事学者与管理学者未能涉足的领域。

在内容所及上,这里不妨列举三个方面。其一,关于历史上究竟有无孙武其人的问题,否定者多以《左传》无孙武记述为据。许先生却从反面论证:"纵览《左传》记人记事,多以'礼'为是非准则。……合乎礼者,虽小亦录,不合乎礼者,丘山亦弃。孙武言兵以'诈',直言'兵者,诡道也','兵以诈立,以利动',强调出奇制胜,……这对于已有的'成列而鼓'等军事观念是新的挑战,故未必为左氏所赞同而实录。"其力度未必不大,更何况又以去古未远的《史记》还专为孙武立传作为佐证呢?

其二,在申述《孙子》的军事思想上,编著者列出了《十三篇示意总表》(参见第10页)。为省篇幅,前三篇全引:"计篇——未战先算,多算者胜;作战篇——兵贵速胜,因粮于敌;谋攻篇——知彼知己,设谋胜敌。"这属于"战略思想精髓"。后十篇仅列举四篇:"形篇——立不败地,寻可乘隙;虚实篇——避实击虚,因敌制胜;九地篇——战区不同,战法有异;用间篇——重视间谍,善于驭间。"这些属于"战术妙用为主"。如此高度概括,极能帮助读者掌握要领。

其三,关于孙子的"诡诈战术",编著者总结出"十四法:示形(显示假象),利诱,使乱(使敌阵混乱),使怒(激怒敌人),使骄,使劳(使敌人疲劳),使离(离间敌人),突然袭击,出奇制胜,避实击虚,攻其必救,避锐击惰,半济而击,推人绝境(断绝退路,激发拼死战斗)"(参见第188

页)。这样的总结自然突出了孙武军事思想的精华。

在旧注纠误上,书前有一篇《〈孙子译注〉商榷》,针对该书中"将听吾计"之"将"、"先传"之"传"、"再籍"之"籍"、"引胜"之"引"、"信己之私"之"私"等予以辨析,并做出了新的解释。像这样合情合理的释义,在十三篇各篇的"注释"中都有所体现。例如:

第一篇之注(7)不畏危——简本为"民弗诡也"。诡:古训"违",训"反",违反,违抗。古代即使在封建社会初期民众也不会"不畏危",而只能是"不敢违抗"。因此简本较为合理。"危"上"畏"字当为后来所加。(第18页)

第三篇之注(19)是谓乱军引胜——引胜:失去胜利的机会。一说"把胜利引给敌人",似不可取。引:去。(第28页)

第五篇之注(2)治众如治寡,分数是也——分数:这里指部队的组织编制。"分"与"份"通。数:指几个,不止一个的意思。(第36页)

第八篇之注(7)九变之地利者——"地利"的"地"字,在军事上很难说得通,以无"地"字为好。另有二处可为佐证:一是本篇下句"将不通于九变之利者",也无"地"字;二是宋本《武经七书》《太平御览》等无"地"字。(第51页)

以上四例足以显示编著者注释之别出新意了。

三

以上评述足以说明,《孙子学读本》具有内容既全面又创新的成就。但智者千虑,亦有疏忽,因而在字句标点、注释方面也存在一些不足之处。为使该书更上层楼,这里提出几处商榷意见,供编著者考量。

1. 兵者,……死生之地,存亡之道,不可不察也。注(2)地:道理,泛指空间。道:方法、道路(或途径)。(第17页)

按:释"地"为"道理",似乎是疏忽之误;当解释为"境地"。释"道"为"方法、道路",似与原文不合;宜解释为"原则、关键"。说"用兵是攸关死生的境地,决定存亡的关键",比较符合孙子的原意。

2. 故经之以五事,校之以计,而索其情。注(3)经:纵线,引申为度量,这里指分析研究,也含纲领的意思。注(4)校:通"较",比较。计:计算。(第17页)

按:"纵线""纲领"是名词,而"度量"(分析研究)是动词,二者不可并提。"经"是经纬之经,解释为"纲领"较为妥帖。"计"有"计算"义,但稍嫌过于具体,似宜解释为"估量、谋划"。

3. 主孰有道?将孰有能?注(14)将孰有能——这里仍解为将领。他书有作虚词解,与上下文意不合,不可取(下文"将听吾计"和"将不听吾计"的"将"属虚词,相当于"如果")。(第18页)

按:上句的"主"是"君主",下句的"将"自然是"将领"。但把下文的"将听"和"将不听"的两个"将"说成虚词,即与本书前面《〈孙子译注〉商榷》一文所云"'将听吾计'的'将'不是'假如'"明显矛盾(第 13 页)。该文论证甚详,至为可信。估计该书注释在前,而《商榷》一文在后,著者年事已高,不及通览所致。

4. 计利以听,乃为之势……注(15)计:计策,这里指关于战争决策的意见。以:已,亦作"使"解。(第 18 页)

按:"以"是连词,一般用来连接两个动词或动词性词语。其后的"听"谓听从,是动词,其前的"计利"当为动词短语,因而释"计"为"计策""意见"不妥,"计"是计虑、谋划,"计利"谓谋划周到。

5. 利而诱之,乱而取之,实而备之,强而避之,怒而挠之,卑而骄之,佚而劳之,亲而离之。注(20)"利而诱之……"句——其中八个"而"字都表示连接连词。……利、乱、怒、卑四个动词,均指自己的行动;强、实、佚、亲四个形容词,均指敌方情况。(第 18 页)

按:说"利"等四个动词"均指自己的行动",不仅违背原文之意,而且与后面的译文也不一致。原文里的八个"之"字,都是指代敌方。那么,这八句的意思当为:敌方贪利就诱惑它,敌方混乱就攻取它,敌方军力充实就防备它,敌方势力强大就避开它,敌方愤怒就挑逗它,敌方卑让就骄纵它,敌方安逸就劳顿它,敌方和睦就离间它。

6. 近于师者贵卖……注(23)师：市，这里指军市。（第 23 页）

按：释"师"为"市"，于训诂无据。此句之"师"与前一句"国之贫于师者"之"师"指的都是军队。所谓"这里指军市"，也有点牵强。原文"近于师者"是个名词性结构，泛指靠近驻军之地，是全句的主语，"贵卖"是其谓语。

7. 小敌之坚，大敌之擒也。注(13)小敌：指小部队。坚：坚持，指不量力而硬拼。大敌：大部队。（第 28 页）

按：把"小敌"解释为"小部队"，把"大敌"解释为"大部队"，与原文并不切合；再联系有关"坚：坚持，……"的解说来看，注者似乎把"小敌"说成自己这一方，就更违背原意了。所谓"小敌"是指小股敌人，即敌军的小部队；所谓"大敌"是指大股敌人，即敌军的大部队。全句是说：与小股敌人的持久硬拼，将会被大股敌人所擒获。

8. 夫将者，国之辅也。辅周，则国必强；辅隙，则国必弱。注(14)辅隙：辅，辅助，这里引申为助手，作名词。隙：缺陷。（第 28 页）

按："国之辅"的"辅"是名词；而"辅隙"之"辅"，与"辅周"之"辅"一样，并非"助手，作名词"之义，它是动词，"周"和"隙"都是作"辅"的补语。"辅隙"即辅助有缺陷，其后的"译文"就是如此。

9. 是谓乱军引胜。注(19)引:去,引致、导致。(第 28 页)

按:把此句"引胜"的"引"解释为"去",是符合原文意思的;但接着又解释为"引致、导致",就不对了。因为"引致、导致"是引来、招来之义,与"去"义正好相反,当然与原文不合。

10. 故胜者有五:知可以战与不可以战者胜;识众寡之用者胜,上下同欲者胜;以虞待不虞者胜,将能而君不御者胜。注(20)这里的"知",可引申为"主","主"可以转义为"又决定影响"。(第 28 页)

按:这是个总分复句,第一句是总说,后面并列的五句为分说,不知为何要在其中两个分句之后标逗号?要么都标逗号,要么都标分号才是。再者,把第二句里的"知"字硬说成"可引申为……"云云,反而离题了。这里的"知"明显是个动词,就是"知道、懂得"的意思,不必求之过深。

11. 故曰:知彼知己,百战不殆;不知彼而知己,一胜一负;不知彼,不知己,每战必殆。注(23)一胜一负——意思是胜负各一半。(第 28 页)

按:查《孙子兵法新注》(中华书局版)和《孙子今译》(郭化若,上海人民出版社),其注释与译文同以上引述意思一样。很明显,此句之各家译注都是根据原文上下两句推测出来的,因为上句说"百战不殆",下句说"每战必殆",所以把"一胜一负"就理解为"胜负各一半"了。然而,这样解释是不合事理的。其一,数词"一"并不表示"一半"之意,在训诂上没有根据。其二,在"不知彼而知己"的情况下,所导致的结果是多种多样的,大军事家孙子不会做出"胜负各半"这样简单的结论。其三,"一"字前后配合使用往往虚化,不再用作数词。王引之《经传释词》云:"一,犹或也。"所举例有《礼记·乐记》:"一动一静者,天地之间也。"《论语·里仁》:"一则以喜,一则以惧。"以上"一"字皆与"或"同义。孙子所谓"一胜一负",亦即"或胜或负",其可能性是说不定的。

12. 故策之而知得失之计,作之而知动静之理,形之而知死生之地,角之而知有余不足之处。注(15)得失之计:这里指敌人作战计划的优劣长短。注(17)死生之地:指敌人所处地形的有利、不利的情况。(也可理解为敌我双方所处地形的优劣利害。)(第42页)

按:从以上四句整个语意通盘考虑,"策、作、形、角"当为战争准备过程中的一系列行为措施,那么就不应当理解为有的是指"敌人……的优劣长短",有的理解为"敌我双方……的优劣利害";况且一般说来,"敌人作战计划的优劣"于战前是很难为我方所"得知"的。因此,"策、作、形、角"四种行为,应该是指我方于战前对敌我双方有关作战谋略、兵员调动、所处地形、局部战斗的考量、侦察和优劣长短之比较。

13. 故形兵之极,至于无形;无形,则深间不能窥,智者不能谋。注(18)间:间谍。本指隙缝,这里作动词,就是潜入之意。(第42页)

按:"间谍"是名词,而"潜入"是动词,不可同时用来解释此处的"间"字。此"间"字前有形容词"深",自然是动词"潜入"之意。故"间谍"二字当删去。

14. 故不知诸侯之谋者,不能豫变[当作"交"]。注(12)豫交——与诸侯结交。豫:"予"的本字,通"与",参与的意思。(第46、47页)

按:释"豫"为参与,则"豫交"为参与结交,语义繁复而累赘。其实,"豫"通"预",当训为"预先"。"不能豫交"即不能预先结交。

15. 故兵……有北者。注(5)北:败北,不了解敌情,决心错误,用兵不当。(第61、62页)

按:解说为"决心错误",义有歧解,哪有"决心错误"之理?应当是"决策错误",这样上下就文通字顺了。

16. ……以弱击强,兵无选锋,曰"北"。注(8)选锋:挑选勇敢善战的战士组成精锐部队。(第61、62页)

按:以上解释不仅是臆测,而且把"选锋"当作动宾短语,即与动词"无"不相协调。"选锋"当为偏正短语,意谓"可挑选之先锋或武士"。

17. 唯民是保,而利合于主。注(10)民(人):民众和士兵。这里主要指的是地主阶级。(第61、62页)

按:"民"指民众(包括士兵);"主"即君主。不知为何要加上"……地主阶级"这么一句,这种阶级分析是完全没有必要的。

18. 故三军之事,莫亲于间;赏莫厚于间,事莫密于间。(第77页)

按:第二分句后面标分号,可能是个疏忽,当改为逗号,因为其前两句与后两句并非并列关系。"三军之事"是总说,后三句是分说,"事"字后应当改作冒号。

19. 间事未发,而先闻者,间与所告者皆死。(第77页)

按:前句"……者"含有假设之意,一共八个字,当中标上逗号分作两个分句完全没有必要。删去逗号以免琐碎。

20. ……令吾间必索知之。必索敌人之间来间我者……。注(26)索:尽、全部。索知:全部知道。(第77、78页)

按:"吾间"即我方间谍。释"索"为"全部",牵强而不近情理。任何高明的间谍,也不大可能探知敌方的"全部"信息。此句的"索"与下句"必索……"的"索"都是动词,宜训为"索求"。

2016 年初冬

思路锐密,眼光犀利
——李葆嘉《钩沉录》评析

8月末,从北京应邀出席由北京师范大学文学院举办的章黄学术思想国际研讨会归来不久,即收到南京师大李葆嘉教授邮寄来的他的几本大部头学术著作。我并未感到意外,这不仅是因为他也参加了上述研讨会,会上与他有所交流,而且多年来对他的学术行踪也有所了解。即使如此,在粗略翻阅过他洋洋洒洒的四大部著作之后,对其学识、智慧和勤奋仍然感到有些愕然,尤其是为其论文集《钩沉录》所深深吸引,本文标题所示立即在脑际浮现。这两句评语,并非笔者所撰,而是借用近30年前南京师大著名教授徐复先生对其硕士论文《清代学者上古声纽研究概论》的评价,来表达笔者对葆嘉教授近几年学术成果的总体认识。这里,仅就其《钩沉录》(上海古籍出版社2012年)所收具有代表性的几篇论文予以评析,尚望著者与读者赐教。

这部论文集共收录37篇论文,其内容涉及"上古音韵""中古音韵""官话音系""文字训诂""文化交往""语言演化"六个方面,只消浏览一下其具体的篇目即知:既有微观考辨,亦有宏观综论;既有具体辨析,亦有理论研讨;既有传统学术之考证,亦有普通语言学之论述。仅此一书足以显示著者学术视野的开阔和逻辑思维的严密。

一

关于古代音韵学方面之论述的,有两篇特别值得关注,因为它确实具有于学海中"钩沉"的意味:一篇是属于"上古音韵"的《黄侃之古音研究系统论》,另一篇是属于"中古音韵"的《全面修订〈中国音韵学研究〉的力作》。先说前一篇。

论文开头在简略地交代清代上古音研究的背景之后,即明确指出:"与其师章太炎主考古不同,黄侃主审音,沟通古音、今音、等韵研究,标举十九纽和二十八部之说,集有清古音学之大成。"其十九纽之说"有异文、谐声、古读、连字、对字、类隔、方音、译音等材料可资证明,不以二十八部相证而自可成立"。"古韵二十八部基于顾、江、段、戴、王、孔、刘诸儒所考,其说有周秦用韵、谐声等材料可资证明,不以十九纽相证而自可成立。"这两段立论,极其简括明确,毫不拖泥带水,应当说是有其历史的针对性的。

紧接着,著者追溯六十多年前林语堂对黄侃古音学所谓"乞贷论证"的掊击,指出"是昧于清代古音学史",并有力地批评道:"十九纽与二十八部各有由来,不以对方之证明为立论之前提,与'乞贷论证'何涉?反之,古声、古韵的研究结论殊途同归,相互验证,同处于等韵之一、四等,适足表明了古音研究结果的吻合性与古音体系的协调性。"以下便从作为"黄侃古音学的灵魂"的音理、音史、音证三个方面来论证其古音研究系统论及其方法论。就"音理论"而言,著者指出三点:

一是"音之常理,即声韵相合之理",二是"音之变理,即声韵挟变之理",三是"音之通理,即牵连相变之理"。就"音史论"而言,著者说明:"与前代古音学家相比,黄侃不仅治古音,而且治今音,治等韵",因而其"成就卓然"。就"音证论"而言,著者不仅指明黄侃归纳了"反切未行以前可资证音之法",即"形声、连字、韵文、异文、声训、合声、举读"等"七途",而且阐明了黄侃音证的最大特色"是用《广韵》上推古音系统",并"由《广韵》之析,到古音之合,又验之等韵"。这就是黄侃的古音研究系统论,可谓完整严密之论。

如果说并非擅长语言文字之学的林语堂对黄侃古音学的掊击在其后的影响还很有限的话,那么上个世纪 70 年代末作为语言学大家的王力先生对黄侃古音学的批评所产生的影响可就比较大了。为了替黄侃古音学"正本清源",葆嘉教授也不失时机地针对王力先生的批评分析其中的原委:其一是"不明黄侃古音说学术之来源",其二是"不明黄侃古音说基本方法",其三是"不明古音研究的互证之理",其四是"不明审音派之演绎之道"。在分析其中原委的过程中,著者特别强调:"人类知识系统本是一个互证系统,以论据推论题,以论题统论据;以结果揣原因,以原因推结果;以前提推判断,以判断证前提,皆可为循环互证。""古音研究本是假说性研究,每一个方法只有相对合理性,……任何学科,特别是人文学科研究,必须在归纳与演绎、唯物与唯心、取证与假说之间保持一定的张力。"最后总结道:"正是这种系统方法论,才使黄侃得以度越前修。也正是这种系统方法论,使后来者方能补苴罅漏,张皇幽眇,再创新说。"

再说后一篇。此篇所谓"力作",是就与两位"20 世纪汉语研究最著名的国际性大师"赵元任和高本汉"都有关系"的葛毅卿之遗稿《隋唐音研究》来说的。葆嘉教授颇带感慨地指出:"作为早年就在语言学界富有影响的音韵学家,以国际音标的标准发音号称'金嗓子'的葛毅卿,不仅音韵学、语音学学力深厚,而且还是一位民族语言文字学家。"这位被埋没的学者,早年就对高本汉所撰《中国音韵学研究》的一些构拟结果持有异议,中年又对《切韵》音系进行了重新构拟,提出了一系列新的见解,在20世纪五六十年代的《切韵》研究中别具特色。其遗稿《隋唐音研究》就是葛毅卿大半生的心血之作。

著者追溯了他的撰写动因。葛氏早先"尽管接受了高本汉使用的历史比较法,但对高本汉具体研究中的'形而上学方法论'进行了严厉的批评":(1)没有详尽地占有材料;(2)对于所用的材料没有突出重点;(3)在处理材料的过程中漠视材料的时间、地点和条件等因素;(4)片面地、孤立地、表面地看问题;(5)没有联系实际而破坏了事物的内部联系;(6)好多立论或构拟都是凭空想象。不仅如此,葛氏"对继高本汉之后(50年代以前)中国学者的中古音研究多持异议",其《隋唐音研究》批评的对象有周法高、董同龢、李荣、罗常培、陆志韦等学者的有关著作。葆嘉教授满怀深情地说:"可能也正是投稿的石沉大海和坎坷处境,促使他定要完成《隋唐音研究》。透过他对别人的严厉'批判'和对自己结论近乎'唠叨'的一再论述,可以看到他的焦躁不安和自信不足。"

以下对于葛氏遗著之"基本思路"和"主要材料"以及关于"声母音值考订""韵头音值考订""韵母音值考订""调值考订和浊音送气""《韵镜》内外转的独特阐释""《切韵》音系的整合性质和解构拟音"等六方

面的详细论析,就无须在这里引述介绍了。读者只消浏览以上八个小标题,不仅可以看出著者撰写本文的良苦用心,而且从中亦可领悟到葛氏当年的论述周详和用力之勤了。极有意味的是,著者提到"在葛毅卿撰写《隋唐音研究》的同时及其去世以后,特别是 80 年代以来,关于《切韵》音系及其相关问题的研究出现了一系列值得注目的成果",随即罗列了众多音韵学者们有关这方面的五十多部(篇)论著,但是著者指出,这些论著虽然也对高本汉之专著的某些提法进行了批评和修正,"但都没有像葛毅卿这样对高本汉的方法和拟音进行严厉批判和彻底修正",因此葛氏遗著的"学术价值还有待时贤之评说"。

显然,以上两篇"钩沉"之论,前一篇是为正本清源,后一篇则为拨乱反正。如果说前者需要评论者具备学术勇气的话,那么后者尤其需要著作者拥有学术良心了。无论是勇气还是良心,其实都源自同一个崇高的目标,那就是为了还原汉语音韵研究的本真历史,是对纯学术的发自内心的尊重。这正是笔者之所以读过这两篇论作之后感慨系之而难以忘怀的深切缘故。

二

关于文字训诂方面的,也有两篇引起我的兴趣。先说《"句"字右文说》。这一篇的副标题是"右文中的华夏先民认知轨迹",可见其立意之高。

此篇开门见山:"至清代小学大倡,以声音通训诂,右文说得到进一步的发展,但时有偏颇之词。"这是因为"一方面音义互相证发是汉语研究的基本方法,一方面声符兼义说的简单化论述在反证面前难以自圆"。因此,葆嘉教授提出,"依据见微知著或从个别发现一般的方法,可以选定一个声符,就其字族加以断代考察,然后寻绎右文形声字产生的认知历程以及相关问题"。

"'句'字右文说"本是一个个案分析,而因其立意高,就不能不从纵横两方面来加以论述。著者先按照甲文、金文、篆文、楷书四个历史层次对"从句(古侯切)之字"进行断代考察:在甲文阶段,"句"字字形有二,皆为独体;在金文阶段,从句之字有16个,其中6个有曲意;在篆文阶段,从句之字32个,其中有曲意的8个;在楷书阶段,《集韵》中收从句之字62个,排除《说文》与金文已收者,新增26个,只有3个异体字有曲意。由此著者得出两个结论:一是《说文·段注》中所谓"凡从句者皆训曲"乃草率之言;二是汉魏以后没有造出一个代表新词的、有曲意的从句形声字。

接着著者指出,汉字的声符可分为两类:一类是纯粹声符,这类声符在形声字中只起表音作用;另一类是含义声符,兼含表音作用与特殊义素。前者构成的是单纯形声字,后者构成的是含义形声字。根据从句之字个案分析的统计及其发展轨迹,著者断言:单纯形声造字模式的创造力是极大的,只要汉字还在方块字系统内,如果需要,这种造字模式就可以提供用之不尽的形声字。反之,含义形声造字模式的生育力却是有限的,这种造字模式仅限于"汉字从假借向形声过渡的时期"内,此后几乎不可能再有恢复生育力的机会。最后强调,"这种情况,与含义形声字形成的认知模式、文字体系背景和历史过程密切相关"。应当说,这是很有说服力而又深刻的见解。

其后,著者对"汉语字词的孳生方式"进行了剖析。他列举了两组汉语双音节词语:一是以"狂风、飓风、旋风、冷风"等为代表,一是以

"门口、窗口、关口、伤口"等为代表。接着指出,前者是"分化造词",是从不同方面对"风"做出的限制;后者是"比拟造词",是通过比拟式联想而造出这些性质不同而特征相似的词。这两种造词方式也反映在造字上,分化式可称为"区别孳生方式",它属于理性思维;比拟式可称为"推衍孳生方式",它属于形象思维。

著者的论述并未到此为止,他进而展开对"汉字右文的产生轨迹"的论说。依据普通词汇学的概念,葆嘉教授指出,初民在接触某事物的体验中形成语词,即所谓词的所指;对于一个语义内容给出的语音形式,即所谓词的能指。"这种确定的语音形式或听觉能指,就是语词,而在听觉能指的基础上产生的视觉能指,就是文字。"于是"遵循这一思路,可以从命名的方式、观念的发展、文字的制定三方面,对'句'及从'句'之字所表示的语言单位的演变发展分别考察,以揭示含义形声字产生的历史条件和具体过程"。对以上所述的三个方面,著者都分析了其中每一个方面的"三个环节"。前两个方面可以省略不说,就"文字制定的轨迹"来说,考察右文同源字的形成,可以发现的三个环节是:"1.象形初文制定;2.假借字根形成;3.形声含义出现。"无须再细加引介即可显示,著者对其个案的分析是如何的细致入微,对华夏先民认知轨迹的阐述又是如何的深入到位了。

再说《〈水浒〉一百零八将绰号绎释》一文。说心里话,刚翻到目录上的这篇题目之时,有点儿感到好奇,在《水浒》人物的绰号上能做出什么样的文章来呢?直至看完全文之后,方才觉得细小水流也能翻出大浪花来:"在明清长篇小说中,以绰号作为揭示人物特征、刻画人物性格、丰满人物形象的工具,为《水浒》别具一格的艺术特色。"由于"绰号多用修辞手法,故分为比喻、夸张、借代与直陈四大门类"。试看四类之标题:"一、惟妙惟肖,取譬为号";"二、入情入理,夸张为号";"三、亦庄亦谐,借代为号";"四、或雅或俗,直陈为号"。由四个小标题可见,著者也是用修辞的文笔来着墨这篇颇有趣味的文章的。用不着说,唯有第一门类内容最多,篇幅也就最长;其余三类加起来,其篇幅还不足它的一半。

如著者所述,"比喻性绰号依据人物本体特征分为外貌、本领、德性三大类"。在"外貌类"之"相貌次类"下,著者又就其喻体划分为"借喻四灵(古人以麒麟、凤、龟、龙为四灵)""借喻走兽""借喻飞禽""借喻英豪""借喻神鬼"等五小类;在"体貌次类"下,除与上述相同者外,不同者有"借喻爬虫""借喻职衔""借喻器物"等。为避免重复,以下不再赘述。在第二类"夸张"中,著者又分为"夸其武艺"和"夸其技艺"两小类。在第三类"借代"中,著者指明代替"本体"的有"饰物、装扮、兵器、营生、身份"等。在第四类不采用积极修辞方式的"直陈"中,著者划分为"外貌、武艺、德性"三小类。

通过以上或详或略的介绍,读者足以体会到葆嘉教授那种观察入微、条分缕析而又逻辑严密的学风。

三

最后,想就"文化交往"和"语言演化"两组文章里各举一篇予以讨论。先讨论《吐火罗语文与早期汉译佛经文本》,其副标题为"与季羡林先生商榷,兼论反切的发明"。

众所周知,季羡林先生可谓大家,在梵文学与印度文化研究方面享有盛誉。他在其专著《佛教与中印文化交流》中说:"在中印文化交流的初期,我们两国不完全是直接来往,使用吐火罗语的这个部族曾在中间起过桥梁作用。""最早的一些汉译佛经名词不是直接从梵文、巴利文译过来的,而是通过吐火罗语作媒介。"

即使素有文化史修养的学者,读了以上两段文字,也不会产生任何疑问,更不要说去考证这一类专题了。而葆嘉教授偏偏不放过这个一般人感到生疏而又难啃的题目,他态度鲜明地指出:"这一揣测,既有违历史事件的时间先后,也违背语言与文字、语言与翻译的相关学理。"

该文分为四节,前三节即是就上述问题展开论证的。第一节标题即为"早期汉译佛经时吐火罗尚无文字",醒目而又明确。著者在概述文化考古学和人种体质学的研究背景之后,根据缪勒、济格等欧洲学者的最新发现与李铁、林梅村、马雍、黄振华等民族语言文字学者的研究成果,指出:"吐火罗语族群包括四种方言:焉耆语、龟兹语、楼兰—鄯善语(用佉卢字母书写)、月氏语。"后来虽然经过历史的各种变迁,曾有过佉卢写本、于阗文、笈多体塞语写本,但"在伊斯兰化的过程中,阿拉伯字母逐步成为西域突厥的主要字母,西域的印欧语的原居民也逐步混血于突厥等民族中"。就是说,并未出现什么吐火罗文字。

第二节是论述"东汉汉译佛经底本非吐火罗文本"。著者概述西汉张骞通西域以来,东汉灵帝年间,洛阳胡僧会聚,翻译佛经,所用文字为巴利文(所写梵语)、婆罗米文(所书古雅利安俗语)与佉卢文(所写犍陀罗语)三种。"巴利字母源于婆罗米字母,而婆罗米字母与佉卢字母皆源于阿拉马字母,中原统称'梵(胡)书',将佛经汉译称之为'改梵(胡)为汉'"。"既然东汉佛经汉译之时,吐火罗尚无文字,自然也就没有吐火罗文的佛经文本"。因此,"有语而无文的吐火罗语,也就不可能对早期汉译佛经的名词产生多大影响"。

第三节是"中亚单音节 fe 盖源于汉译之佛"。汉代将"觉者"译为"浮图"(佛陀),与梵文 FeDu 对应。季羡林列出中亚古代不同语言中对应的词形,并分为两组,一组是大夏文的,一组是中亚其他语言如吐火罗文、古波斯文、达利文等,并由此推断而否定了"佛"为 FeDu 的另一汉字音译"佛陀"的缩略或节译。葆嘉教授认为:首先,双音节的 FeDu 是梵语词,可证东汉译经的佛经底本是印度文本(巴利文、婆罗米文)或大夏佉卢文本。其次,东汉时新疆的一些小国和部族尚无文字或未信仰佛教,单音节的 FeDu 一组为后起之词形。再次,吸收外源词的本土化倾向,促使古代汉语往往要把外源词改造为单音节,用"佛"可能是"佛陀"之缩译的结果。因此有理由推断,中亚这些国家或部族称"佛"是接受后来汉译佛经的影响。

又季羡林认为,汉语"出家"一词,在梵文与巴利文佛经中只言"出",却与吐火罗文完全一致。著者指出:这"仍然可以反推,吐火罗文中的'出家'来自汉译佛经的影响"。他还结合史实"推断一些稍晚的汉译佛经名词可能曾受吐火罗语文的影响,但这是魏晋以后的事情"。

至于第四节"反切发明与来华梵僧或汉儒助手",因与季氏无直接关系,故略而不论。前三节之考论,又再一次显示葆嘉教授的学术品格,即把还原汉语史的本真面目置于学术研究的最高地位,至于论说者的声望与影响如何是无须多加考虑的。

另一篇值得讨论的《语言关系类型学:谱系树模式的超越》,应当说是"语言演化"一组论文中比较具有代表性的一篇。该篇共分五节：一、现代人和现代语言起源的单源论；二、语言关系类型演变的连续—差异性；三、世界语言关系类型学的四分法；四、语言结构类型的历史演变连续统假说；五、人类语言的世界化进程。这五节标题就已经展示出著者学术视野之开阔与理论根基之笃厚了。说实在的，对第一节所论，笔者持有异议；对第二节所论，笔者感到生疏；对第五节所论，笔者觉得比较渺茫。因此，这里仅就三、四两节予以绍介，想来读者尤其是相关学者是会感到新鲜而有趣的。

著者提出"语言关系类型学"，并且明确"语系"模式不过是"语言关系类型学"中的一种模式，其目的在于"为世界上不同语言之间的不同关系的全面解释拓宽思路"。第三节所说的"四分法"，即所谓："（一）语系：新石器—金属时期以来的语言文化同源分化"；"（二）语区：新石器—金属时期以来的语言文化推移同化"；"（三）语网：滞留在旧石器—新石器的语言文化蔓延传播"；"（四）语珠：滞留在旧石器—新石器的语言文化散落隔绝"。我们之所以把"四分法"的具体提法并列在一起，是让读者大致且更为明晰地看出其中的概貌。

下面再做些简单介绍。"语系"（包括祖语和子语、近亲语和远亲语）之下，分"闪含语系、印欧语系、乌拉尔语系、阿尔泰语系"；"语区"（包括核心语和周边语、覆盖语和底层语）之下，分"东亚大陆语区、巴尔干次语区"；"语网"（包括环节语和连锁语、近邻语和远离语）之下，分"原始达罗毗荼语网、原始南亚—南岛语网、原始巴布亚语网、原始大洋洲语网、原始印第安语网、高加索语网、科依—桑—班图—苏丹等原始语网"；"语珠"（包括语珠和语种）之下，分"北极圈语珠、小亚细亚语珠"。列举这些由著者创始的大小名称,是为了让读者对其"语言关系类型学"之说有个稍微具体而有层次的了解,以便引起阅读其原著的兴趣。

第四节所谓"假说",应当引起语法学专业学者的关注。著者指出:"据现存的语言结构类型推断,最为古老的结构类型可能是保留着混沌性思维烙印的复综语。这是一种词单位与句单位尚未分离,构句单位为'句词'的原始类型。就其内部结构而言,句词相当于其他结构类型中的形态复合词;就其运用功能而言,句词相当于其他结构类型中的句子单位。"由此,著者推断人类语言结构类型演变的总趋势是:"随着语义表达从笼统性到清晰性,语言结构呈现出语言单位的分析化、语法手段的附加化、语法成分的音节化和结合方式的孤立化的演变倾向。"依据多年来对普通语言学理论和汉语文言语法学的研究与考察,笔者确信葆嘉教授的上述"假说"是有其坚实的客观根据的,绝非纯粹猜测的"臆说"。

总之,《钩沉录》体现出的,是一种自由独立的理念,开阔严密的思维,纯正崇高的目标。

2016 年夏末

十年磨一剑,其锋芒必现
——序马启俊《〈庄子〉词汇研究》

如果在十年前,我不会写这篇序言,因为《〈庄子〉词汇研究》这部专著的作者原是我的博士生,导师评介自己的弟子总有些不合适。但如今时过境迁,师生情谊淡化而同行探讨关系增强,也就没有什么心理障碍了。为了客观起见,我还得交代一下动笔前的学术背景。首先要说说我早先对庄子其人其书的总体印象。

一

庄子其人,据司马迁《史记》有关记载,他曾做过管理漆园的小吏,楚威王有意聘他为相,他不肯接受。庄子一生贫困,但其心灵上的充实填补了物质生活上的匮乏,他在精神层面完成了对现实的超越。他一生的行事有两件值得我们注意和深思。

其一是鱼乐之辨。庄子与惠施二人,人生追求和学术思想完全不同道,却能成为至真至诚的朋友。他们常在一起进行类似于"知"与"不知"所谓"鱼之乐"那样无休止的辩论,并从中获得极大的愉悦。惠施死后,庄子感到从此再也没有如同"鱼之乐"那样旗鼓相当的对话,因而发出"无以为质"的深切感叹。

其二是鼓盆而歌。庄子平时与妻子一向相敬如宾,其妻死时,他不仅没有悲伤,甚至敲起盆缶哼着歌曲。这在常人看来简直不近情理,而庄子内心认为人死即回归自然,无须悲伤。这种对亲人生死采取超然的态度,不是从其文章表面可以体会出来的,也不是世俗的观念所能理解的。

以上两桩行事给我的感受是,庄子把人生的一切全都净化得纯而又纯了:与惠施的交情是在相互切磋学问、论辩是非中建立起来的高尚关系,因而情深意厚,无惠施则无同质对象与之探讨人生学问;与妻子只是男女两性之间的天然关系,生老病死皆出于自然,应当理性对待,不必悲哀而伤神。这种超脱尘世的泰然自处,正是对待人生的一大智慧。正因为如此,庄子视权位如腐鼠,讥邀宠为舐痔,对世俗的权势、名利、富贵等表现出极大的蔑视。联系他一贯的言行举止就会深刻地理解,这并非自视清高,而是他确实认为,精神和生命只有与自然融合为一才有永恒的价值,至于权势、名利、富贵等,是对生命与精神的戕害,是自取束缚而牺牲了自由。

对庄子其人基本上有所了解,再来阅读《庄子》其书就比较容易领会了。《庄子》今存三十三篇,从晋代学者郭象注解本开始,分内篇七篇、外篇十五篇、杂篇十一篇。《内篇》的思想与文风比较一致,当为庄子本人所著;《外篇》和《杂篇》的思想观点与《内篇》大多有出入,一般认为有后学之作掺杂其中。《杂篇》中的《天下第三十三》与《寓言第二十七》两篇值得注意:前一篇文字庄重,结构齐整,构思精巧,评论诸子学派,唯独标显庄学,宜视为《内篇》七篇之序言;后一篇叙事对话较多,当看作序例。读懂这两篇,对准确把握《庄子》全书的精神会有很大的助益。

论析于此,有必要澄清一下庄子所谓"寓言"的含义。《寓言》开篇即云:"寓言十九,重言十七,卮言日出,和以天倪。"郭象注:"寄之他人,则十言而九见信。"成玄英疏:"寓,寄也。世人愚迷,妄为猜忌……寄之他人,则十言而信九矣。故鸿蒙、云将、肩吾、连叔之类,皆寓言耳。"陆德明《经典释文》:"寓,寄也。以人不信己,故托之他人,十言而九见信也。"看来,历代注疏都把"寓言"理解为寄托他人之言,意在取信于世人。然而最近有人撰文,从词源学的角度来考辨"寓言"的含义是"大言、夸诞之言"(《民俗典籍文字研究》第十二辑,2013),并引用《庄子·天下》篇为证:"庄周闻其风而悦之,以谬悠之说、荒唐之言、无端崖之辞,时恣纵而不傥,不以觭见之也。以天下为沈浊,不可与庄语,以卮言为曼衍,以重言为真,以寓言为广。独与天地精神往来。"那么,对"寓言"的两种解释孰是孰非呢?

若要辨明,当有几点必须明确。首先,字词不仅有词源义,还有由语境规定的语境义,前者不等同于后者。这就如同字词的本义不等同于字词的引申义,字词的概括义也不等同于字词的具体义。其次,前面说过,《内篇》属庄子本人所著,而《外篇》和《杂篇》当有后学之作掺杂其中,不能把《杂篇》中的《天下》和《寓言》两篇视为庄子本人之作;而且还指出,《天下》应是《内篇》之序言,而《寓言》则为其序例。再次,应当强调,《寓言》仅仅是《杂篇》十一篇里的一篇,而且开篇明义云:"寓言十九,藉外论之。"正如郭象注所说:"言出于己,俗多不受,故借外耳。"该篇之所谓"寓言"自然是针对此篇之主旨而说的,与《天下》篇不可混为一谈。最后,再考察《寓言》其后所列举的庄子与惠子的对话、孔子与其弟子的对答、颜成子游与东郭子綦的谈话、众罔两与其景(影)的问答、老子对阳子居的告诫种种,似乎皆非"夸诞之言"。根据以上理由,完全可以断定《庄子·寓言》篇之"寓言",当如郭注、成疏以及陆氏《释文》所云,是"寄托他人之言"的意思。

我们再来探明上述提出异议的文章里所说的《天下》篇的真正用意。如前所说,《天下》篇当视为整个《内篇》之序言,也就是说,《天下》篇所谓"谬悠之说、荒唐之言、无端崖之辞",是就庄子本人所著《内篇》之七篇而言,并非单单指称与之并列的《寓言》这一篇。《天下》篇虽然有"以寓言为广"一句,但不可把"广"与"寓"看作同义词;因为该句之前还有两句与之并列,即"以卮言为曼衍,以重言为真,以寓言为广",显然,"曼衍"(无心貌)并非解释"卮"(不定之意)字,"真"并非解释"重"(厚重、尊重)字,那么"广"也自然并非用来解释"寓"字了。更何况"广"在此语境中也不能理解为"夸大、夸诞",而宜解释为"深广、开阔",故其下一句紧接着说"独与天地精神往来,而不敖倪于万物"。如若连同"庄周闻其风而悦之……"这几句来完整地考察,分明是用来评价并推崇庄子之"道术"(所谓"能致虚远深弘之说,无涯无绪之谈")的言论。这是显而易见、确凿无疑的。

这样看来,《庄子》一书所展示的思想体系也是博大精深的。这里必须指出,庄子解说并继承了老子哲学思想中积极的一面,但无可讳言,他也把老子学说中消极的一面发挥到淋漓尽致的地步。我们应当注意分析辨别。实事求是地说,庄子在中国古代哲学史上虽然具有十分重要的地位,对后世也产生过重大的影响,但就哲学思想而言,显然不能与其同一学派的前辈老子相比。然而毫无疑义的,他在中国文学史上却处于巅峰的地位。

据我领会,老庄哲学当包含三个层次:一是解决个人与自然的关系,也就是所谓"无己",即不注重个人形体的问题;二是解决个人与社会的关系,也就是所谓"无功"(不居功)和"无名"(不逐名)的问题;三是解决精神和存在的关系,也就是既要有理性也要有悟性的问题。总而言之,老庄哲学思想是疗治现实社会心浮气躁的良药,其实质是与大自然的本质相吻合的。我们不能过于从现实而应当从哲学意义上去理解老庄,否则就会产生误解。

以上论述无非表明,我虽然长期从事汉语史学科的教学与研究,但对老子和庄子也曾有过多年的思考,近几年还发表过数篇论文,因而有着自己的一番理解。在这样的认识基础上,再来评析在过去博士论文基础上进一步打磨的这部专著,就会给这部书的读者一个比较客观的印象了。

其次,要说说与词汇学研究有关的问题。就在个把月前,我在《学术界》第 9 期上发表了一篇题为《训诂学的特性与现代化》的文章,其中提到,训诂学这门学科若要适应科学发展的需要,"就方法论而言,笔者以为务须注意几个结合:历时与共时,经验与思辨,统一与相对,封闭与开放,定量与定性"。展读《〈庄子〉词汇研究》一书的引言,其著者的思路与我不谋而合,于是就放心地敲击键盘推敲起这篇序言了。

二

读别人的著作,尤其是博士论文,我有个习惯,即先考首尾再看中间,就是说,先浏览一下该书的前言与后记,了解其写作的意图与过程、作者所运用的研究方法、参考的文献资料,这对进一步理解该书主体的内容与价值极有帮助。为了不占用读者过多的时间,这里只想从三个方面予以阐述。

首先阅读第一章《引言》,我觉得至少有以下几处处理颇为得当:

其一,关于庄子的总体评价,著者概述道,"庄子继承并发展了老子的道家思想,是先秦道家哲学思想的代表人物,堪称老子后学,道家巨擘,玄学大宗。庄子以其深邃玄远的哲理神思,对自然、社会、人生的独特感悟,独树一帜的处世态度和行为方式,给中国人的思想行为带来了深远的影响,在中国哲学史和思想文化史上都具有崇高的地位。同时他那浪漫雄奇、奇崛诡怪的散文风格和以寓言为主、寓真于诞、意在言外的创作方法,极大地推动了浪漫主义文学的发展,在中国古代文学史上占有重要地位,评价也越来越高"。其精练简洁甚合读者之心意。

其二,针对《庄子》一书的不同版本及其《内篇》《外篇》《杂篇》的作者历来之争议,著者表明"无意参与",因为"通观《庄子》全书,其思想体系、文章风格大体是统一的,相互矛盾或前后抵触之处并不多,历来研究《庄子》哲学的人也大多是将它作为一个整体来看待";"从语言学的角度来看,《庄子》全书反映了战国末期至汉初语言的实际状况,因此我们将内、外、杂篇都看作反映秦汉之际上古汉语语言事实的作品,以《庄子》全书为统一的研究对象"。这种"快刀斩乱麻"的举措,丝毫无损该书的词汇研究成果。

其三,著者用了一节的篇幅,先综述"上古汉语整体、综合研究已取得的成就",继而作"上古汉语专书语言研究的简单回顾",再来说明"上古汉语专书词汇研究及其发展趋势"。如此由整体研究到局部研究、由"专书语言研究"到"专书词汇研究"的叙述,脉络清晰,条理井然。在此背景下,再来阐述"《庄子》词汇研究的意义、现状及发展趋势",就显得有根有据,十分可信。正如著者所指出的,研究《庄子》词汇的意义在于,"既可为先秦诸子语言的共时研究和汉语词汇史的历时研究提供一些准确数据和可信结论,又能对辞典编纂、语文教学、古籍整理等领域的发展做出一定的贡献,同时也可以对中国古代哲学、文学、史学、社会学、宗教学、民俗学等相关领域的多学科综合交叉研究产生一定的影响";而就《庄子》词汇研究的现状而言,"自魏晋以来,庄书训诂和庄学研究在对《庄子》作孤立的、分散的随文注释方面取得了不少成绩,但是对《庄子》语料进行语言学的分专题研究和深入、系统的专门探讨尚显得相对薄弱,成果较少。同样,在《庄子》词汇研究方面虽有一些词典或单篇论文问世,但是以《庄子》全书词汇为专题研究对象,做穷尽式的调查、统计和科学的归纳、分析,进行全面的探讨和系统的研究",至今在国内外尚未出现。无须多说,著者的研究成果正好填补了这项空白。

其四,著者于第四节谈到研究方法时说了三条,即"'通合观之'的整体和系统的研究方法""定量和定性的研究方法""对比的研究方法"。对于第一条,著者认识到,专书词汇研究"必须认清全书语词的相互关系,意义网络,网络中每个词的具体位置及由此而决定的意义,然后才能做出客观系统的评价"。对于第二条,著者指出"要借鉴训诂学、语法学、音韵学、修辞学等相关学科的理论和方法,对全书词汇进行分类、界定、描写和解释。尤其要注重描写,应尽量做到穷尽性描写"。对于第三条,著者极有意识:"首先,进行专书内部对比,找出《庄子》每一篇章以及全书是如何通过语词的不同搭配、相互对应来构词、表义的";"其次,进行同时代文献之间的横向比较,联系……传世文献和出土文献进行共时对比研究";"再次,进行不同时代文献之间的纵向比较和贯通研究……指出《庄子》词汇的时代性、继承性与发展性";"最后,通过对比……总结《庄子》在语言学的多门分支学科里的认识价值和在汉语史上的地位与影响"。

笔者不厌其烦地引用原文,意在展示著者的思路和设想是全面而完整的。那么,接下来的论述必定会步步深入、头头是道了。

其次,再来考察书后的参考文献。据我大略统计,著者列举的参考论著共有四百余部(篇)。其中直接研究《庄子》的论著约一百三十三部(篇),占总数的 1/3。在综合性的二百六十七部(篇)的论著中,专门研究语言词汇的有六十一部(篇),比例约为 1/4。在专门研究《庄子》的论著中,直接研究其语言词汇的有三十四部(篇),比例亦为 1/4。

以上统计数字表明,十年来,著者为了实现所设定的总体计划与分项目标,为了履行所预想的研究方法,他为自己铺开了一张多么长的书目名单,又为此而耗费了多少个日日夜夜啊。读者自然相信,"十年磨一剑"并非虚夸之辞!

除了参考文献的统计数字之外,还应当列举一下他浏览过的古今中外名家的专著。一般综合性的专著包括段玉裁《说文解字注》、刘文典《淮南鸿烈集解》、索绪尔《普通语言学教程》、柳存仁《道教史研究》、叶维廉《道家美学与西方文化》、汤用彤《理学·佛学·玄学》、冯友兰《中国哲学史新编》、翦伯赞《先秦史》、杨荣国《中国古代思想史》、晁福林《先秦民俗史》、张亮采《中国风俗史》、冯天瑜等《中华文化史》、郭预衡《中国散文史》等；属于语言学和庄学通论的著作包括王力《中国语言学史》和《汉语词汇史》、许威汉《二十世纪的汉语词汇学》、史存直《汉语词汇史纲要》、刘叔新《汉语描写词汇学》、何九盈蒋绍愚《古汉语词汇讲话》、陈鼓应《庄子论道》、陆钦《庄周思想研究》、孙以楷《庄子通论》、叶舒宪《庄子的文化解析》等。这些厚实的专著也大体展示了著者的开阔视野与学术气度。

在评析该书首尾之后，再来浏览文本主体内容，就无须耗费过多笔墨了。从第二章到第七章，著者分别论述了《庄子》的"复音词、词义研究、同义词研究、专项词语研究、词语选释、成语研究"等六个方面，就《庄子》之词汇而言是无所不包了。

三

在《〈庄子〉的复音词》一章里，先根据他人的统计，指出《孟子》总词数两千四百四十个，其中复音词六百五十一个；《吕氏春秋》总词数近五千个，其中复音词两千零十七个。再拟定《庄子》复音词的八条具体确定标准，在此基础上，再具体排列出《庄子》复音词在各篇的分布情况，由此统计出全书出现的复音词而不计重复的总数为两千六百六十九个，若含重复的总数高达四千八百四十七个。不仅如此，著者还列出表格，逐篇展示其正文字数、复音词出现的个数和次数、不同音节的复音词个数占全书复音词总个数的百分比等，并且深入分析了《庄子》复音词出现新情况的五种原因。然后，对复音词作结构分析，从

"单纯词的语音结构"和"复合词的语法结构"两个方面予以剖析,再列表展示《庄子》各类复音词的构成方式、词性分布、数量统计、所占比例等情况。通过以上排比研究,著者得出了五点"初步的结论",其中最后一点值得我们注意,"《庄子》中的复音词正处在由先秦早期向战国后期和秦汉时期过渡的阶段,所以一部分复音词尚处在萌芽期,数量少,结构不固定,特征不典型……这说明复合词在《庄子》中的发展是不平衡的,在上古汉语复音词发展史中具有过渡性特征"。显然,这个结论对进行汉语词汇史的共时比较和历时研究都具有十分重要的意义。

再看第五章《〈庄子〉专项词语研究》,本章于记时词语、颜色词语和民俗词语三项进行了详细的搜集、罗列、描述和研究,为的是"管窥《庄子》专项词语在不同领域的认识和研究价值"。这里仅就"民俗词语"予以评析。

著者指出:"《庄子》一书内容博大精深,包罗万象,涉及当时的物质生产、民众生活、社会政治、思想意识、飞禽走兽、山川草木等各个方面,具有多种文化底蕴。因此,作为这些丰富内容主要载体的《庄子》词汇,在许多学科领域里都具有很高的史料价值和研究价值。"该章节对《庄子》中反映具体民俗事象的词语进行了仔细辨识、全面搜集和整理,从经济、社会、信仰和游艺四个方面描述这些民俗词语。我们不必涉及具体的词语,只消列举若干小的类别,即可看出著者的良苦用心。

在"经济的民俗"下分有三类:(1)物质生产民俗(包括自然采集、渔猎、驯养、农耕、手工业),(2)交易运输民俗(包括商品交易、水陆交通),(3)消费生活民俗(包括服饰、饮食、居住)。

在"社会的民俗"下分有四类：(1)家庭亲族民俗(包括称谓、生活用具、家居行为、家庭伦理等)，(2)乡里社会民俗(包括社区名称、乡里人员称谓、乡里社会规范)，(3)乡里人际交往民俗(包括交往行为、交往礼节、交往所用物品、避讳用语)，(4)个人生活礼仪民俗(包括生育、婚姻、丧葬)。

在"信仰的民俗"下分有六类：(1)大自然信仰，(2)占卜民俗，(3)禁咒盟誓，(4)巫蛊民俗，(5)祭祀民俗(包括祭祀活动、主持人员、祭祀场所、器具物品、祭祀对象)，(6)迷信民俗。

在"游艺的民俗"下分有四类：(1)民间口头文学(包括神话故事、民间传说、民间成语谚语)，(2)民间歌舞音乐活动(包括唱歌跳舞、音乐创作表演、乐器及制作材料、古乐曲名、古代音乐术语)，(3)游戏竞技活动，(4)体育健身活动。

即使略去具体的民俗词汇不说，单就以上大小类别即可看出著者认真细致的钻研态度了。著者有两点说明值得注意：一是与其他诸子著作相比，《庄子》对先秦民俗史研究的文献参考价值是令人惊羡的，难怪有人说《庄子》是一部"博物志"；二是《庄子》对民俗事象的记载有很多是真实可信的，但因为作品的性质、文体特点以及虚言甚多的表述，研究者对民俗资料的真实性仍需要慎重对待，仔细鉴别，不可全当作实录和信史。这种提醒又表明了著者的科学态度，值得肯定。

最后，不能不考察第七章《源自〈庄子〉的成语研究》，因为这是著者把庄学研究的理论与社会语言运用的实际紧密结合的新成果。

作为战国晚期的诸子著作之一，《庄子》的语言已从此前《尚书》《国语》《论语》等著作的古奥、质朴趋向于纵恣浪漫、奇幻玄妙、形象生动、风格多样。《庄子》一书内容丰富新颖,颇具哲理情思,语言生动活泼,极具创造力、表现力和感染力,因而深受历代文人的喜爱。因此,在后世的哲学著作、文学作品及日常口语中,其内容和语句得到普遍的引用,许多绝妙好辞与精彩片段不断被提炼、组合、凝固、引申,逐渐演化成后来的成语,《庄子》遂成为一大批汉语成语的源头。

在以上准确论断的基础上,著者从"形成方式""结构特征""词义发展和使用情况"三个方面进行论述。这里没有必要全面铺开,仅就"源自《庄子》成语的形成方式"这一方面予以考察。

著者从全书中搜罗了89个这样的成语,经过细致的分析、考证与比对,将它们划分为六种类型:一是截取原文型,二是词语置换型,三是顺序颠倒型,四是内外结合型,五是提炼概括型,六是综合构成型。不仅如此,著者还进一步在每一类型之下,再区分若干小类。譬如"截取原文型"之下,就分为以下五种:(1)直接截取原文相连续的语言片段;(2)直接截取原文前后两句中相连的语言片段;(3)先分别直接截取原文前后两句中各自相连的两个字再重新组合;(4)先直接截取原文某个语言片段,再省略其中某个或某几个词语;(5)先直接截取原文某个语言片段,再适当增加词语。又如"提炼概括型"之下,再分为以下两种:(1)以原文某一句或几句的少量词语为表义基础,增加其他词语以补足相关语义;(2)对原文某一段或几段的意义加以概括,以精练简短的词语来表达。

以上所划分的六大类型以及所举两大类型里区分的小类,已经足以说明著者考察之全和剖析之细了。这样做,对专书词汇研究来说是很有必要的,不仅向读者,而且向专业学者展示了全书词汇的状况和风貌，有助于他们了解一大部分成语的来龙去脉，并准确理解其中的含义，而且为专业辞书编辑者和研究者提供了丰富而准确的资料与信息。

这部专著的最后一章《余论》，更是显示了《庄子》词汇研究的现实意义。著者注意到，"《庄子》词汇在后世常常遭遇理解、使用上的误区，出现了不少令人遗憾的误解误用现象"。为了辨误求是、正本清源，著者分五节来拨乱反正。为省篇幅，这里仅选择三节予以评析：一是"对源自《庄子》成语的误解误用"，著者列举了"望洋兴叹、白驹过隙、扶摇直上、每况愈下、得鱼忘筌、不可端倪"等十一个成语进行了辨析；二是"辞书编纂利用《庄子》语料的失误"，文中列举了"吊诡、眯、醒、傅说、安宁"等语词在释义、书证及引例方面的误说，并给以纠正；三是"近年来谈《庄子》心得类书籍指瑕"，在《于丹〈庄子〉心得》中指出九条，在《傅佩荣〈庄子〉心得》中指出三条，在《南怀瑾讲述庄子的智慧》中指出八条。我相信，读者只需稍稍涉猎，即可获得深刻印象。

常言道："十年磨一剑。"十年前，作为这部专著原型的博士学位论文，由于其合理的构架、晓畅的文字，答辩时即得到所有专家的一致肯定；而十年后，由于著者扎实的学术积累，严密的逻辑论证，丰厚的现实内容，说是"磨砺"出了一把颇有锋芒的剑，也是必然而且毫不为过的。当然，这部专著也不是没有可指摘之处，譬如某些章节与分类有点儿琐细，某些行文尚不够简洁等，好在无关大体。我坚信，读者一定会从这部专著里获得多方面的教益的。

2016 年 2 月

展示佛经文献之瑰宝
——评《玄应〈众经音义〉研究》

著名语言学家季羡林先生主编了一套《华林博士文库》,并在其《总序》里就博士论文提出了一个起码的要求:"至于博士论文,这当然是获得学位的主要依据。一篇论文必须有点新东西,有点原创性。原创性当然有高低之别。但是,不管是高是低,你必须有,则是不可逆转的要求。"他殷切希望年轻的博士们"锲而不舍,继续钻研","要亮出你们清越的鸣声"。令学界欣喜的是,纳入该《文库》而由中华书局 2005 年出版的徐时仪教授的《玄应〈众经音义〉研究》,正是这样一篇创获颇多,已"亮出清越鸣声"的博士论文。

在改革开放的新时期,佛教经典的语言文字研究越来越受到中青年学者的重视。佛经音义是解释佛经里字词音义的训诂学著作,也是我国传统文献中一座值得深入发掘的文化宝库。唐释玄应的《众经音义》(以下简称《玄应音义》),正是现存最早的佛经音义,也是佛藏中的一部经典文献,全书 25 卷,集《说文》系字书、《尔雅》系词书、《切韵》系韵书及古代典籍注疏的字词训释于一书,诠释佛经中需要解释的字词,在某种意义上可以说是对当时所用词语的一个较为全面的总结,且涉及宗教、哲学、文学、艺术、中外文化交流等社会文化的各个方面,在文献学、语言学和传统文化研究等方面都具有重要的学术价值,尤其是该书所释词语保存了许多其他典籍不载的活言语现象,大致反映了汉唐语言的实际状貌,更成为汉语史研究的瑰宝。早在上世纪50年代,著名语言学家俞敏先生就十分称道《玄应音义》《慧琳音义》解释佛经音义,详注汉字反切,在佛典词语训释上翻开了新的一页。

据我留意,时仪博士长期从事汉语史及佛经音义的研究,此前就已经有《慧琳音义研究》《佛经音义概论》及《古白话词汇研究论稿》等专著问世。在此基础上,又积累多年,运用语言学和文献学之原理及二者相结合的方法,施于《玄应音义》之研究,溯源竟委,钩玄索隐,成就一部迄今最为详尽全面的研究《玄应音义》的专著,在版本异同、反切考异、词汇考释、学术价值四个方面给以全新的展示,其学术水准之高,其实用价值之大,通读此书,自会领悟。因篇幅限制,本文就从上述四个方面,精选例证,具体阐发这部力作的成就。

一

首先,著者穷尽性地逐词比勘了《玄应音义》各版本之间及其与《慧琳音义》的异同,理清了《玄应音义》的文本系统,为全面可靠地研究《玄应音义》奠定了坚实的基础。过去就有学者指出,汉译佛典之语料及版本,"在许多方面都是'含混不清'的","这意味着迄今为止对佛典的语言学利用基本上没有建立在必要的文献学研究基础之上。这是相当危险的,必须引起高度的重视"(朱庆之语)。有鉴于此,著者着重考证了《玄应音义》的成书年代与版本流传的繁杂情况,指出其各本大致可分为高丽藏本和碛砂藏本两大系列,论证了这两种本子之相异在于契丹藏与开宝藏所录《玄应音义》采用的传抄本不同,最终廓清了各版本间错综复杂的源流关系。

周法高、王力、周祖谟和张金泉、许建平等前哲时贤,或在《玄应音义》之反切研究上已导夫先路,或在其音义汇考上已有所建树,然而各家由于对以上所述之版本繁杂及各本反切之异同未曾梳理,故难免有不少失误。王力《玄应〈一切经音义〉反切考》一文所据仅为庄氏校勘本,周法高《玄应反切再考》一文虽偶尔提及高丽藏本,但多未涉及其他各本反切之异同,因而未免据传本讹字立论。如《玄应音义》卷十四释《四分律》"不串"之"串",引《诰幼文》释其异体字,各本误作"诰幻反"或"诰幻文"等,王力论述谏裥混切时以"串:诰幻"为证。又如王力论及虞模混切时说:"有一个例外,就是'蛆'读知殊反。这个例外是可疑的,因为'蛆'是清母字,不可能用'知'作为反切上字,疑'蛆'是'蛛'的误字。"其实,"蛆"读"知殊反"在《玄应音义》里根本就不存在。时仪博士遍检各本皆无此切,揭示玄应数释"蛆"字皆为"千余反"、"子余反"或"且余反"。据《广韵》,"千"为清母,"子""且"为精母,二者仅全清与次清之别。王力很可能是把玄应释"狚"之"知列反"误作了"知殊反"。传本多误"狚"为"蛆",而"蛆"并无"知列反"之音。

周祖谟于《校读玄应一切经音义后记》一文说,大治写本卷首目录第五卷中原有《超日明三昧经》至《温室洗浴众僧经》42种经,丽藏本保存有其中的21种,宋元明藏本卷五则无目也没有音义。著者检验丽藏本和金藏本,实际上这42种经皆无一阙失。继之又细检碛砂藏、永乐南藏、宛委别藏和海山仙馆丛书本卷五,所阙仅丽藏本保存的 21 种,其余的 21 种经与丽藏本均相同而未阙。可能周先生撰文时未加细检抑或所据为二手资料而致误。又张金泉等《敦煌音义汇考》说,伯 2901 号所录《中阴经》和《濡首菩萨无上清净分卫经》不见传本。据著者考检与比勘,实际上只是碛砂藏系未收录的 21 种经中之二种,并发现这一写卷中还存有碛砂藏系未收录的 21 种经中的《迦叶经》和《发觉净心经》。

还应当指出,学术界研究大藏经版本,往往重其版式和卷帙的差异,这显然是不够的。如果从训诂学的角度考察各本大藏经所收经文的异同,当更能反映其传承之渊源。著者正是由此着眼,仔细比勘《玄应音义》之金藏、丽藏、碛砂藏与永乐南藏本,得出了更为合理的解释,即《玄应音义》各本之异同很可能在于契丹藏与开宝藏所采用的传抄本的不同。由于北宋刊刻开宝藏时,中原一带已无较为完整的写本大藏经可作为依据,便指令在远离北宋中央的蜀地益州雕印,因此开宝藏依据的可能是流传于蜀地而内容与《开元录》所载有所不同的写本大藏经,而如果考虑到契丹藏与开宝藏的刊刻年代相近,且契丹藏所录《玄应音义》很可能是采用了其时流传北方而与中土不同的写本。不仅如此,时仪博士还对《玄应音义》之碛砂藏不同于高丽藏的原因作了探讨。这些考察与探讨,为揭示刻本大藏经传承的渊源提供了具体而又可靠的佐证。

拙著《新著训诂学引论》提出了"文献的本原性"原则,指出:"古代文献的训诂工作,应以恢复和维持其原貌为前提。"其中之一就是指"传世典籍的版本问题"(上海辞书出版社 2005 年)。时仪博士就《玄应音义》,梳理其版本源流,比勘其各本异同,明确其文本系统,即完全符合"文献的本原性"原则,因而能够纠正前哲时贤的疏失和误说。

二

其次,着重从汉语史与训诂学的角度入手,穷尽性地考察了《玄应音义》各本中1100多个异切,运用著名语言学家王士元的"词汇扩散理论",详尽探讨了这些异切反映的200多例语音演变现象。王先生明确指出,音变对于词汇的影响是逐渐的。当一个音变在发生时,所有符合音变条件的词是在时间推移中逐个地变化的。整个音变是一个连续过程,而"历史材料不过是某一个时间点上的纪录"。众所周知,语言是代代口耳相传的交际工具,语言的变化往往是其传递过程中的误差,语音的变化随着时间的流逝而完成,因而同一文献的不同年代的版本异文反映的词汇变化也就代表了不同时间上的语言状况。

时仪博士在其论著第三章第四节,分别从130多个声类异切、90多个韵类异切、20多个调类异切三个方面,总共列出28个表格,具体而又充分地展示《玄应音义》各本对同一词所释反切的异同情况,表明这"不仅是音切用字之异,而且其反切的音韵地位也不同","正好反映了其时词汇扩散过程中未变至已变的动态发展状况"。单以"轻重唇音声母异切"为例,各本轻重相切共有40余例。其中丽藏本以轻切重35切,以重切轻7切,轻重异切为42切;碛砂本以轻切重13切,以重切轻3切,轻重异切为16切;慧琳转录共有40切,其中以轻切重15切,以重切轻1切,轻重异切16切。《玄应音义》和《慧琳音义》之反切中虽皆存帮系字与非系字混用的现象,但由其混用现象的减少,尤其是所列重唇音"邠、摒、寐、眯、蠛、犙、牡"的反切上字,丽藏本为轻唇音,慧琳改为重唇音字;轻唇音"翻、泛"的反切上字,丽藏本为重唇音,慧琳改为轻唇音字。可见轻重唇音分化的趋势在唐代中期已经形成。毫无疑问,类似这样的反切异同比较所反映的语音变化,对于汉语音韵史的研究弥足珍贵。

在此基础上,著者相互比勘,又补正了前辈学者在论述《玄应音义》反切上的一些疏失。例如周法高《玄应反切考》认定"进刃同韵,烬字兼有'从、邪'二纽之音,足证玄应'从、邪'有别"。然而时仪博士列出"从母与邪母异切"表,从玄应、云公和慧琳所释"烬、晴"的异切可知,"从、邪"二母在当时口语里已经不加分辨,因而出现不自觉地混用二切的情况。不仅如此,如前所述,《玄应音义》各本的年代有先有后,其版本之繁杂所形成的各本异切或多或少地反映了前后相近的几个时间点上相同词汇的语音已变或未变的现象,因而提供了时间上的连续性,自可据以考察音变的连续过程。因此可以说,在一定程度上对"词汇扩散理论"的运用又有所拓展。

三

著者在词汇研究方面用力最多,着重形音义相互结合,穷尽性地考证了《玄应音义》所释 400 多部佛经中 8000 多条词语,考察了其中一些复音词、新词新义、方俗口语词以及外来词,探讨了南北方言的异同,揭示了汉语词汇双音化和语法化的演变轨迹。隋唐时期虽有《经典释文》《切韵》等训诂专书,但皆略于方俗口语词汇。《玄应音义》的词汇系统,是佛经词汇的一个共时聚合体,由来源不同的词语汇集而成,文白相间,新旧质共融,新旧义共存,形成了动态演变与静态聚集、杂源而一统、同处而异彩的特色,如同一个压扁了的立体平面,叠置着不同时期、不同层次的词语,客观上反映了中近古汉语词汇的演变概貌,为汉语词汇史研究提供了许多尤为宝贵的线索。以下分别略作评介。

据统计,《玄应音义》共收释词语 9430 个,除约 840 个音译外来词及三字词外,几乎全是双音节词语,包括单纯词、复合词以及尚未凝固成词的词组。著者指出,其中普通复合词即有 2500 个,而为《现代汉语词典》收录的就有 668 个。这为后人研究双音词提供了丰富的资料。著者挑选出 20 个复合词进行了历时的考察。例如"庄严"一词,据玄应对卷一《华严经》所释为"妆饰"义。据《说文》"妆"有"饰"义,而"庄"可通"妆",亦有"饰"义。东汉避明帝讳以"严"代"庄、妆、装","严"遂有"饰"义。如《孔雀东南飞》"新妇起严妆","严妆"即"妆饰"。其后又举 7 例证明。接着指出,"严、饰""庄、严"同义并用皆始见于汉代,除《汉书》《汉纪》《三国志》《后汉书》外,佛经中用例较多,皆为"妆饰"或"装饰"义。而现代汉语里"庄严"一词是"庄重严肃"之意,由"庄"的"庄重"义和"严"的"严肃"义凝固而为复合词,始见于宋代。又据此纠正了《汉语大字典》在解释"庄严"一词时对引例的误说。如此溯源探流,详加考证,极有说服力。

在考察《玄应音义》收录的新词新义时,著者以权威性的《汉语大词典》为根据,分为该词典已收与未收两小类。其中该词典已收的则以其始见例的年代为参照标准,共列举 26 例,如"诌曲、嘲哳、褫落、恩造、酷毒、罄竭、郁怏"等,并逐个作了解析。而该词典未收的,列举有 12 例,如"搏撮、触娆、观铨、虏扈、项很、属累"等,也逐一作了考释。此外,还罗列 36 个复合词,指出《汉语大词典》的书证偏晚。如"宝瑛"

一词,《汉语大词典》引元代例,而玄应所释佛经为西晋竺法护译。又如"猜度",《大词典》引明代例,而玄应所释佛经为玄奘译。

在《玄应音义》收释的方俗口语词上,著者采取点面结合的方式。在面上把它们分为"注明方言的"和"未注明方言的"两小类,前者列举了 15 个,后者列举了 19 个(组),可谓语料丰富,对方俗口语词汇的研究尤有价值。在点上,又着重考证了 65 个词语,大都相当精彩。例如62"邪忤",在玄应所释《大灌顶经》里,指触逆人的邪戾怪物。此物难以名状,引申以泛指造成灾祸的妖邪之物。因其本无定形,故各地据其音而有"野狐、野零、野胡、夜壶、夜狐、夜胡、麻胡、邪虎、妈虎"等不同写法与种种说法。上海话的"野胡"、杭州话的"阿胡"在音义上也与"邪忤"相似。"邪忤"后也作"邪物""邪呼"等,因"邪"本音以母麻韵,而"物"又有"鬼魅"义(《史记·孝武本纪》集解引如淳曰"物,鬼物也")。"野狐""麻胡"所指既为抽象而难以名状的怪物,故又引申为"不分明、不清楚"的"模糊"义,由此又引申有"草率、马虎"义。著者旁征博引,信手拈来,考证出以上这些写法与说法都有语源之关联。

著者并未到此为止,还对其中涉及的 6 个常用词的古今衍变递嬗进行了探讨。例如关于"打"一词的考察,古今学者众说纷纭,莫衷一是。著者指出,《说文》无"打"字,"撞触"义最初由"朾"表示,从木会意;而"打"至迟汉代已在使用,由于二者偏旁形近而生笔误,且"打"其时已为常用词,在口语里逐渐包容了"朾"的"撞触"义,约于唐代最终取代了"朾"。著者引用丰富的材料,评析各家的说法,理清了其中的脉络,可以信从。又如"茫"本为西汉吴扬方言里表"急遽"和"没有空闲"义的词,东汉时演变为俗语词写作"忙"。"忙"原表"害怕"义,与

"慌"是同源字。"忙"由心理上的"茫然不知所措"义引申为行动上的"忙乱"义,又引申有"急遽"义。宋以后,"忙"多用于"急遽"和"没有空闲"义,其原初所表示之"害怕"义反趋消亡。凡此种种,读来大多自然贴切,胜义纷呈,足见其功力。

至于所释外来词,著者详尽地考释了8组词语。例如"印度"一词,汉译异读有"天竺、身毒、贤豆"等。著者指出,这些读音大多或与梵语 sindhu 音近,或与伊朗语 hindu 音近,可大致分为以上两大系列。印度国名之语源当与其所处地理位置的 sindhu 河名有关,后传入伊朗等地变为 hindu,又脱落 h,形式上与梵语"月"(indu)相似,唐僧玄奘很可能据此译为"印度"。此说当更接近当时事实。

四

最后,著者还分语言文字、古籍整理、辞书学和文化史四项论述《玄应音义》的学术价值。学界早有共识,即佛教传入中土的不仅是一种宗教,更是整个印度的文化,并且带来了以佛教原典语言和译者母语为代表的古印欧语对汉语的全面影响。

(1)《玄应音义》中保存了大量的文字材料,无论正体、俗体,写经人随意所造的字,还是传抄中的讹误字,玄应都一一收录与考释。从文字学的角度来看,该书犹如一块璞玉,保存了当时文字使用的自然状态,可供考察文字的古音古义和字与字之间的演变情况。

《玄应音义》是"治音学之要籍"(汤用彤语),其所释音切反映了当时的读音,可供考察中唐时期的语音系统和研究某些语音的演变过程。"若夫中国古来传习极盛之外国语,其译名最富,而其原语具在,不难覆按者,无如梵语,故华梵对勘,尤考订古音之无上法门也"(汪荣宝语)。玄应在解释佛经中的外来词时往往指出其不同译名,将这些不同译名与佛经原文做比较,根据这些外来音译词翻译出的年代和地域的差异,自可考察出某些汉字当时的音值及古今语音的变化。著者举出5个典型例子证明,这种梵汉对音材料在汉语史上有着特殊的作用。

《玄应音义》注释了由汉至唐400多部佛经中约8000条词语,集汉文佛典词语之大成,所涉时代正处于中古汉语到近代汉语的转折点上,其释义又往往上溯坟典,下稽方俗,客观上反映了汉唐以来汉语词汇历时、动态、立体的演变概貌,因而为汉语古今词汇演变的研究提供了丰富的语料线索。著者从描写语言学、方言通语的变迁、汉唐方言区划的变更、单音节词向双音节发展的轨迹等6个方面具体阐述了其在词汇研究上的学术价值。

(2)《玄应音义》征引唐以前的古籍种类颇多,所存佚文相当可观,保存了大量已佚古籍的丰富内容。著者从"辑隋唐前佚书之渊海""提供注释古籍的佐证""考定校补现存古籍"三个方面阐述了该书对古籍整理的作用。例如著者逐条比勘了玄应所引430多条《方言》与今传本《方言》的异同,即可凭以考察唐时《方言》传本的概貌。

(3)《玄应音义》广泛征引的各种古籍中很多是如今不传的古代辞书,如《通俗文》《声类》《字苑》《韵集》《字林》等。从该书引用的辞书既可见南北朝至隋唐时期辞书编纂的盛况,亦可窥见已佚辞书的某些概貌。这些自然有益于辞书史的研究。著者专门列出该书所引《韵集》59条、28个词,以窥其一斑。前面已经提到的该书词汇研究,亦有助于大型语文工具书的编纂或修订。著者于书中列举数例,以《玄应音义》所释来补正《汉语大词典》之疏失。

（4）《玄应音义》的训释广泛记载了当时的农业生产、礼仪习俗医药以及中外交往等各个方面。这些记录不仅大可弥补古史之未详，而且也为了解当时的社会生活与制度提供了珍贵的资料。著者选择玄应所释"华盖""华幔""投轮""裕搏""钥匙""白马寺"等语词，作了或略或详的考释。例如"白马寺"，据玄应对佛经多处所释，所谓"白马"并非"马"，而是梵语各色"莲花"音译演变的结果。因而终于合理地解释了"白马寺"得名之由来。这明显涉及中国文化史研究的内容了。

时仪博士的这部正文长达750页的专著，确实展示了佛经文献之瑰宝，填补了汉语研究之空白。当然也有美中不足之处。除排版不细导致多处开天窗之病外，我个人感觉：一是选材不够精致；二是行文不够简洁；三是有些内容片段有些游离，如"汉语词汇双音化的内在原因"一段并非《玄应音义》这个课题研究的本体部分，它是一般汉语词汇研究的理论课题，即使有些内容非涉及不可，亦无必要展开论述。有些文字可作附录处理。若此，这部专著就会内容更精炼，体系更严密，行文更流畅。

2005年10月

一部颇有意味的学术专著
——喜读《汉语避讳研究》

一

本文先引三段有关"避讳"的真实的故事,以飨读者:

唐代著名诗人白居易避祖父白锽嫌讳,不赴宏词科,以拔萃选。清周广业《经史避名汇考》卷三十七:"襄州别驾陈直斋作《年谱》云:'贞元十九年癸未,以拔萃选,登科。'李商隐撰《墓碑》云:'前进士,避祖讳,选书判拔萃。盖以公祖名锽,与宏同音,所以不应宏词也。'按《新唐书·选举志》:'选未满而试文三篇,谓之宏词,试判三条,谓之拔萃。中者即授官。'白公以祖讳试拔萃,义山《墓碑》必无误,《年谱》据之是也。"

因为宋徽宗生于元丰五年壬戌,生肖属狗,竟禁天下杀狗。宋朱弁《曲洧旧闻》卷七:"崇宁初,范致虚上言:'十二宫神,狗据戌位,为陛下本命。今京师有以屠狗为业者,宜行禁止。'因降指挥,禁天下杀狗,赏钱至二万。"

　　明太祖朱元璋当上皇帝,怕人笑他出身低微,忌讳极多,制造了大量文字狱。清周广业《经史避名汇考》卷四十六引《明开创历记》说:"明太祖性多疑,每虑人侮已。杭州府学教授徐一夔尝作贺表,其词有云:'光天之下。'又云:'天生圣人,为世作则。'上览之大怒曰:'腐儒如此侮我邪! 光者僧也,以我从释也,光则摩发之谓也。则字声近贼字,罪坐不赦。'命收斩之。其他以犯讳被戮者凡数十人。"

　　第一段说的是白居易因其祖父名"锽",与科举"宏词科"之"宏"同音,为避讳而放弃此科。这是为了奉行孝道。第二段是说为了回避宋徽宗之生肖属狗,竟下令天下禁止杀狗。正如著者所说,这是"极为荒谬可笑"的。尤其可恶者,朱元璋为避讳自己出身低微,居然制造大量的文字狱,充分暴露了封建制度与帝王权势的残忍,难怪著者感叹道:"专制如此,可怜的知识分子怎么还能畅所欲言呢?"

　　以上三段史实,都引自四川大学著名教授、博士生导师向熹先生的最新著作《汉语避讳研究》(商务印书馆 2016 年)。众所周知,"避讳"原本是中华传统文化中的一个微小的课题,然而向熹先生却把它做成了大块文章,全书共十二章,除去附录,其篇幅竟长达 460 余页。不仅如此,这个课题也容易写成一本枯燥无味的书,可是,向熹先生凭着他的积淀深厚的学养与驾驭文字的功夫,直把它磨砺成一部颇有意味的学术专著来。这不能不令人钦服。

二

在全书十二章中,特别值得我们注意的是第一、九、十、十二这四章。第二至第八章,是就避讳而"改姓、改人名、省称、称字、改字和改谥号、改地名、改事物名"等七类分别予以陈述,这些内容对了解古代社会的文化习俗当然也有所帮助,本文为节省篇幅而不予介绍。至于第十一章"犯讳",拟在本文末稍加提及。下面即就上述四章分别予以评析。

第一章"汉语避讳概况",在全书的地位具有纲领和导论的作用。著者开宗明义:"从周代开始,中国近三千年处于封建社会。周公制礼,确立了统治国家的封建宗法制度,也规定了君臣上下的语言行为准则。它的特点是贵贱尊卑,等级森严。"接着即扼要列举四种文献来体现这种制度,随即引向所要论述的核心:"表现在语言上就是避讳"。可谓之大手笔,要言不烦也。

本章明显有新意的,一是避讳种类,二是避讳方法,三是避讳史略。

著者提及避讳的种类有"国讳、家讳、贤讳、特讳、官讳、恶讳、俗讳"七种。所谓国讳,即避帝王及其皇亲国戚之名字的讳,不过,著者指出:孔子是中国封建社会的圣人,影响极大,自唐至清,其名字属于"国讳",不能直呼;唐宋两代尊崇老子李耳,其名字也要避讳。所谓贤讳,是指有品德高尚、学问渊深,或为国立功的人,为了表示尊重,也为他避讳。特讳是由于"帝王要垄断文字的使用权,还禁止臣民用某些含高贵意义或表示特权的字义为名字"。恶讳是"因为统治集团或个人认为某些词语的意义有损其政治利益而禁止或避免使用,与人名无关"。至于"俗讳",即"人们对于某些可怕、不吉利、不美好、不光彩的事物或现象,不直接说出,而代之以一种委婉中听的方式来表达","俗讳大都由于社会心理、认识上的原因而产生,随时代、地域不同而变化,与人名无关,也没有统一的标准"。如此分类表述,能使读者一目了然。

著者明确指出:"避讳有代称、别称、称字、省字、标'讳'、标'某'、标'君'、缺笔、改音、拆字、析言、空格、填讳、覆黄等14种方法。"

其中标"某"者,自古有之,例如《书·金滕》:"惟尔元孙某,遘厉疟疾……以旦代某之身。"孔安国《传》:"元孙,武王。某,名。臣讳君,故曰某。"这是以"某"代称周武王姬发。

著者以《红楼梦》为例:"第二回写林黛玉的母亲叫贾敏,黛玉读书,'凡书中有敏字,皆念作密字,每每如是;写字遇着敏字,又减一二笔'。读敏作密,就是避讳改音;敏字减一二笔,则是避讳缺笔。"

拆字者,著者引沈括《梦溪笔谈》卷三:"予家有阎博陵画唐府十八学士,各有其赞,亦唐人书,多与旧史不同。……苏典签名,从日从九,《唐书》乃从日从助。"并指出,"从日从九"为"旭","从日从助"为"勖",是用分解字形的方法以避宋神宗嫌名。

所谓"填讳",又称"题讳",是"子孙为祖先写行状、碑志等文字,遇到祖先名字时,留下空白,请名人填写"。而"覆黄","就是遇到应避皇帝名字时,用黄纸盖上,以表示避讳"。

诸如以上所述,一般人大概是闻所未闻的。如此道来,不仅便于读者阅读古籍,而且有助于提高人们的文化修养。

关于避讳史略,值得提出的是,著者在"避讳始于何时"的问题上,不仅交代了起于"西周、秦、商、夏代、东周"五种不同的说法,而且经过文献比对,并以《左传》所载为证,肯定"始于东周是比较可信的"。这不仅扩大了人们的文化视野,而且使读者对避讳这一古老的历史话题有了明晰的认识。

三

第九章的标题是"避讳改古籍文字"。这与古书的阅读大有关系,自然不能不予以关注。著者指出:"《诗》《书》不讳,古有明训。实际上这个原则没有被遵守,因避讳而改《诗》《书》及其他古籍的情况并不少见。结果往往积非成是,使古籍中的一些字句失真,或形成异文。"他列举的先秦古籍的例子,《书》有 19 例,《诗》有 19 例,《易》有 5 例,《周礼》有 2 例,《礼记》有 8 例,《论语》20 例,《孟子》8 例,《孝经》1 例,《老子》7 例,《楚辞》2 例,《管子》2 例,《荀子》与《韩非子》各 1 例。这里没有必要一一列举,但有精彩者,当引出与读者共同品尝。

《书·尧典》:"黎民於变时雍。"《汉书》卷十六《高惠高后功臣表》唐颜师古注:"《尧典》云:'黎萌於变时雍。'"清王先谦补注:"改'黎民'为'黎萌',师古避太宗讳也。"

《书·金縢》:"王与大夫尽弁以启金縢之书。"《史记·鲁世家》作"王与大夫朝服以开金縢书"。司马迁避汉景帝刘启讳,改"启"为"开"。

《诗·小雅·天保》:"如南山之寿,不骞不崩。"清周广业《经史避名汇考》卷四十六引《兴化旧志》:"徽宗大观二年,兴化黄泳字宋永,应童子科,上摘《毛诗》'如南山之寿'句以发诵,泳应声云:'不骞不坠。'上以'崩'字为问,对曰:'诗人之言不识忌,臣安敢复道。'上大喜。明年,赐五经及第,后为鄂州别驾。"

《易·谦·彖》:"天道亏(一作毁)盈而益谦,地道变盈而流谦,鬼神害盈而福谦,人道恶盈而好谦。"汉刘向《说苑·敬慎》作"天道毁满而益谦,地道变满而流谦,鬼神害满而福谦,人道好满而恶谦。"胡三省注:"引《易》盈作满者,避惠帝(刘盈)讳。"

《孟子·公孙丑下》:"周公使管叔监殷。"《通鉴》卷三《周赧王纪》引作"周公使管叔监商"。胡三省注:"'监商'避庙讳。"

《老子》一章:"此两者同出而异名。同为之玄,玄之又玄,众妙之门。"《老子》六章:"谷神不死,是谓玄牝。"《诸子集成》华亭张氏原本晋王弼注本"玄"并作"元"。宋人避始祖玄朗讳,改"玄"为"元"。

以上六例足以启发读者,如何正确理解古籍版本里某些异字产生的原因之一。正如著者所言:"避讳改字影响古籍的本来面貌,是千真万确的事实。"

四

第十章"俗讳"所占篇幅有 42 页之多,这是因为它"产生于人们趋吉避凶或对某些事物所怀恐惧、厌恶的心理",所以"内容广泛,古今都有,各具理据,往往带有不同的时代和地域特点"。

本章分"历代俗讳掠影"和"死葬病药的避讳"两大部分,都是以名称(语词)为目而进行简要陈述的。以下各举几例以明之。前者如:

刚卯,此本"是汉代用以避邪的佩饰","王莽篡汉建立新朝,忌讳'刚卯'和'金刀'中隐含'劉'字,即下令禁用"。接着引《汉书·王莽传》为证。

黑—青,秦汉人讳言"黑",改为"青"。接着引干宝《搜神记》所载及汪绍楹注为证。

雲，六朝俗有讳"雲"的。陆游《老学庵笔记》卷三："蜀人谓病风者为雲。……馆中会语及宸翰，或谓曹氏子曰：'计公家富有雲汉之章也。'曹忽大怒曰：'尔便雲汉。'坐皆愕然，而曹肆骂不已。"盖因"雲汉"等于说"风（疯）汉"。

反，唐、宋讳"反"，改反音之"反"为"翻"，为"纽"、为"切"。对此，顾炎武《音学五书·音论》有详细说明。

二十，五代邱光庭《兼明书》卷五："吴王之女名二十，江南人呼二十为'念'，而北人不为之避也。"这里"吴王"指三国东吴孙权。

放水，北方人讳言"火"，称"发火"为"放水"。《金瓶梅》38回："第二的不知高低，气不愤走来这里放水，被他撞见了，拿到衙门里，打了个臭死，至今不敢来了。"

以上陈述，不仅觉得有趣，而且还能增长见闻。

后者易晓。譬如"自古以来，许多人忌讳说'死'"，因而著者列举了有关"死"的代称"山陵崩、宾天、见背、不济、长乖、徂迁、登暇、归真、化形、寂灭、老去、涅槃、启手、物化、限尽、陨零"等（第401—416页），据我统计，竟有273个之多。如果不是向熹先生这么苦心搜罗而见诸文字，任何人都想不到的。

至于第十一章"犯讳"，顺便在这里简单交代一下。著者列举了九种情况，诸如"因犯讳而招致杀身乃至灭家"，"有的人故意直呼别人名讳以显示权威"，"也有一些士大夫能理智对待犯讳以及犯讳的人"，"应举任官不得犯父祖讳，违者有罪"等。这里仅就上述后两种各引一例：

宋彭乘《墨客挥犀》卷十："包枢密知府,礼上日众吏前请讳。公曰：'何讳也？'吏曰：'公先祖之名,群吏当避之。'公瞠目曰：'吾无所讳,惟讳吏之有赃污者。'吏惧而引去。"著者指出,这显示出"龙图阁直学士包拯刚正不阿"的高贵品行。

《旧唐书》卷一百三十七《李贺传》："李贺字长吉,宗室郑王之后。父名晋肃,以是不应进士,韩愈为之作《讳辨》,贺竟不就试。"这说明诗人李贺把孝道看得比应进士还重要。

五

该书最后一章是"避讳两面观"。向先生明确指出："事物总有两面性。汉语避讳也是如此。纵观历史,中国古代避讳,主要在于维护封建人伦礼法,反映了封建社会的不平等制度,带有十分强烈的专制色彩。它曾给一些人的生活带来痛苦和波折。语言上,避讳造成大量语用分歧,给汉语古籍阅读带来困难。另一方面,避讳也不无积极的因素。从公共道德建设来看,避讳强调敬重尊长和礼貌待人,是值得肯定的。这是中国社会文明发展在一定历史阶段的具体反映,也是中华礼仪之邦的一种具体体现。与此同时,由汉字字音、字义、字形造成的避讳用语,间接地反映了不同历史时期、不同地域环境下,一些汉字在字音、字义、字形方面的联系,成为语用研究的珍贵资料,值得认真研究、总结和利用。"

这一段论析,不仅展示了向熹先生鲜明的辩证法观点,而且也表明他作为语言学家的深厚学养。

就消极方面而言,著者分析道："汉语为了避讳,用多种方法改称人名。时移世变,有的改回原名,有的依旧用避讳代称；有的人名不止一次避讳，一改再改。这样，一个人往往有一个乃至多个异名。地名和事物名也是如此。(这)容易产生混乱和错误。"例如：有的避讳代称字替换或混入正文，以致文义不明确；有的因缺笔避讳，造成文字错误；有的避讳仅用"讳"字，所指不易确定。如此等等，唯恐文字臃肿，就不再细说了。

再就积极方面来说，著者分析了两点。其一是"避讳在汉语词汇史上留下了痕迹"，他说："汉语由古代留存下来的万千词语中，有少数是由于避讳而产生或者保留下来的。"例如：改"属邦"为"属国"、"典属邦"为"典属国"；"雉"改称"野鸡"，而"雉"只出现于书面语言；"炳烛"改为"秉烛"，结果代称取代了原词。

其二是"避讳可为了解古音提供某些线索"，他指出："避讳用字，有的反映了古今语音的变化，有的显示古代方言的特点，有的表明学者的不同认识，颇有探讨的价值。"这方面专业性较强，并非三言两语就能说清的，有兴趣的读者自可翻阅其书。

以上就《汉语避讳研究》这部专著进行了评介，大致表达了笔者的见解。正如该书提要所述，"汇集了丰富的避讳资料，采取主题分类的方法，从人名、地名、物名等角度，考证了 1260 多个避讳实例，归纳了 14 种避讳方法，全面而系统地梳理了避讳这一特殊的历史文化现象"。这是实事求是、恰如其分的。

2017 年春

高屋建瓴，雕梁画柱

——评《问题驱动的广义修辞论》

一

近日，我收到福建师范大学谭学纯教授寄赠的两部巨著，一是《问题驱动的广义修辞论》以下简称《广义修辞论》(人民出版社 2016 年)，一是《广义修辞学·演讲录》(上海三联书店 2012 年)。略微翻阅前一部的《导言》和后一部的《自序》及其篇章目录之后，又稍稍披览了《广义修辞论》的前几章，结果被其开阔而又细致的论析"驱动"着，不由得再从头认真阅读一遍。于是写下了如上的标题，表达笔者对这部巨著的总体感受。我之所以借用该书书名之"驱动"一词来表达，是由于笔者在一生治学的过程中，并未关注修辞学这门学科的研讨和进展，仅仅是因为与学纯教授有着某种学术因缘的关系，很多年前浏览过他寄来的《广义修辞学》与《接受修辞学》，才于脑际盘旋过从陈望道所著《修辞学发凡》到《广义修辞学》的大步跨越，再来翻阅《广义修辞论》一书，油然为之打动而驱使，变被动而为主动，这就是撰写此篇书评的因由。

毫无疑义,老一辈著名语言学家陈望道于1932年撰写的《发凡》,是修辞学的开山之作,这部巨著以其辞格体系为修辞学之独立而与文法学、文字学等学科并列奠定了坚实的基础。正如其初版之刘大白《序》所说,这是"中国第一部有系统的兼顾古话文今话文的修辞学书"。不过,直到上世纪末,作为修辞学科而止限于语言技巧层面的辞格体系,在新世纪的曙光初现时,其局限性就显露出来而难以向外拓展了。于是当时年富力强的学纯教授,倡导并践行打通学科界限的广义修辞学研究,提出拓展修辞学研究空间,为重塑与提振中国修辞学学科形象坚持理论呼吁和阐发,从《广义修辞学》到《演讲录》再到《广义修辞论》,一路走来,其"修辞学大视野"已成强劲势头,在国内外产生了积极的影响。

二

远的不去评说,单就最新出版、既有问题缘起又有理论根基的《广义修辞论》而言,著者提出的问题已经显露出问题提出者的大视野和大智慧。那么,书名所说的"问题驱动",究竟是哪些"问题"呢?

该书上下两篇共六章分别提出了六个"问题意识":指向修辞学的"交叉学科/跨学科/多学科";"学科分类"推动抑或束缚学科建设;广义修辞学研究融入大生态之学术逻辑;"三个层面、两个主体"的解释框架及解释力;后陈望道时代辞格研究如何走出难局;语言教育的修辞资源不限于狭义的修辞知识。这六个相关的问题,显然是在尝试拓宽学科空间、提升理论层次。

对以上六个问题,该书著者通过逐章论述都一一给予了正面而有力的回答,所有这些论述可谓精彩纷呈,颇具说服力。为省篇幅,笔者不拟作全面评析,仅就作为全书核心内容的第四章"问题驱动的修辞学研究"予以评说。

正如著者所述,本章的问题意识,首先由"修辞技巧论"引发。他明确指出:"无须否认,修辞技巧是修辞学研究的一个十分重要的话语场,但'技巧'之外的修辞世界更广阔。以'技巧论'为认知基点的'修辞'定义,锁定修辞技巧的同时,屏蔽了更丰富的'修辞'内涵。"其结果必然是"修辞学研究的学术性在技巧性中稀释"。接着,著者从纵横参照的坐标上予以论证:

(1)共时审视:"修辞技巧论"与西方当代修辞学研究前沿的对话处于弱势。他列举了西方修辞研究名家巴赫金和博克的言论,前者指出"修辞学对自己要研究的课题,失去了真正哲理的和社会的角度,淹没在修辞的细枝末节之中","在大多数情况下,修辞学只是书房技巧的修辞学";后者则认定"修辞"的定义是"一些人对另一些人运用语言来形成某种态度或引起某种行为"。西方的修辞学从而显示出了多维度的生长性。

(2)历时考量:"修辞技巧论"割断了中国修辞研究的传统学脉。著者指出,"中国古代修辞理论,关注的焦点并不限于修辞技巧,《周易》《毛诗序》《文心雕龙》以及历代的诗话词话等,一直是中国修辞学、诗学、文艺美学乃至哲学共同开发的学术富矿"。

在以上纵横论证的前提下,学纯教授再次强调于其《广义修辞学》中提出的划分修辞功能的三个层面,即修辞技巧、修辞诗学、修辞哲学。

"修辞诗学"概念的提出,如著者所说,是"立足于中国修辞学和中国诗学的关联性极强的三重学理支撑",即"共享的理论资源""共同的关注焦点""共在的理论生长点"。

且以"共享的理论资源"为例,著者即排列出二者共同诠释的理论话语有"诗言志,修辞立其诚,文质彬彬,大音希声,大象无形,得意而忘言,以意逆志,知人论世,文以气为主,因宜适变,四声八病,为情造文,陈言务去,语不惊人死不休,韵外之致、味外之旨……词重内美"等。由此而得出结论:"从诗学层面考察中国修辞学,同时将中国诗学研究部分地融入中国修辞学的框架内,构建中国修辞学的理论平台,重释文论经典,将有新的发现和收获。"

如此分析入微、有理有据的论述也同样贯穿于后两个"学理支撑"之中。譬如在阐述"共同的关注焦点"时,学纯教授从解析"修辞"之"修"字构形入手,揭示其语义可分为三个相关类别,而这三个相关类别又与修辞功能三层面的划分暗合:

清理整饬的语汇——修辞作为话语建构方式(修辞技巧)

美丽文章的语汇——修辞作为文本建构方式(修辞诗学)

美好形象的语汇——修辞参与人的精神建构(修辞哲学)

这样的论析,不仅十分有趣,而且逻辑严密,令人信服。

又譬如在论述"向修辞哲学延伸"时,著者指出:"修辞参与人的精神建构的正负效应,有时互相交织。"他举了一个看来极为普通的例子:修辞话语"'忍'字心上一把刀",传达了某种生命之悟和存在之思。

他进而论道:"这里的所悟所思,对行为主体的存在方式具有导向意义,而这种导向既有正面的,也有负面的,它同时导向:柔化的生存策略、奴化的人生姿态、弱化的生命冲动。"不必再引用以下的具体阐述,我们就已经明显地感觉到著者内在颇深的修辞学素养和哲学修养了。没有这两方面的学养,是不可能进行那样到位的论析的。你看,他最后的结论也是用熟练的修辞手法来表达其深含的哲理的:"修辞哲学不因为'修辞'与'哲学'相遇而变得玄奥,恰恰相反,修辞学研究因此更广泛地融入社会,促进了象牙塔内的学术探索与象牙塔外的现实风景生动链接。"

三

如果说,以上关于由修辞技巧、修辞诗学、修辞哲学三个层面所构筑的"广义修辞学"的解释框架是高屋建瓴的话,那么,以下关于"三个层面、两个主体"的个案分析可谓雕梁画柱了。

著者以余光中的《乡愁》诗为例,意在"提取一个可操作的解释模型"。先看其"三个层面"的剖析:

1.修辞技巧层面的解释:"乡愁"之喻的五个语义特征。

其语义特征:从语词义的客观性变异为修辞义的主观性;其语义信息:从语词义的向心性变异为修辞义的离心性;其语义结构:从语词义的封闭性变异为修辞义的开放性;其语义认同:从解释的权威变异为解释的自由;其释义元语言:从中性变异为智性。为省篇幅,仅就"其语义特征"这一项来看,著者又解析为"修辞加工设定了":"乡愁"发生的不同的时间段[＋小时候＋长大＋后来＋现在],"乡愁"的视觉表象和感知表象[＋小小的邮票＋狭狭的船票＋矮矮的坟墓＋浅浅的海峡],"乡愁"的情感指归[＋母亲＋新娘＋大陆]。著者接着做一小结:"这些语义成分合成的'乡愁'博喻,都只是修辞主体认知'乡愁'的一种可能性。"

2. 修辞诗学层面的解释:"乡愁"的语义变异如何推动了语篇建构。

著者解释道:作为标题话语和语篇关键词,"乡愁"的自然语义构成了《乡愁》的语篇叙述压力。"余光中摆脱叙述压力的修辞处理,是在语篇起始句脱离'乡愁'的自然语义,从不同的向度,重建'乡愁'的修辞语义。每重建一次'乡愁'的修辞语义,就为语篇叙述注入一次能量。"

3. 修辞哲学层面的解释:"乡愁"之喻如何参与建构了"乡愁诗人"。

对此,著者指出:"'乡愁'之喻,是人作为'修辞动物'将非自然语义植入了自然语言。修辞隐蔽地控制着非自然语义的生产和消费,使概念化的自然成为修辞包装的自然,前者规约语义的主观化变异,后者推动这种变异。"

4. "表达—接受"互动过程中的"乡愁"。

著者从四方面说明其"动态变化":(1)作为篇名,"乡愁"是表达者依据个人经验,修辞化地重新定义的认知对象;是接受者有待重新认知的对象。(2)进入语篇叙述的"乡愁",是表达者已知的,而接受者未知的。(3)语篇生成之前,"乡愁"的系列化修辞语义处于表达者认知区域的中心位置和待梳理状态;处于接受者认知区域的边缘位置和待激活状态。(4)语篇生成之后,"乡愁"在"表达—接受"互动中对接。

从以上笔者简要的引介即可看出,学纯教授所做的雕梁画柱的工作,不仅精雕细描,而且画理(学理)纷呈。读过之后,不能不由衷钦服。

四

最后,我们片段引用《阜阳师范学院学报》(2013年第4期)"修辞学论坛"主持人的评述,以证明笔者上述论点之确凿可信:"广义修辞学是以专著《广义修辞学》为标志建构的理论体系。作者提出了一系列概念范畴,重新定义了修辞学的一些新老概念,充分阐释了一些理论问题。作为理论资源,这种解决问题的探索精神,不同程度地为团队的研究注入了创新功能,促使广义修辞学术共同体初见雏型。他们……倡导并践行打通学科藩篱的广义修辞学研究,注重跨学科视野的实践操作,拓展修辞学研究空间,维护中国修辞学学科形象与尊严,传递出学术事实背后蕴含的学科意识和学术关怀,鼓舞修辞研究重树学术信心。"

在以上提到的《广义修辞学》问世八年之后,谭学纯教授又推出了《广义修辞论》这部巨著,其研究在宏观方面大大地开阔,在微观方面大大地渗入了。上面所引主持人之评述,自然不能与其研究已达到的水平完全相称,这也是我针对后一部巨著予以再评论的缘由。

本文结束之前,有两个问题需要讲明。

一是学科名称。当初问题提出之时,"广义修辞学"是针对所谓"狭义"的辞格修辞学而设置的。如今,技巧性的辞格修辞已经包括在所谓"广义修辞学"的解释框架内,那么,这"广义"就失去了与"狭义"相对立的地位了。而且,所谓"广义修辞学"已经走进了后陈望道时代,建立了"三个层面、两个主体"的新修辞理论体系,那么,这个学科是否需要重新命名呢?

二是学科归属。过去数十年,技巧层面的修辞学总是被游离于语言学之内外,有的学者承认,也有些学者不承认,其地位始终不能明确。如今,修辞学研究已经从修辞技巧向修辞诗学和修辞哲学延伸,其学科地位应当如何确立呢?从以上宏观论述与微观剖析来看,我们完全有理由认为,当代修辞学理应当成为与一般所谓"语言学"和"文艺学"并列的学科。时至今日,学界再也不必为其归属问题而纠缠不清了。

2018 年 2 月

《〈盐铁论〉简注》误释纠正

马非百先生的《〈盐铁论〉简注》(中华书局 1984 年,以下省称《简注》)这部著作,很多注释相当详尽,不少地方还加以评论。就内容而言,其评注的确不乏创见,有些地方还弥补了前人说解的一些不足。不过,在研读此书之后,仍然感到有不少释义未必确当。今按原书顺序逐一加以解析。

(1)平准则民不失职,均输则民齐劳逸。(第9页)注7失职,失业。

按:释"职"为"业",这是望文生训。王念孙《读书杂志》指出:"职非职事之职,职犹所也。哀十六年《左传》:'克则为卿,不克则烹,固其所也。'《史记·伍子胥传》作'固其职也'。是职与所同义。"(第四册之十五)看来,"失职"是汉人习惯用语。不失职,即得其所,也就是安居乐业的意思。

(2) 故乃商贾之富，或累万金，追利乘羡之所致也。(第 18 页)注 7 乘,守。羡,余。

按：既是"追求利润"，就不会"守着羡余"。而且"守羡余"，也绝不会获得"累万金"的最大利润。《周礼·宰夫》："乘其财用之出入。"郑玄注："乘,犹计也。"乘羡，即筹划羡余。

(3) 若夫外饰其貌而内无其实，口诵其文而行不犹其道，是盗固与盗，而不容于君子之域。(第 64 页)注 6 与,党与。

按：无论从"与"这个词所处的位置，还是从该词前面的"固"是个副词来看，释"与"为"党与"都是说不通的。"与"是动词，应解释为"相与""结伙"，这句话当翻译为：这说明盗贼本来就跟盗贼是一伙的。

(4) 自周室以来千有余岁，独有文、武、成、康，如言必参一焉，取所不能及而称之，犹躄者能言远不能行也。(第 87 页)注 7 参,选。

按："参"字有几个读音，无论是哪一种音读，似乎都没有"参选"的意思。从上下语境来看，应当是"参照""参比"之意。这里顺便提一下，御史这一段发言的最后一句是："今硁硁然守一道，引尾生之意，即晋文之谲诸侯以尊周室不足道,而管仲蒙耻辱以存亡不足称也。"原文标句号,只要稍稍品味就觉得语气不妥,应当改为问号才是。像这样标点符号不当之处还有不少,本文就不再一一指出了。

(5)诸生议不干天则入渊,乃欲以闾里之治而况国家之大事,亦不几矣。(第 95 页)注 4 几,同"讥",查察。

按:这里大夫说诸生"议不干天则入渊",显然是讽刺儒生的议论不切合实际,而"欲以闾里之治而况国家之大事",也是挖苦他们的治国方略不近情理,根本不是说他们是否"查察"。释"几"为"近",岂不直截了当?

(6)严法任刑,欲以禁暴止奸,而奸犹不止,意者非扁鹊之用针石,故众人未得其职也。(第 106 页)注 4 未得其职,不得尽其职分。

按:释"职"为"职分",用来说"扁鹊"似乎还可以,用来说"众人"就不合情理。如前所述,"未得其职"即"未得其所",也就是没有得到应有的合适的治疗。

(7)然则民不齐出于南亩,以口率被垦田而不足,空仓廪而赈贫乏。(第 115 页)注 4 以,用。口率,人口总数。

按:"而"是连词,连接两个谓述性词语。若释"率"为"总数",不仅于训诂无据,而且"而"字前没有动词,"以口率"也没有附着之词,于句法也不符合。"率"当释为动词"比较"。该句意思是:用人口与已耕地相比,已耕地就显得不够。

(8)是以百姓劝业而乐公赋。(第116页)注11 业,事业,职业。

按:训诂的原则是以今语解释古语。把这句的"业"解释为今日的所谓"事业"和"职业"都不贴切,而且"事业"与"职业"二词也并非同义,一起用来解释"业"也不妥当。其实,"业"即"事",劝业就是努力生产的意思。这不仅与"而"字后的"乐公赋"相协调,而且此句之前的"田家又被其劳,故不齐出于南亩也"也是佐证。

(9)今公卿以其富贵笑儒者,为之常行,得无若太山鸱吓鹓雏乎?(第138页)注13 之,同"其"字。为之常行:这是说公卿以取笑儒者作为日常的行为。

按:释"之"为"其"已经不妥,其后之串讲更是把原句的句法结构弄得支离破碎。前一分句的"公卿"是主语,"以其富贵笑儒者"是谓语,而在谓语里,"以其富贵"是介宾短语附于述宾词组"笑儒者"之前作状语。前面的"以"跟后面的"为"根本没有什么句法关系,怎么能把它们硬拉在一起呢?"为"通"谓",是古文中常见的用法。"为之常行"

意思是"说他们是庸俗的行为","之"在句子里是用作人称代词,不应当说成"同'其'字"。

(10)方李斯在荀卿之门,阘茸与之齐轸,及其奋翼高举,龙升骥骛,过九轶二,翱翔万仞,鸿鹄华骝且不同侣,况跛牂燕雀之属乎!(第140页)注4轶二,即超过了二,达到了第一位。

按:如《简注》所说,"过九,就是说比九天还高,承'龙升'而言。""九"代表天,并非由于有"九天"之说。据《周易》,九是阳数之极,因而表示天;二是阴数之始,因而表示地。所谓"轶二",绝非"超过二"之意。就此句而言,"九"代表"龙","二"代表"骥","过九轶二"就是超过龙和马。如果说"过九"是超过九天,"轶二"是达到第一,这两样并提就显得不伦不类了。

(11)夫智不足与谋,而权不能举当世,民斯为下也。(第144页)注6举,举起,担当。当世,指当代大事。

按:后句的"权"与前句的"智"相对,自然是"权术""权谋"的意思。说某人的"权谋""不能担当当代大事",不仅不符合情理,而且与前文所说的"苏秦、张仪""一怒而诸侯惧,安居而天下息"也不相一致。"举"在文句里应当是"左右""支配"之意,说"权谋不能左右当世",那就文从字顺了。

(12)至美素璞,物莫能饰也。至贤保真,伪文莫能增也。(第166页)注2伪文,虚伪的文饰。

按:从前一句可以看出,后一句说的是要文饰还是不要文饰,而不是要真正的文饰还是虚伪的文饰。《荀子·性恶》篇在论述"性伪之分"时就说过:"可学而能、可事而成之在人者,谓之伪。"可见"伪"字原本是"人为"的意思。所谓"伪文莫能增",是说人为的美化不能再给他增添风采。原文这一句的下面说道:"今仲由、冉求无檀柘之材,隋、和之璞,而强文之,譬若雕朽木而砺铅刀、饰嫫母、画土人也。""强文"便是"伪文"最好的注脚。

(13)近世主父偃行不轨而诛灭,吕步舒弄口而见戮。……全身在于谨慎,不在于驰语也。(第195页)注6弄口,搬弄是非,造谣惑众。8驰语,用言语挑拨是非。

按:丞相史的这段发言,是为了驳斥文学关于"孝养"的观点,提出"孝养"在于"全身",而"全身在于谨慎"。无论是从发言的针对性还是所举陈余、伍被、主父偃、吕步舒四人的事例来看,都不是强调是否搬弄是非、造谣惑众。因此以上两条注释都欠妥。弄口,是玩弄唇舌;驰语,是夸夸其谈。其涵义与分寸比较轻,却符合原文本意。

(14)仆虽不敏,亦尝倾耳下风,摄齐句指,受业径于君子之涂矣。(第198页)注9句,章句。指,指要。这是说逐句了解书中要旨。"受业"当在"径"字下。径,直接。

按:把"句指"解释为"章句要指",这是望文生训,因而不可能同"摄齐"相连贯。摄齐,即提起衣服的大襟。句指,即拘指,拘谨谦虚的样子。"摄齐句指"都是用来形容"受业"这个谓述性词语的,因此"句指"后不应当断句,其后之逗号当移至"受业"之后。这句是说恭恭敬敬地接受教育。"径"用于介词"于"字之前,当是动词,应解释作"行","径于"就是"走上"。这样,"受业"不必移至"径"字下,全句也就完全讲通了。至于著者所举的两个例子应当分别看待。《淮南子·修务》:"今取新圣人书,名之孔、墨,则弟子句指而受业者必众矣。"这里的"句指"也是"拘谨恭敬"之意。《北齐书·邢绍传》:"晚年尤以五经章句为意,穷其指要。"这里明确说的是"章句""指要",跟前面所说的联绵词"句指"自然不是一回事,怎么能混为一谈呢?

(15)夫怫过纳善者,君之忠臣,大夫之直士也。(第200页)
注1 怫,同"悖",逆,不顺从。

按:释"怫"为"逆",与"过"字不相连属。联系紧接的"纳善"来看,"怫"当同"拂",亦通"弼",匡正之意。"怫过"即纠正过失。《简注》所谓"怫过纳善,犹言规过劝善",正与此一致。为何又要拐弯抹角地把"怫"解释为"悖逆",反而南辕北辙了呢?

(16)有舍其车而识其牛,贵其不言而多成事也。(第204页)

注 12 舍车识牛,即轻视牛、重视车的意思。

按:这恰恰解释倒了。注者可能认为"不言而多成事"的是"车"不是"牛"。然而"舍"是舍弃,"识"是"赏识"这是明确不过的。"贵其"的"其"是代词,指称的是"牛"而不是"车"。因为"牛"埋头拉车,没有叫声;而"车"运载时便发出吱吱呀呀的声响,就像自吹自夸一样。

(17)何者?以其首摄多端,迂时而不要也。(第206页)注 4 首摄多端,即《史记·灌夫传》"首鼠两端"之意。鼠性怕人,出穴时常是一进一退,迟疑不决。

按:用"首鼠两端"来解释"首摄多端",这没错;但"鼠性怕人"云云却是拘泥旧说。其实"首鼠"和"首摄"都是联绵词,《后汉书·邓训传》又写作"首施",都是"踌躇"一词的音变,因而有多种书写形式。"首摄多端",意思是模棱两可、头绪繁杂。

(18)诚心闵悼,恻隐加尔,故忠心独而无累。(第219页)注 3 闵,忧患。悼,哀念。

按:古代书面语言中常常见到一种用词通例,就是两个意义相同或相近的词平列构成"复语"。对这种"复语"是用不着分开解释的。"闵悼"就是一个复语。清代学者王引之在其《经义述闻》里就曾指出:"古人训诂不避重复,往往有平列二字上下同义者,解者分为二义,反失其指。""闵悼"即哀伤,无须分解。

(19)《诗》云:"忧心如惔,不敢戏谈。"(第 219 页)注 6 戏,儿戏,开玩笑。这是说……不敢开玩笑地讲些不负责任的话。

按:从后面的串讲可以看出,《简注》是把"戏谈"当作两个词来分解的:"戏"是开玩笑,"谈"是讲话。其实"戏谈"也是"复语",不必分开解释。王引之曾就"戏谈"一语指出:"谈亦戏也。《玉篇》《广韵》并云:'谈,戏调也。'"这说得十分明确了。

(20)故圣人非仁义不载于己,非正道不御于前。(第 245 页)注 13 载,饰,引申为修。

按:前句用"载",后句用"御",显然是互文见义;而且"载"与"御"为同义词。"御"为进义,"载"含行义,皆以御马驾车为比喻,都是施行、使用的意思。"不载于己"就是不由自己来实行的意思。

(21)故士修之乡曲,升诸朝廷,行之幽隐,明足显著。(第 258 页)注 2 幽隐,暗地。这是说他的行动举止虽然在暗地里进行,但结果还是显而易见的。

按:"修"即学习,"行"即实践。士人"修行"为何要"在暗地里进行"? 令人费解。其实这四句应当交错理解:"修之乡曲,行之幽隐,升诸朝廷,明足显著。"这里"修"与"行"同义,"乡曲"与"幽隐"互文。"乡曲"即乡里,"幽隐"谓不声不响,无人知晓。说"结果还是显而易见的",仅仅是从字面上串讲了"显著"二字,而对"明"字却未做出解释。这显然是个疏忽。此句的"明"是指"朝廷之明"。贤良在这一大段发言的开头就说:"古之进士也,乡择而里选,论其才能,然后官之,胜职任然后爵而禄之。"因此,"明足显著"一句不能仅就字面串讲,其实际意思是:朝廷所实行的"乡择里选"的高明措施,足以使才士显耀。

(22)以世俗言之,乡曲有桀,人尚辟之。(第285页)注2桀,恶霸。

按:这一句之前说"贤者容不辱",这一句之后说"今明天子在上,匈奴公为寇……",那么,这一句所说的"桀"就不是贬义词。桀,义同杰,指杰出的人。

(23)皮衣蒙毛,食肉饮血,会市、行牧、竖居,如中国之麋鹿耳。(第286页)注3会市,指匈奴到边境关市与汉人进行交易。行牧,匈奴以畜牧为业,逐水草迁徙。竖,童仆;居,居住。比喻匈奴所居毡帐和僮仆一样。实指三事而言。

按:贤良在这一段发言中,先指出"匈奴"是"天所贱而弃之",接着从"衣、食、居、行"四个方面来说明他们的生活习性。这里根本不涉及什么"匈奴……与汉人进行交易"的内容。《简注》说什么"会市"等"实指三事而言",是毫无根据的。第一个分句说"衣",第二个分句说"食"。接着六个字应分作两句点断:"会市行"说的是"行",意思是"像赶集一样行动不定";"牧竖居"说的是"居",意思是"像牧童一样随牧而居"。

(24)夫用军于外,政败于内,备为所患,增主所忧。(第287页)注3为,与"于"通。备为所患,即备于所患。

按:这么一注释,反而义不可通,令人费解了。此句显然是针对前面大夫所说"欲释备,如之何"而来的。"备"显然是名词,即武备、军备;而不是动词。备为所患,意思是武备成了祸害。因此,增加武备,也就增加了君主的忧虑。

(25)利则虎曳,病则鸟折,辟锋锐而牧罢极。(第291页)注2罢极,指疲敝到了极点的军队。

按:释"极"为"极点",是望文生义。"罢极"是复词单义,即疲倦、疲惫。《广雅·释诂》:"疲、惫,极也。"可见"极"有疲义。《史记·屈原列传》亦有类似说法:"人穷则反本,故劳苦倦极,未尝不呼天也。"在这句里,"劳苦倦极"显然是两个并列的复合词,属于同义词连用。

(26)故春使使者劳赐,举失职者,所以哀远民而慰抚老母也。(第291页)注13举,检举。失职者,不称职的。

按：正因为《简注》对汉代"职"字的古义未能明了，所以就把"失职"误解为"不称职"，又把"举"误释为"检举"。上引那句，前面明明说是"使使者劳赐"，后面也明确说是"所以哀远民"，当中又怎么会来个"检举不称职的"呢？其实，"失职"仍作"失所"解。所谓"举失职者"，意思是安置未能得到正常安排的人。这既是派遣使臣去慰劳的主要目的，也是关心边远人民和安抚其老母的有效措施。

(27) 昔商鞅之任秦也，……从军旅者暴骨长城，戍漕者辇车相望，生而往，死而旋。（第303页）注27 辇车，运输粮食的车。相望，可以互相望得见，犹言沿途到处都可看到。

按："相望"原意是彼此都能看见，如《老子》："邻国相望。"那是表示距离很近。引申开来，"相望"就不再表示这个意思了。拙著《简明训诂学》(1984)在论及"词义的社会性"这一训诂原则时，曾列举过含有"相望"这个词语的四五个例句加以分析，指出该词已引申为"相连"之意了。所引"辇车相望"是个主谓词组，"运输粮食的车"又怎么"可以互相望得见"呢？"相望"在这里应当是"一辆接着一辆"的意思。

(28) 先帝绝三方之难，抚从方国，以为藩蔽，穷极郡国，以讨匈奴。匈奴壤界兽圈，孤弱无与，此困亡之时也。（第309页）注5 无与，没有党与。

按：这一段说的是汉帝国"抚从方国，以为藩蔽"的政策与效果，这与匈奴有无"党与"没有什么关联。这里的"与"是"与国",即盟国。《左传·僖公三十年》:"失其所与,不知。"此"与"字即"结盟"之意。"孤弱无与",就是孤立衰弱,没有什么盟国。因此,大夫才建议趁此"困亡之时"予以扫除,以免"巨患"。

(29)其后周衰,诸侯力征,蛮貊分散,各有聚党,莫能相一。(第329页)注6 相一,互相统一起来。

按:把末句"相一"的"相"解释为"互相",这是拘泥于"相"字的常用义。其实,"相"字除有"互相"义外,还有"递相"义与"偏相"义。前面既然说"蛮貊分散,各有聚党",能够统一他们的只能是某一方,不可能是各方"互相统一"。所谓"莫能相一",即"莫能一之",译成白话就是:没有谁能够统一他们。"相一"的"相"应当是"偏相"的意思。

(30)故明王知其无所利,以为役不可数行,而权不可久张也,故诏公卿大夫、贤良、文学所以复枉兴微之路。(第334页)注8 复枉,恢复受冤屈人的地位或名誉。兴微,起用微贱的人。

按:此篇名为"西域",所记载的是大夫和文学双方就"兵据西域"的政策而展开的一场辩论,其内容根本没有涉及什么"平反冤屈"和"起用微贱"的话题。既然辩论的是"兵据西域",那么"役"即"兵役","权"即"兵权"。这跟上引一段文字前面的"金鼓未闻,旌旗未舒,行阵未定,兵以接矣","今匈奴牧于无穷之泽……况负重赢兵以求之乎"两段文字是完全一致的。正因为"明王知其无所利",才认为兵役"不可数行",兵权"不可久张"。这样由篇到句,由句到词,所谓"枉"绝不是指什么"受冤屈的人",而是指"兵据西域"之政策的过错;而"微"也绝不是指什么"微贱的人",而是指文学所维护的"衰微的王道"。纠正"兵据西域"的过错,复兴衰微的王道,正是文学、贤良所向往的道路。

(31)阻险不如阻义。(第364页)注1阻,解已见上注。

按:所谓"已见上注",指的是同一篇第二段"诚以行义为阻,道德为塞"一句里"阻"字的解释,《简注》释"阻"为"险阻"(358页注5)。这就是说,《简注》也把这一句里的"阻险"看作同义并列。但是,结合此句里的"阻义"这个词语来看,上述解释显然讲不通。此句"阻险"与"阻义"对文,都是述宾词组,"阻"当是动词。《左传·隐公四年》:"夫州吁阻兵而安忍。"《疏》:"阻,恃诸国之兵以求胜而征伐不已。"可见"阻"有"恃"义。上引"阻险不如阻义",是说"依靠形势的险要不如依靠仁义的实施"。接着的下面两句"使关梁足恃,六国不兼于秦;河山足保,秦不亡于楚、汉",说的正是"险"不足"恃","险"不足"保",而"恃"和"保"也是凭靠的意思。

(32)志善而违于法者免,志恶而合于法者诛。念伤民未有所害,志不甚恶而合于法者,谓盗而伤人者耶?将执法者过耶?(第393页)注17念,常常地思考。意思是说想到那些伤了民没有危害,动机不很坏而行为又合于法的案件,难道都可以说成为盗而伤人吗？或者是主持法令的人的过失呢？

按：如果把"志不甚恶而合于法者"串讲成"动机不很坏而行为又合于法"，那怎么称得上是"案件"呢？"念"字之下明明说是"伤民"，自然是违法，又怎么说是"合于法"呢？仔细体会"念"字之前的两句，"志善"如何，"志恶"如何，自然说的是两个极端，那么"志不甚恶而合于法者"，当然是说处于前两种之间的一种情况。所谓"志不甚恶而合于法"的"合于法"，是指"伤民"的违法行为"符合"某条法令的规定，即触犯某条法令，也就是"违法"。正因为如此，所以紧跟着提出两个问题：是判为"盗而伤人"而处死呢，还是"执法者"判过头了呢？这样理解才符合文学强调按动机定罪的本意。

(33) 周国用之，刑错不用，黎民若四时各终其序，而天下不孤。(第399页) 注4 错，通"措"，置。孤，同"辜"，辜负的意思。

按："之"是代词，称代开头一句"况礼决乎"的"礼"。既然是"以礼治国，刑罚不用"，那么，天下不"辜负"与此又有什么联系呢？下一句说的"黎民若四时各终其序"，显然是用"四时"的自然交替来比喻"黎民"由少而长、由老而死的。因此"孤"自然不是"辜负"的意思。合理的解释，这儿的"孤"是指"幼而无父母曰孤"的"孤"。所谓"天下不孤"，意思是：天下不再有因父母受刑而扔下的孤儿了。这样解释，不仅与上一句的"刑措不用"构成因果联系，而且与下文的"《颂》曰'绥我眉寿，介以繁祉'"相互贯通。

(34)今之所谓良吏者,文察则以祸其民,强力则以厉其下,不本法之所由生,而专己之残心。(第 401 页)注 3 专己,自信。

按:把"专己之残心"说成是"自信的残暴的心意",这实在令人费解。"专"的常用义是擅自、听凭,并不难理解。后两句是说:不从制定法律的本意出发,却专凭自己残酷的心意。这就与前面所说的"祸其民""厉其下"相一致了。

(35)二尺四寸之律,古今一也,或以治,或以乱。《春秋》原罪,《甫刑》制狱。(第 416 页)注 6 原罪,即《刑德篇》"论心定罪"之意。《汉书·薛宣传》:"《春秋》之义,原心定罪。"义与此同。制狱,判断案件。

按:训诂的原则之一是以今语解释古语。如果以古语解释古语,对今日的广大读者来说就等于没有注释。"论心定罪"与"原心定罪"的确切含义是什么呢?"原"即根源,"原罪"就是按动机定罪。再者,用"判断案件"来解释这里的"制狱",并没有揭示出它真正的意蕴。因为"原罪"也属于"判断案件"。像《简注》那样解说,二者就没有什么区别了。这里"制狱"与"原罪"对文,实指按法制判案。说《春秋》按动机定罪,《甫刑》据法制判案,这正是大夫所揭示的两种根本对立的法律观念。

(36)今欲以敦朴之时治抚弊之民,是犹迁延而拯溺,揖让而救火也。(第418页)注7 迁延,却退,拖延。

按:"是犹"之后是两个骈偶句子,其间"拯溺"与"救火"相类,"迁延"也自然与"揖让"相近。"揖让"说的是彬彬有礼,"迁延"怎么会是"拖延"呢?"延"有"延请"之意,因而"迁延"当为你推我让。前句说彬彬有礼地拯救落水,后句说打躬作揖地扑灭火灾。这正是大夫用来挖苦文学、贤良"欲以敦朴之时治抚弊之民"的愚蠢行为。

(37)扁鹊攻于凑理,经邪气,故痈疽不得成形。圣人从事于未然,故乱原无由生。是以砭石藏而不施,法令设而不用。断已然、凿已发者,凡人也。治未形、睹未萌者,君子也。(第421页)注4 凑理,同腠理。注7 断、凿,这里皆指行刑言,犹言断头、凿骨。

按:上引数句皆以医生治病比喻圣人治乱,喻意与本意两两并说。后二句的所谓"凡人"和"君子"都是既指医生,又指圣人的。前句的"断已然"是承接"扁鹊"句而言,"凿已发"是承接"圣人"句而言。同样,后句的"治未形"与"睹未萌"也是分别承"扁鹊"句和"圣人"句而说的。因此,"断"绝非"断头",而应当注释为"诊断";"凿"亦绝非"凿骨",而应该解释为"治理"才是。至于最后一句的"治"是治疗,而"睹"则是"审处"之意。

(38)若夫群丞相史、御史,不能正议以辅宰相,成同类,长同行,阿意苟合,以说其上。(第 427 页)注 21 成,生成。长,成长。同行,行为相同。

按:这是《盐铁论》编者以"客"的名义对丞相史和御史进行的评论,说他们"生成同类,成长行为相同的人",这究竟是什么意思呢?叫人不能理解。从下文"阿意苟合,以说其上"的话来看,"成"应当是"成全","长"应该是"助长"。前句说"同类",后句说"同行",这"同行"即"同道",是指走在同一条道路上的人。只有这样解说,才能真正表达出"丞相史和御史为桑弘羊帮腔助势"这层意思来。

2012 年 2 月

重读《从划分标准看文字类型》
——读陆锡兴论文有感

二十多年前,笔者写过一篇《转注说源流述评》(《安徽大学学报》1982年第1期),认为"文字是记录语言的书写符号,是'形'+'音义'的结合体。文字学自然以研究字形为主而兼及音义"。考察传统"六书"之"转注",应当从这个基本观点出发。因此提出:"转注是改造现成字而不造字的造字法,那么'六书'自然都是'造字之本'。"二十多年来,这个问题一直在脑际盘旋,平时阅读也经常涉猎与此有关的论著,其中就有陆锡兴教授于攻读在职博士生期间所撰写的《从划分标准看文字类型》这篇论文。当时,只在文章的天头地脚记下一些感受。为了把这方面的长期思考加以总结,笔者后来又写了一篇《论传统"六书"之本原意义》(《安徽大学学报》2003年第2期),其摘要即指出:"本文在吸取众多学者有益成果的基础上,对传统'六书'作为汉字构形的演化,尤其对其中'假借、转注、形声'提出了新的解说,以重现许慎《说文解字》的本原意义。"

时隔三年,于有意间又翻检到陆锡兴教授的那篇论文,结合当时所记感受重读一遍,更加觉得这篇论文颇有创意,应当整理出来以引起文字学界的重视。

首先,该文指出:"文字类型是普通文字学的基本问题。"而"区别文字性质类型要有一个科学的划分标准,以前有关的一些讨论,所涉及的概念内涵并不明确,影响了论述的效果。"接着,作者从分析文字的字形、表现语言成分、表音、符号性质诸问题着手,论证其类型标准应当是"文字组成功能"。今日看来,也仍然是一个创见,对科学地划分文字类型颇有启示。

其次,作者在分析"字形问题"时,并非单就汉字进行考察,而是涉猎世界各种古今文字,诸如:苏美尔古文字、美洲玛雅文字、古埃及文字(圣书体、僧侣体、人民体)、日文(万叶假名、平假名、片假名)以及巴蜀文字、西夏文字、契丹小字,等等。唯其如此,该文认为,"字形是一个十分复杂的问题,内涵十分丰富",其内容一是"书写形式",二是"结构(包括部件及其组织方式)"。因而从总体来看,字形与文字类型之关系也就比较复杂:"一种文字往往同时有两种不同字体(正体与辅体)","与上述情况相反,有些文字类型不同,却有相同或相似的字形",因而"想简单地就字形论文字类型是行不通的"。作者视野开阔,文章例证丰富,其立论令人信服。

再次,在分析"表现语言成分"时,作者认为,这"只能作为一个因素来考虑,如果把它作为一个主要的区别标准的话,其结果是不能令人满意的"。因为按照这个标准,索绪尔只承认两种类型:表意文字和表音文字。作者有针对性地说:"表意文字或称表词文字,是成熟的文字系统,它的符号是一个有层次的系统,由原字即偏旁组合成字,以成字来表示语言。"至于表音文字的符号,索绪尔所谓"模写一连串声音"的,无疑指的是字母,不是指由字母连缀起来的音节形式。作者指出,"这里隐藏了一个很大的错误,把两个不同层次的符号作为比较的基础。正确的做法应该是把表意文字与表音文字的原字与成字作分别的比较"。论文特别强调:"文字是一个复杂的符号体系,它作为一个整体与词汇系统发生代表关系,与词的联系是多层次、多方面的,如果仅仅归结为符号与词的对应,实在是简单化了。"其思考周密,表述明晰,当促使我们重新思考索绪尔关于文字类型的论述。

　　再次,关于"符号性质",作者认为,"成为某种文字类型的符号特性,必定是对区别于符号普遍性质来说的,把握住这一点十分重要"。由此他提出两个问题:一是"符号的假定性",即"文字本质上是一种假定符号,我们很难离开假定性来对文字符号加以区别";二是"一种文字内有不同符号",即"在一种文字体系内的字并不是一种单纯的成分,而是多种的复杂成分"。当然,我们不能根据一般文字体系内有不同性质的符号,就称之为混合类型,而是"以起主导作用的符号来考虑它的文字类型,因为文字体系从来就不是一种单一性质的符号组成的"。这里明显地表现了作者的辩证思考,既从多元论出发,看到文字系统中符号的多样性,又从主体论着眼,依据起主导作用的符号来归纳其文字类型。

　　根据以上分析,作者最后提出应当"从组成功能看文字类型"。所谓"组成功能",包括"原字"和"组成形式"两方面:"原字"是"组成的主体","起着主导的作用";"组成形式""不仅指字形构造",其作用"是使有限的原字形成庞大的成字"。根据原字的性质，作者把文字类型区分并定名为"标形文字"、"标意文字"和"标音文字"三种。

标形文字的特点"在于把词的概念转换为图形符号"，其方法有三：描绘法、示意法、比拟法。"这三种方法，即六书中的象形、指事、会意。"这里，就给传统"六书"中的前三法以新的解释，可谓"一家之言"。

标意文字的特点在于"其符号是标意性的，它要通过'形声相益'和'假借'组合形式来实现全面的标志职能"。就汉字来说，六书中的形声即为标意文字。作者指出："从静止状态看，形声字与转注字似乎结构相同，其实完全不同。转注字是标形文字的组成形式，在假借字上加注区别字，这是一种临时性组合，字义取决于假借字，相反，形声字是由意符声符组成的固定形式，词义包孕在整个合体字中"。此说颇具眼力，不能轻易放过。

标音文字的特点在于"通过标志词的语音成分来取得词汇书面代表的资格"，其符号只标音，不标义，"是建立在分析语音的基础上的"。其原字就是所谓"字母"，成字"是由字母孳生"拼合而成的，结果"使字形与语音达到高度一致"。由此看来，把"六书"中的"假借"视为"表音文字"是不妥当的。

《从划分标准看文字类型》这篇论文，从立意到论证，今日读来仍然给人以新鲜的感觉。文中有些提法未必都很妥帖，但是，其主要论点和基本思路，对我们重新思考文字类型这个文字学的根本问题，重新认识传统"六书"和确认汉字的性质与类型，无疑都是很有助益的。

——2006 年 6 月

统系《说文》的"天道"观
——《说文解字》再论

一

东汉著名学者许慎编撰的《说文解字》(经韵楼原刻影印,上海古籍出版社1981年,以下简称《说文》),是我国第一部以传统"六书"说系统地分析字形、解说字义的字典,是中国文字学史上的一部开创性的巨著。

《说文·叙》云:"此十四篇,五百四十部也。……其建首也,立一为耑;方以类聚,物以群分,同条牵属,共理相贯,杂而不越,据形系联,引而申之,以究万原;毕终於亥,知化穷冥。"由此可知,《说文》对部首次第的安排有两个原则:一是"同条牵属,共理相贯",即以义相次;一是"杂而不越,据形系联",即以形相次。这两个原则以哪一个为主,学者说法不一。南唐徐锴作《说文解字部叙》,认为以义为主;而清代段玉裁作《说文解字注》,主张以形为主。比较起来,还是稍后于段氏的学者王筠所说的比较稳妥:"《叙》曰'同条牵属,共理相贯',此谓五百四十部之大体,以义相属也。又曰'杂而不越,据形系联',此谓五百四十部之小体,以形相属也。而卷首'一'部说云'道立于一',卷末'亥'部说云'亥而生子,复从一起',且寓循环无端之义矣。"(《说文释例》卷九,世界书局本)至于《说文》部属字的归类,亦如王筠所说:"许君之列文也,形声字必隶所从之形,以义为主也。会意字虽两从,而意必有主从,则必入主意一部,此通例也。"(同上)

当然,王筠所说只是大致的"通例",而《说文》毕竟属于初创,其体例并不严密,实际情况要复杂得多。但是,其"大体"、"小体"与"寓循环无端之义"的概括提法,却是基本符合《说文》一书之思想套路的。不过,这所谓"循环无端之义",已经脱离了具体的"字义",我们应当加以重视。

二

往昔,我也写过有关《说文》的文章,最早的一篇是《转注说源流述评》(《安徽大学学报》1982年第1期),最后的一篇是《论传统"六书"之本原意义》(《安徽大学学报》2003年第2期),但那些都是以文字学的理念来研究《说文》的。古稀之年退休之后,阅读重心便由汉语言文字学转向传统经典文献,因而思维方式也就无形中起了变化。

论书必先知人。众所周知,许慎是一位通晓今古文的经学大家,曾被赞誉为"五经无双许叔重"。他在编撰《说文》时,必然要从经书,尤其是被列为"群经之首"的《易经》那里吸取精髓。这可以从《说文》所收辑的字体和说解字的依据两个方面来证实。

《说文》所收辑的主要字体为古文和小篆。其"古文"来源于传世的古文经传,首先是壁中书。《说文·叙》曰:"壁中书者,鲁恭王坏孔子宅而得《礼记》《尚书》《春秋》《论语》《孝经》。"有学者研究,《说文》说解字的出处表明,除壁中书外,《逸周书》《老子》《国语》等也都是其古文的来源。

《说文》说解字的依据首先是经书传注,因为许慎作《说文》的重要目的就是为了阐发经义。经书在汉代只包括《易》《书》《诗》《礼》《春秋》五经(按:时称"六艺"中的《乐》,汉世已不存)。据马宗霍《说文解字引群经考》(科学出版社 1958 年)之统计,《说文》引《易》78 条,引《书》157 条,引《诗》422 条,引《礼》139 条,引《春秋传》181 条。许慎是古文经学大师贾逵的弟子,汉人重师承,他引经说字以古文经典及其师说为宗,理所当然。不过,许慎并未死守古文经学的疆域,对今文经学也时有采用。如卷八上"份"下引《论语》"文质份份"等即是。

《说文》540 个部首,从汉字形体结构来看,也就是 540 个偏旁。许慎确立部首的目的只是用来归纳汉字,一个字只要能够用来归纳汉字,就可以立为部首,而不一定是最初的基本形体。正如《段注》所说,"凡并之重之而又有属者则别为部,如'珏'之属有'班'是也;并之重之而无属,则不别为部,如'祘'在示部之末是也"。

部首的安排次第,就首尾而论,正如王筠所言:"卷首'一'部说云'道立于一',卷末'亥'部说云'亥而生子,复从一起',且寓循环无端之义矣。"那么首尾之间的次第如何呢?

从"一"部之后《第一篇上》所安排的几个部首来看,许氏是有意识的。譬如:"二,高也。此古文上。""三,数名,天地人之道也。""示,天垂象,见吉凶,所以示人也。""王,天下所归往也。三者,天地人也;而参通之者,王也。孔子曰'一贯三为王'。""玉,石之美有五德(所谓

'仁、义、智、勇、絜')者。""珏,二玉相合为一珏。""气,云气也。""士,事也。数始于一、终于十,从一十。"

以上八个部首,除了以一般的"形、义"相互从属之外,结合其说解,如"天垂象""天地人之道""三者天地人""美有五德者""始一终十"云云,其中明显地贯穿着某种哲理在内。再看《说文》"一"部共收五个字的说解:

一,惟初大极,道立于一,造分天地,化成万物。

元,始也。从一兀声。段注:"《易》曰'元者,气之始也'。"

天,颠也。至高无上,从一大。段注:"颠者,人之顶也;以为凡高之称。"

丕,大也。从一不声。

吏,治人者也。从一从史。段注:"史者,记事者也。"

说"一"是"惟初大极",说"元"是"气之始",说"天"为"至高无上",这些解说都已经远离了该字的本义。尔后由"丕"之"大"归结于"治人者"的"吏"字,这绝非仅仅用一般的"形、义"相从来解释得了的。

从许慎对八个部首以及"一"部所收五个字的说解来看,其间的安排次第,不仅贯穿着儒家的理念,而且更隐含有道家的哲理。当然,封建社会旧的思想意识必然影响着许慎,尤其汉代盛行谶纬、术数之学,世风所及,使得《说文》的某些说解不可避免地带上些许荒谬无据的色彩。而我们今日所担负的继承文化遗产的历史使命,就是要把这部很有价值的学术巨著,从那消极的阴影里拉将出来,理清其中深含的哲学意蕴。

三

关于《易经》，我曾经写过几篇文章谈论自己的体会。在最近一篇题为《周易之"道"与"象"》（《燕山大学学报》2017 年第 3 期）的文章中说："《易经》本名《易》，曾历经三个阶段：其一是《易》的自然形态，当为原始初民观察自然的集体智慧的结晶；其二是哲学形态，当由孔子整理，并吸收老子哲理而形成的哲学理念；其三是阴阳形态，即经过阴阳家改造，掺进了原始迷信的消极观念。"在说到《易经》从自然到哲理的过渡时，我们又明确地指出："《易经》虽然经过儒家始祖孔子的一番整理，然而必须明白，这部典籍并非一人一时之作，……当是多人包括古老的巫师在内集体加工而成的。其中所包含的'循环往复''防微杜渐''盈损谦益''否极泰来''因利乘便'等观念，与上古哲学家老子的思想倒是十分切近。"

最后总结说："《易经》所蕴涵的天地之'道'和生命之'悟'，经过老子和孔子等先圣的阐述与发挥，逐步提升为具有哲学意蕴的'哲理易'。其表现之一，《易传》所阐明的'天地之道'和'阴阳对立'的根本法则，实质上是对自然初始规律已有认识的自然之'道'，即老子所谓'道法自然''返朴归真'也。其表现之二，《易传》所阐明的'生生不息''终极关怀'的基本理念，实质上是对人生、对社会已有深刻认识的人生哲理与人文教化，即孔子所谓'仁者爱人''大学之道'也。"

以上论述，应当是比较符合实际而合情合理的。不过，作为国学之源头的《周易》，自司马迁于《史记》中把它列为"群经之首"，其地位就已经确定下来；加之历代儒生针对《周易》的儒学内容层层注释，从而使学界大多数都把《周易》整个看作是一部"儒家经典"。这里有必要强调,老子的学说在促成《周易》之哲学转化上起着关键性的作用,这可以从《易传》里的两个极为关键的词,即"道"和"象"的剖析可以得到证实。为省篇幅,本文就不再赘述了。

许慎是兼通古今文的经学大家,《说文》全书的安排及说解,自然含有哲理的考虑。老子说过:"天下万物生于有,有生于无。"又说"道生一,一生二,二生三,三生万物。"那么,这"道"又是什么呢?用老子自己的话来说,"视之不见名曰夷,听之不闻名曰希,搏之不得名曰微。此三者不可致诘,故混而为一"。此"混而为一"者,可以"字之曰'道'"。显然,他所说的"夷、希、微"之"道"也就是"无"了。这"道"所生的"二",不就是"天地"么;"三生万物",不就是"天地人"所"化成万物"么。

说到这里,我们且举出几个与上述哲理相关而颇有意味的例字。《说文·辵部》:"道,所行道也,古文道从首寸。"另《寸部》:"导,引也。""道"谓道路,是其常用的具体义,引申为道理。而许氏又曰"古文道从首寸","首"即头,"寸"即手。而"道"所从之"辵"由"彳、止"二形构成,"止"即脚趾。再联系"导,引也"之释义,自然使人联想到古文"首寸"即象人之形体,而"导引"当含有产妇临产而需"引产"之意。如此,"道家"之强调"道生一"之"天道",本源自"母育子"的自然之理也。

《说文·牛部》:"牛,事也,理也。""牛"字解释为"事"尚能说得通,解释为"理"当如何说明呢?段注云:"谓其文理可分析也。庖丁解牛'依乎天理,批大郤,道大窾。'"段玉裁所引之"庖丁解牛",正来自另一道家巨著《庄子·养生主》。这说明:许慎以"理"释"牛",是完全懂得道家庄子所说的"依乎天理",即"解牛"须遵循"牛"本身"大卻、大窾"之自然生理结构,才会保全"解牛"之刀无有任何折损。

《说文·玄部》:"玄,幽远也。黑而有赤色者为玄。"释"玄"为"幽远",是谓抽象义,而"赤黑色"当为具体义。许氏之所以倒过来先以"幽远"解说"玄",正如其下段注所说:"老子曰'玄之又玄,众妙之门。'高注《淮南子》曰'天也'。圣经不言'玄妙'。"老子为道家始祖,《淮南子》实属道家之书;既然儒家经典"不言玄妙",而老子还说过"玄牝之门,是谓天地根",那么许氏先以"幽远"释"玄",当然是来自老子有关"天地"(宇宙)起始的学说了。

《说文·皿部》:"盅,器虚也。《老子》曰'道盅而用之'。"段注:"虚,引申为虚落,今之'墟'字也;又引申为空虚,谓此虚字乃虚中之虚也。盅虚字今作'冲'。冲行而盅废矣。今《道德经》作冲。"许慎以"盅"有空虚义而联想到老子"玄虚"之说,为说明"盅"为"冲"之古文,又引老子《道德经》以明之。可见许氏编撰《说文》,老子学说对他的影响绝不可低估。

《说文·大部》:"大,天大、地大、人亦大焉。"段注:"老子曰:'道大,天大,地大,人亦大。人法地,地法天,天法道。'"按照《说文》"据形立训"之基本原则的体例,只要解释"大"字的本义即可,用不着申说什么"天大地大人亦大"之类。正如《段注》所引,许氏所说源自《老子》"人参天地"之"道"的言论。

《说文·土部》:"地,元气初分,轻清易为天,重浊会为地;万物所陈列也。从土也声。"段注:"坤道成女。玄牝之门,为天地根。故其字从'也'。"段玉裁之所以要补正许氏所谓"'也'声"而改为"从'也'",不仅是因为许氏于《十二篇下》有"也,女侌也"的说解,更重要的是由于许氏在解说"地"字时,有"元气初分,重浊侌为地"的议论。而此种观念,显然也源于老子所谓"玄牝之门,为天地根",即以"牝、母、婴"喻天地起源的道家思想。

《说文·三部》:"三,天地人之道。於文一耦二为三,成数也。"段注:"老子曰:'一生二,二生三,三生万物。'三画而三才之道在焉,故谓之成数。"说"三"是"天地人之道",这正如段氏所注云,显然来自"道生一"以至"三生万物"的老子学说。老子之"道",如他自己所解释的,即天体本为"虚、空、无"之"天道"(宇宙观)是也。

以上有几处涉及"陰""陽"二字,故有申述的必要。《说文·阜部》分别云:"陰,闇也。水之南、山之北也。从阜侌声。""陽,高明也,从阜昜声。"段注:"不言山南曰昜者,陰之解可错见也。毛传曰:山东曰朝阳,山西曰夕阳。""夫造化侌昜之气本不可象,故陰陽皆借云日、山阜以见其意而已。"

由段注可知,许慎《说文》是从加"阜"字旁的两个后起字着眼而加以解说的。如果略去左耳"阜"字,则为初文"昜"和"侌"二形。《说文·勿部》:"昜,開也。从日、一、勿。"段注:"此陰陽正字也。陰陽行而侌昜废矣。闢户谓之乾,故曰開也。"其实"昜"之"一"象地平线,其下系阳光四射。而"侌"下之"云"表示阴云密布,其上之"今"则表示读音。可见此二字原先是表示两种天文现象;后来加上左耳"阜"字,便表示地理现象,即如段注所谓地势的向阳和背阴。这表明远古之人很容易认识到:因日影和地势之"天、地"意象而生成"阳"和"阴"的观念。后来,上古初民渐渐地把阴阳与天象、地貌区别开来,它可感觉而不可触摸,它无形态却有意象,已经具有介乎虚实之间的特异性质。

这种认识首先是由具体之"象"上升为天地之"气"的。《左传·昭公元年》即云:"天有六气,……淫生六疾。六气曰阴、阳、风、雨、晦、明……"所以,另一道家著作《庄子·则阳》篇概括道:"天地者,形之大者也;阴阳者,气之大者也。"这也就是说,在古人的心目中,阴阳,不仅是天象地貌,而且是万物之本性,其中包括人的行为义理。

再联系《说文·亡部》对"無"字的解说:"無,亡也。无,奇字無也。通于元者,虚无道也。王育说,天屈西北为无。"段注曰:"谓虚无之道上通元气寂寞也。许说其义,非仅说其形也。此称王育说,又'无'之别一义也。亦说其义,非说其形。屈犹倾也;天倾西北,地不满东南,见《列子》及《素问》。天倾西北者,谓天体不能正圜也。"《列子》属道家一派。许说前一句是就"无"与"元"之联系立论,谓"无"如上所谓"元始",即开端之意。后一句是就"无"与"天"之关系而言,似乎是说"天"虽为"至高无上",却"不能正圜",而使其"正圜"者乃"无"也。

如果从"无"与"天"之字义联系,进而延伸到所谓"虚无道"之哲学意识,那么许氏对"无"字的解说,在很大程度上,明显是接受了道家始祖老子所谓"万物生于有,有生于无"的理念。

四

著名学者闻一多于《道教的精神》一文说:"道家思想必有一个前身,而这个前身便很可能是某种富有神秘思想的原始宗教,或更具体讲,一种巫教。"此说颇有道理。老子即崇尚"无",也隐含着与"巫"的渊源关系。试看《说文》的有关说解:"巫,巫祝也。女能事无形以舞降神者也。"段注:"無、舞皆与巫叠韵。"传统训诂有一条定律,即音近相通。"無""舞"二字本即同源,而"舞"与"巫"又语义相关,那么,"有生于無"之"無(无)",与"能事無形"的"巫"自然也就有着某种血缘关系了。当然,老子所言说的"无",作为一种哲学概念,早已与"巫祝"划清了界线,舍弃了巫术固有的幻象,而把注意力集中在宇宙观上了。

统而理之,按照王筠所说"卷首'一'部说云'道立于一',卷末'亥'部说云'亥而生子,复从一起'"的"大体"观点,去考察《说文》全书之布局,当有所悟:由"一"至"元""天";至"上""下"("下"即"地");再至"三""王",正如许氏所谓"三者,天地人也"。由"上"而至"帝",由"下"而至"王",亦如由"天地"而至"人"也。"地"产"万物",因而有"玉""艸""牛"等部;"人"能言能行,因而有"口""走""止(趾)"等部。

值得注意的还有《说文·十四篇下》。在这末一篇里,许慎集中安排了"天干"——"甲、乙、丙、丁、戊、己、庚、辛、壬、癸"和"地支"——"子、丑、寅、卯、辰、巳、午、未、申、酉、戌、亥"这二十二个字。如果按照一般的字形和字义,上述二十二个字,并非不能安排到前面几篇的适当位置来解说。譬如为"甲""丙""丁""庚""壬""寅""卯""未""戌""亥"十个字单独设立部首,可是其下并没有安排一个所属的字;又如"甲"字,既然解释为"从木戴孚甲之象",按其形体当置于"木"字部首下;"丙"字,既然解释为"从一,一者易也",就当置于"一"字部首下;"壬"字,既然解释为"象人裹妊之形",就当置于"人"字部首下;"卯"字,既然解释为"象开门之形",就当置于"門"或"户"部之下;"戌"字,就字形看显然从"戈",应与"戍"字同属于"戈"部;而"亥"字,既然解释为"从二;二,古文上字也",那更应置于"二"部之下。可是,许氏却要把它们集中在最末一篇里来说解。

再联系《论语·公冶长》篇所载"子贡曰：夫子之言性与天道，不可得而闻也。"既然儒家始祖孔子对"性与天道"都不予言说，那么，我们不能不认定，许慎如上述部首及其所属字的安排，其意识就是本文开头所说的，《说文解字》一书之"大体"隐含着对"天地"起始的深沉思考，即统系于著者许慎受老子学说深刻影响的"天道"观。

五

最后为本文余论。《易·说卦》里有一小段论述值得再推敲：

> 昔者圣人之作《易》也，将以顺性命之理，是以立天之道曰阴与阳，立地之道曰柔与刚，立人之道曰仁与義。

以上所引几句历来都说是孔子讲的，意思是由于天地人的本性都具有两面性，如"天道"之阴与阳，"地道"之柔与刚，"人道"之仁与義。但是作为儒家道德规范的"仁"和"義"，在《论语》与《孟子》两部儒家著作里，都是把它们作为"相互融合"而非"相互对立"的两方面来论述的。

"仁者，爱人"(《论语·颜渊篇》)，这是孔子思想的核心。要推敲的是"義"字，据杨伯峻《论语译注》所附《论语词典》(中华书局版)统计，该字共出现 24 次，无论用作名词还是叙述词，都是表示"合理，有道理"的意思。如：

> 子谓子产，"有君子之道四焉：其行己也恭，其事上也敬，其养民也惠，其使民也義。"

孔子在评论郑国子产时,把"義"与"恭、敬、惠"三种品德并提,当然用的是"合理"的意义。再看《孟子》,也据杨伯峻《孟子译注》所附《词典》(中华书局版)统计,其"義"字共出现108次,都是在"合于某种道和理的叫義"的意义上使用的。如:

孟子曰:"劳心者治人,劳力者治于人;……天下之通義也。"(滕文公上)
孟子对曰:"王!何必曰利?亦有仁義而已矣。"(梁惠王上)
孟子曰:"恻隐之心,仁也;羞恶之心,義也。"(告子上)
孟子曰:"仁,人之安宅也;義,人之正路也。"(离娄上)

以上四例之第一例,孟子说的"通義",即普遍通行的正理;其余三例,孟子将"仁義"并提,都用的是"合宜、合理"的意义,"義"与"仁"绝不是在对立的地位上。因此,有学者认定这是"儒家辩证法"思想的有力证据,理由并不充足。我们并不否认儒家在论述人的社会关系时,带有某些辩证的意味,但与一般所说的"辩证法思想"似乎还有不小的距离。

说到我国古代的"辩证法"思想,学界自然会想到老子的《道德经》一书。正如不少学者所说的,《道德经》五千言,有关对立范畴及其转化的论述几乎触目皆是。譬如:

天下万物生于有,有生于無。(德经四十一章)
万物负陰而抱陽,冲气以为和。(德经四十二章)

天下之至柔,驰骋天下之至坚。(德经四十三章)

故有无相生,难易相成,长短相较,高下相倾……(道经二章)

至于说到"仁義",老子的观点,或者予以鄙弃,或者以为对立。譬如：

故失道而后德,失德而后仁,失仁而后義,失義而后礼。(德经三十八章)

上仁为之而无以为,上義为之而有以为。(同上)

天地不仁,以万物为刍狗；圣人不仁,以百姓为刍狗。(道经五章)

大道废,有仁義。慧智出,有大伪。(道经十八章)

这很清楚,真正把"仁義"与"天地"以及把"仁"与"義"相互对立的,是道家始祖,而不是儒家学派。试看《说文·我部》所说：

義,己之威義也。从我从羊。《段注》：言"己"者,以字之从"我"也。義,各本作"儀",今正。董子曰："仁者人也,義者我也。"谓"仁"必及人,"義"必由中断制也。

据《段注》,许氏之所以解说"義"为"己之威義",是由于"義"字下半"从我",而"我"为"己"义。董子即董仲舒,儒家主流学派的重要代表,段氏引其言,意在说明"仁"和"義"并提的互补作用。

不过,"義"字既然也"从羊",那许氏为何不把"義"置于《羊部》,而要放在《我部》里呢?而"我"为"己"义,于"六书"显然属于"假借",并非"我"字的本义。这就要查究《说文》对"我"字的解说:

> 我,施身自谓也。从戈手,手,一曰古文杀字。

"我"字的右半"从戈",戈为兵器,这是确定无疑的。如果"我"字的左半于古文为"杀"字,那与"戈"合成一字,倒是合情合理的。

众所周知,作为"五经"之一的《礼记·中庸》云:"義者,宜也。"过去,笔者一直把"宜"理解为"合适、该当",因而认为"義"就是"合理"的道德行为。再查阅《说文》:"宜,所安也。"而如果释"宜"为"安",那么这"安宜"的"義"和"爱人"的"仁",在字义上又怎么能与"阴阳""柔刚"并提,而有对立之意呢?这是无论如何也说不通的。

由于某种启示,由"義"字下半从"我"和"宜"字下半从"且",让人联想起《史记·项羽本纪》里樊哙所说的:"人为刀俎,我为鱼肉。""刀俎"之"俎"右半也从"且",这就不能不使人联想,"宜""俎"二字都从"且",是否有何讲究?《说文·且部》曰:

> 且,所以荐也。从几;一,其下地也。《段注》:荐训荐席,荐席可为藉,谓之荐,故凡言藉当曰荐。且,古音俎。

据《段注》,"且"是荐席一类放在底下用来垫物的。再查看《说文》:

俎,礼俎也。从半肉在且上。

所谓"从半肉",是指"俎"字的左半边,即"肉"字的一半;那么,右半之"且"自然是用作切割肉的砧板了。如此说来,"宜"所从之"且"亦当为砧板,既然与宰割肉类有关联,那么用来解释"从我"的"義"字,也就顺理成文了。

或许有人要问,"祖"字右半也从"且",又当如何解释呢?《说文·示部》:"祖,始庙也。从示且声。"

略有汉字结构常识的人都知道,大凡与祭祀有关的字大都"从示";而曰"且声",说明"且"与"俎""祖"读音相同。不过,许氏以"始庙"解说"祖"字,倒是道出了"祖"含有祭祀之义,而祭祀是要"杀牲"的。因此,对"祖"之字形的准确说解,应当是:"从示从且,且亦声。"

我们再回到本段开头所引的那关键一句:"立人之道曰仁与義。""仁者爱人"是孔子当年所主张的,而"義者杀牲"是我们今日所探讨的。如此说来,"仁"和"義"自然互为对立而与"阴阳""柔刚"并列了。我们有理由断定,《易经》即使经过孔子的整理,但《说卦》把"阴阳""柔刚""仁义"三者各自对立,其中鲜明的辩证思想,却源自老子"天大地大人大"所谓三才之"道"的宇宙观。

2018 年春末

多方探索，接轨现代
——《中庸义理》析评

安徽颇有影响力的学术期刊《学术界》的袁玉立主编，于 2012 年奉献给学界一部论文集——《问学与问题》。就其目录来看，包括"中庸义理""公共性哲学""社会学问题""学术期刊导向""学术史研究"五个单元，可见其学术视野之广，涉及面之多。这与他作为学术期刊主编的身份与学养，是十分契合的。

我与袁主编的交往，开始于 2007 年头一次在《学术界》上发表论文《试论"国学"的三个层面》，当时以及此后的几年，都只是"文交"，既未曾谋面，更说不上深交。直到最近几年，主要是为了给他主编的期刊推荐文章才开始面交了。于是，我对他个人才有了一点儿具体的印象，那就是直率、豪爽，颇有某些中青年学者那种特有的气度。2016年春末夏初，他托我过去一位博士学生转送给我他的上述论文集。见到这本集子就深切地感到，其著者是哲学专业出身，又有着担任近二十年学术期刊主编的丰富经历。

由于该书涉及面广泛,全面评论这部书自然无能为力,但由于对与"国学"有关内容的兴趣,就从中选择《中庸义理》这一组文章,浮泛地谈一点感受与体会,且算作一篇阅读笔记吧。

一

该单元首篇是《释"中庸"》。开头即提出:"中庸要义是何,好像在学术史上还是个未解的问题。"其"症结在于,这里的'中'不应当是任随人的主观意愿裁剪的社会事实,而应当是不以人的意志为转移的客观事物的本质,即'真是'。因此,实事求是才是过犹不及或允执其中的潜台词,才是中庸本来的意蕴,才是《中庸》文本所透露的十分有价值的信息。"

真是开门见山、直截了当。或许有些读者见了这段文字感到有点儿意外,而我却觉得自然,"文如其人"嘛。接着的两段文字,作者从学术史与考据法两方面稍加解释。从前者而言,作者指出,"是儒学经典《中庸》最先强调'尊德性,道问学'应以'真实'为本,实诚达道"。就后者来说,作者交代,"自汉代以来,儒学渐次生成一种独特的学习、研究的方法,即考据,其精神义理是实事求是,其方法技术也是实事求是"。

文章的主干由两大部分构成:其一是,"'中'字在'内''正'意义上是对天人之际诸事物初级本质的概括:事物的根据在事物的内部,事物的本质力量是中正"。

著者是哲学专业出身,受清代哲学大家戴东原所谓"由字以通其词,由词以通其道"的启示,也从古文字的考察入手,不仅查遍清代两位说文大家段玉裁和朱骏声有关《说文解字》中对"中"字的再训释,而且还翻阅了近现代古文字专家高亨、郭沫若、姜亮夫、罗振玉、商承祚几位先生有关论著中对"中"字的论述。在这样坚实的基础上得出结论说:"'中'字最本原的,也是最具生命力的意义是'内'和'正'两义,……'中庸'一词终变成一个博大精深的概念,不可能脱离'中'字的'内''正'两个含义。"

不止于此,他还特别把段玉裁所谓"中者,别于外之辞也"的解说,与子思在《中庸·十四》里所说的"射有似乎君子,失诸正鹄,反求诸其身"二者联系起来,说明"主观不合客观,原因在主观有误。认识到事物的本质和根据在该事物的内部,正是先秦学问家把天人之际诸事物分门别类加以认识和改造,进而把主体和客体区别和联系的前提"。

其二是,"'中'字在'合''和'意义上是对天人之际诸事物次级本质的概括:事物内在对立面相契合的经验事实使人们判定是非的标准,事物的本质力量来自于事物内在对立面和多因素的中和"。

作者进一步提出问题:如何从事物的内部去把握"中正"这一目的呢?答曰:人们是逐步从经验事实中去认识这一问题的。他说,"随着社会实践的发展,人们把'射'中箭靶之行为也称为'中'(去声),表示'符合、正好、适中、恰好对上'。因此,'中'又有了和合之义"。在他看来,这无疑启发了人们,天人之际的万事万物都有适当的位置、适当的用处。这种恰(正)好符(适)合的状态就是天人之际万事万物存在、发展的最理想的状态。

又不止于此,作者更从词汇学的角度论述"中"字在"合"与"和"意义上的演变。他说,人们首先使用的是"合"字,以概括事物间相契合(合乎、适合)的事实;然后用"和"字,既涵盖了"合"义,又对"合"的实质进行了探究。他进而解释:"合"字只是对一事物与另一事物、事物内部一种因素与另一因素相投契的事实予以反映和概括,而当"合"字难以说明事物与事物之间以及事物内部多种因素融合的事实时,"和"担当了解释和说明的责任。接下来,作者引用《孙子·九地篇》《诗·大雅》《国语·周语》《礼·乐记》《左传·昭公二十年》《论语》等诸多文献的有关叙说,来证实"和"字是怎样地深化了"中"的内涵,又是怎样地概括了事物间和事物中各因素、部分的相互依存的复杂关系的。

最后,作者先引用《中庸》所谓"和也者,天下之达道也",指明"和"与决定万事万物本性的"道"体连用,而被进行了"全面的哲学概括"。其后他又引用所谓"中也者,天下之大本也",指明这读平声的"中",是"主体以外客体自在的东西","是不以主体的意志为转移的事物的客观本质,是'真是'";而读去声的"中"即"中节"和"时中"的"中",则是"主体所言所行应当符合客体的内在要求,主体所学所知应当符合外在的经验事实,人的主体思想应当随客体的性状变化而变化,是'求是'"。

如此这般,从而揭示了《释"中庸"》一文开头一段所说的,"实事求是才是过犹不及或允执其中的潜台词"。

二

"中庸义理"这一组共有六篇文章,除了前面所评述的第一篇之外,标题或者文章中直接指明有"中庸"字样的还有四篇。如果头一篇可以说成是"中庸义理"这个总论题的纲领的话,那么第二篇《再释"中庸"》是这个总论题的扩展,第三篇《先秦儒家德性传统的核心价值》是这个总论题的深化,而第四篇《中庸与实事求是》则是这个总论题的再次梳理和最终结论。

先看第二篇。这一篇是从"中庸"的观点出发来开掘孔子的学说,因为"到了孔子生活的时代,'中'上升到'道'的形而上学高度,是贯穿一切'为己'之学的道理和实理"。作者仍然是直截了当地指出:"孔子的全部学说,如果我们用'中庸'或'允执其中'观点看,可分为'正己'和'正人'两个部分。"接着他毫不含糊地做出解说:"'正己'主要解决主观世界的认识与改造问题,'正人'主要解决客观世界的认识与改造问题"。"'正己'的关键是'正心','正人'的关键是'正名'"。这真有点"快刀斩乱麻"一般的爽快!下面也是分两大部分来论述"正心"和"正名"的。

作者先说"正心",紧接一句是"'中'是如何在'实'义上被使用的"。初看去,上下两句似乎有点儿游离。但作为读者,我们应当耐心往下看。作者说,"孔子的'正己'思想在《大学》中有清晰的表达"。不错,作为后世所谓"四书"之一的《大学》,确实强调"修身、正心、诚意、致知、格物"那一整套说法,作者把这些归结为"乃是主体自我如何应对客观实体"的问题,"讲的就是'持中',讲的就是客观实体中所蕴含的实理"。他还把孔子"一以贯之"的"忠恕而已"与《大戴礼记·小辩》所谓"内思毕心曰知中。中以应实曰知恕,内恕外度曰知外"联系起来。这样一来,就把孔子所说的"中"和"正"与其后所流行的"实"义之间画了个等号。

至于如何应对"实",如何获得真知,作者从《论语》和《中庸》中的几个关键句子加以概括:"(1)择善:'多闻'云云;(2)思诚:'九思'云云;(3)笃行:《中庸·二十》所云。"其结论是:"正心"的实质就是主张思维集中,反对"心不在焉"。也"就是纠正思维(心)不能指向作为目的物的'实'和'知'的状态,排除干扰思维集中的因素"。

再看"正名",他说:"主张正名主义,积极参与名实之争,是孔子学说的中心问题。这个问题的实质是宣扬、贯彻中庸世界观、方法论,强调'得事之中'、'名副其实'。"说孔子强调"正名",这有《论语·子路》篇里孔子回答子路的一席话为证:"名不正,则言不顺。……刑罚不中,则民无所措手足。"接着,他以《论语》中的"觚不觚,觚哉?"和"君君臣臣,父父子子"等为例,指出:"孔子从人们的日常生活到政治生活对名要符实作了论述。""孔子毕竟提出了一个名要符实、讲求真是的问题。""给人们的认识指出了正确方向,推动了人的认识发展。"

就"正心"和"正名"二者的联系来说,作者认为,正心才能正己,正名才能正人,二者"都是中庸思维路线在认识论、道德论和政治学上的贯彻"。

把如实记载孔子言行的《论语》与其后学所撰写的《大学》《中庸》糅合在一起,都当作"孔子的学说",虽然不无疏失之处,但把它作为春秋末期至战国中期以前那个时代的儒家学说,也并非说不过去。

第三篇是《先秦儒家德性传统》,意在揭示其"核心价值"。作者分为三个时段来论说:殷商的"德"是"顺天行事";西周的"德"是"保民生息";东周的"德"是"修己执中"。这就是构成先秦儒家德性传统的"三个有区别又有联系的价值观念"。这里只消出示其各个时段论述后的结论,即可大致看出他是如何深化其"中庸义理"这个总论题的。

对于殷商的"顺天",作者说:"是人的主体性力量低下时表现的主体性意识,与其说这体现了初民的一种自我生存战略,倒不如称其是一种策略,因为'顺天'不是目的,真正的目的是'胜天',以争取生存和发展。"

对于西周的"保民",作者分三个阶段来作结:"第一阶段,'保民'以'生民'为特征";"第二阶段,'保民'以'养民'为特征";"第三阶段,'保民'以'仁民'为特征"。他明确地指出:"爱人"观念的提出,冲击了早期宗法性"亲亲"为本的直系血亲伦理制度,是"进步的伦理观在'保民'问题上的贯彻"。

对于东周的"修己",作者指出,"以孔子为代表的儒家,透过外在的礼仪规范所表现的'德',发现了人们内心价值观体现得更为深刻、更为纯粹的'德'",即《中庸》说的'德性'"。正是以此为根基,"儒家第一次赋予了'天之所视'的'民'以主体地位","从而把保民生息与修己执中统一起来,完成了中国德性传统基本形态的建构"。

本篇最后的结论已经把"中庸"上升到哲学和政治学的高度:"中庸是人对自身的反思和自我意识,它是个体的'人生哲学',是华夏民族的'政治哲学'"。

第四篇论述"中庸的政治哲学意蕴",恰好与上一篇的最后结论所提及的"政治哲学"相衔接。那么,其中的"意蕴"是什么呢?作者仍然抓住"德"和"中庸"这两个关键词,分作三个方面来展开论述。这也是他"一以贯之"的做法。

一是中和之德:多元一体。何谓"多元"?作者解释为:"异质,多个要素,并行不悖"。何谓"一体"?作者解释为:"关系密切,协调统一,一个整体"。而"多元一体的文本意义是多元化和一体化两个现代词义的综合"。接着从他拿手的现代哲学观念着眼展开论述。当然,他并没有忘记,依然回归道:"'中和'思想……是先秦儒家对封建政治差等有序格局的总结和构想。"具体说来,"夏商两代从种族的繁衍壮大中,意识到一族本姓离不开与异族相及,并视此为天意。周代则从一姓江山永禄,生活长久,稳定幸福的高度,意识到一姓和百姓、万姓的不容分割的关系,看到民情、民意的重要"。料想,读者读到这儿,也必然觉得这种论述的联系既抽象而又很有意味吧。

二是至诚之德:一统天下。作者引用《中庸·二十》曰:"凡为天下国家有九经,所以行之者一也。"何谓"九经"? 答曰:"修身也,尊贤也,亲亲也,敬大臣也,体群臣也,子庶民也,来百工也,柔远人也,怀诸侯也。"何谓"一"? 答曰:"一以贯九者,诚也。"此种解说既直接又简明,这是作者一贯的学风。他又联系前面的"中和"而说:"中、和、诚,这三个不同向度,却是同一归宗的概念,在儒家看来所揭示的正是这些问题的根本。"他着重指出,"诚"不仅是"物之性、物之德",而且是"人之性、人之德"。接着他又考证起"诚"字的最初本义和思想渊源及其演变来加以证实。

三是中庸:多元发展,理性引导。作者以纯哲学的眼光剖析"中、和、诚"不同程度地揭示了事物本质的多样性特征:"'中'是太极,是原因,是一切客观事物的本质;'和'是发展,是化生,是事物本质的展开;'诚'是性理,是目的,是事物发展的动因。"接着又从社会学的角度论析其功能:"一是统一体中个体的活力(和),二是统一体中理性的引导(诚),不承认不追求'和'的境界,就没有个体和个性的充分发展,共同体就没有生命力。"这样的解析是否完全准确,姑且勿论;而在作者却是自圆其说,使得儒家的"中庸"学说具有了现代哲学和现代社会学的理论意义。

三

最后,我们来考究这一组论述"中庸"文章的最后一篇了。其标题是《中庸与实事求是》,可谓与头一篇遥相呼应:头一篇是在开头一段即揭明主旨时点出"实事求是",这最后一篇则在标题中即彰显"实事求是"。可见作者是何等地重视他对此论题进行论证而得出的结论的。

全文分为四个部分,前三个部分大致是前四篇文章所述内容的融合,当然,其中也有某种程度的开掘。这从三个部分的小标题即可领会:"一、中庸的中心词是'中','中'字的初始意义是'内''正';二、中庸的使动'词'是'庸','中'字还有'合''和'内涵;三、中庸一词指向普遍性内容时,'中'仅指'实'或'诚'。"

三个小标题,简明扼要,眉目清晰,极中肯綮。因而没有必要再加以论述了。至于其开掘的内容,作者在第三部分的末尾说道:"为了了解中庸思想及其在我国传统文化中的学术地位,从逻辑上和系统上进一步把握中庸思想,我们试对中庸概念关系做以下图示。"读者只要翻阅该书第 54 至 55 页所列之图示,即可一目了然。这里,只作些文字说明,以便让读者有个大致的了解。该"图示"分左右两个竖栏,第一行左边标明"中",右边标明"庸"。自第二行至第三十九行,左右两栏分别注明"中""庸"的各种各样的概念内涵。譬如第三行分别是"本然"和"应然",第九行分别是"诚"和"诚之",第十四行分别是"天"和"德",第十七行分别是"实事"和"求是",第二十一行分别是"体"和"用",第二十六行分别是"道"和"德",第三十二行分别是"仁"和"爱",第三十八行分别是"即物"和"穷理"。

罗列那么多,是让读者进一步了解作者如此安排的内在逻辑关系。说句心里话,作为读者的我,只对其中四分之三的二者之间的概念关系有个比较清晰的理解,其余部分也不甚了了。这可能是由于我毕竟专攻汉语言文字学,相对来说哲学的修养还不够的缘故吧。现在轮到来考察分量最重的第四部分的内容了。这一部分的小标题是:"中庸之德的历史源头是弓矢文化,其近代形态是实学文化"。坦率地说,这个小标题的前半对我很有吸引力,因而阅读时很是投入。什么是"弓矢文化"?答曰:"是指各民族初民在狩猎(生产)、御敌和礼仪活动中形成的与弓、矢(箭镞)、的(目标)、射(射事)相关联的习俗、信仰、知识、思想。"

作者非常敏感,说是"各民族",他生怕读者会有某种怀疑,因而不失时机地引用恩格斯的一段话,在人类蒙昧时代的高级阶段,"从弓箭的发展开始,由于有了弓箭,猎物便成了日常的食物,而打猎也成了普通的劳动部门之一。……弓箭对于蒙昧时代,正如铁剑对于野蛮时代和火器对于文明时代一样,乃是决定性的武器"。这在一般形态上,既然"适用于一定时期的一切民族,不管他们所生活的地域如何",那么还有什么可怀疑的呢?

接着,作者用丰富的"考古材料"来证实,"弓矢"在"华夏民族的成熟的狩猎经济时期",已经在生活中所发挥的"显著意义"。弓矢的用途在经历了"用于狩猎"和"用于杀敌"两个阶段之后,便"用于赏罚(执法)",这第三阶段才是真正意义上的"弓矢文化"。而这种文化,在中国的夏、商、周三代,"依次表现为三种形态:其一是射礼(持中);其二是投壶之礼(持算);其三是'礼中'(持简策)之礼,指的是象征和评价人际交往活动中一切公正无私的礼乐行为"。

与上述三种形态紧密联系的,作者又从词汇学角度说明,"在射礼中,'射'中之'中'(去声)作指示代词,指箭靶中心";而"单独一个'中'(去声),则是一个动名词,是'射中'的简约";"那个作为箭靶中心的'中'(平声)正是箭矢所指之处,箭矢应'中'(去声)之处。"虽然"中(去声)"作"指示代词"的说法不妥,但这毕竟让读者明白了"中"字不同的词汇意义,而且领悟其中所包含的深刻的文化意义。他引用《中庸》里孔子所说的"射则有似乎君子,失诸正鹄,反求诸其身","发而不失正鹄者,其唯贤者乎!若夫不肖之人,则彼将安能以中?"他进而指出,"在孔子看来,只有平心诚意、身体正直的人才能手持弓箭稳固地对准目标,射箭和做人是一个道理。显然,弓矢文化包含中庸观念,中庸观念支持着弓矢文化"。就是说,弓矢文化是中庸观念的源头。

在分析了这个源头的积极意义和消极意义,以及中庸思想所经历的曲折过程之后,作者强调,"汉河间献王刘德在古文经学版本纂修与考据中主张的'实事求是'方法","是子思著《中庸》以来,对中庸义理的最精辟的概括和身体力行,是以曲折和荫蔽的方式表达的实事求是义理"。

说到这里,有关"中庸义理"的话题应该结束了。因为下面所说的是关于"清代实学"的产生及其"贡献或特征",虽然是这一组文章总论题的延伸,但毕竟"在本质上区别于儒学在历史上的表现形态"。

以上就是我研读《中庸义理》这个总论题下的一组文章之后,根据我对其中内在逻辑关系的理解所做的一番疏解和论述。如果需要概括其中的特点,那就有以下三个方面是比较突出的:

其一是多方探索。作者在文章中调动了古文字学、词汇学、文献学、社会学、政治学乃至哲学与逻辑学的相关知识,从多个方面来探索作为先秦儒学核心思想之一的"中庸之道"的义理。说它是论证致详绝不为过。

其二是追根求源。为了探求"中庸义理"的源头,作者不仅追索中华民族上古的夏、商、周三代的相关文献,而且还一直追踪到远古狩猎时代的"弓矢文化",并与先秦儒家所说的"射礼"联系起来,做出了令人信服的结论。

其三是接轨现代。作者巧妙地沟通了先秦儒家及其后学的各种文献中相关资料之间的错综复杂的联系,又从中拈出"实""诚"两个关键词,并把它们扩展开来,从而与现代的"实事求是"精神接起轨来,使得"中庸之道"具有了现代哲学的气息或意味。

至于要问起我内心的体验,那么,说实在的,对于前两点还比较的感到自然;而要把儒家的"中庸之道"等同于现代的"实事求是",似乎觉得其间还有"一步之隔"。这或许是我长期从事汉语言文字学与上古文献学的教研工作所养成的习惯性思维在起作用吧。

2013 年孟春

实事求是乃学术之第一要义

——严正批评《中国训诂学》

冯浩菲所著《中国训诂学》(山东大学出版社,以下简称"冯著")于1995年9月出版,次年见到。粗读一过,就想写篇批评文字,旨在强调学术研究中实事求是的科学态度。后来几次与同道交流学术时,也有不少先生劝我提笔,然而一种世俗观念使我终究未能成篇。最近偶然翻阅才出版的一期《古籍研究》,读到其中一篇《评新体系〈中国训诂学〉》的文章(1999年第4期,以下省称《评新》)触动了几年前的想法,决意写出来以正学界之视听。

《评新》一文开宗明义:"由于种种因素的制约,直到20世纪80年代,我国传统训诂学的学科体系仍然是粗疏的,落后的,没有完全摆脱前科学的状态。诸家训诂学著作及教材中存在着学科名称定义混乱分歧;内容庞杂,重点不突出;体系零乱,结构松散,缺乏系统性、理论性、科学性等问题。……有鉴于此,冯浩菲教授立志要实现对中国训诂学学科体系的科学化改造任务……通过分门别类,抽取义例,综合排比,互相贯连,终于发现了隐然存在于历代群籍训诂著作中的庞大而完备的训诂学体系,从而以此作为构成训诂学基本内容的主体,撰写成体系全新的科学化的《中国训诂学》一书。"

此段文字显然有两层意思:一是对包括20世纪80年代在内的半个多世纪所有训诂学成果一概否定;一是说《中国训诂学》的著者才发现并构成了全新的训诂学科学体系。这种嘶哑的呐喊对训诂学界似乎是一声惊雷。但是,令人吃惊的是上引一段文字几乎完全抄自"冯著"一书,因而避免不了"大言不惭"的指责。该书第二章第八节叙及"最近10多年以来,各种训诂学专著和教材相继问世",在列举了近20种之后,便总结说道:"不过总的看来,诸家训诂学著作及教材中仍然存在着一些共同的弱点和急待解决的问题,概括起来讲,主要有三条:(一)训诂学学科名称定义混乱分歧……(二)内容庞杂……重点不突出……(三)体系零乱,结构松散,缺乏系统性、理论性和科学性。因此,我国训诂学的学科体系和理论体系至今仍然是粗疏的,落后的……"(第74页)该书《例言》还声明:"本书企图向学界提供一个训诂学的新体系。"(第1页)

稍作比较即可看出,以上所引评述与著者的文字相比,不仅如出一辙,而且有过之而无不及。《评新》一文对"冯著"还有如此评价:"其学术贡献是多方面的,概括起来讲,主要有两点:第一点是对训诂学学科名称定义做出了科学化的界说。""另一个即创立了全新的科学化的训诂学学科体系和理论体系。"

既然如此,就很有必要对此作一番切实的考察与分析。

一、关于学科名称定义问题

"冯著"称:"作为训诂学学科名称基本用语的'训诂'二字,是两个训诂体式名称'训'和'诂'的合称,只能按照训诂体式名称来理解,不能做别的解释。"在列举先秦两汉魏唐历代对各种训诂体式之解释以后,又总结道:"两者合用称'训诂',就是从众多的训诂体式名称中标举'训'与'诂'两体之名,以少概全,作为一个词语看,概指各种有关的注解工作。"(第4—5页)

训诂学术的背景知识告诉我们,上引这个结论是以他人的训诂成果为主要基础而做出的。可是"冯著"在阐述此结论的过程中并未提及他人的贡献,造成此结论是独立完成的虚假印象。而《评新》一文不加考察,一味地抬高"冯著",这与实事求是的科学态度是相背离的。

早在1980年,陆宗达先生在其《训诂简论》里,根据《毛诗》孔疏的体式和疏解,曾明确地指出:"诂和训,是解释语言的两个不同的法则:(一)'诂'是解释'异言'的。……(二)'训'是'道形貌'的。……对于语言的内容来说,无非是包含社会所公认的概括意义和运用者所取的具体含义两个方面;对于语言的单位来说,无非是词、句、段、篇。"(北京出版社,第2—3页)因此,陆先生把"训诂"界定为"以扫除古代文献中语言文字障碍为实用目的的一种工具性的专门工作"。讲到训诂的内容,他概括为"注音、辨字、校勘、释义"四个方面,并且指出"释义又包含释词、释句、释段、释篇和发挥阐述思想观点、点明修辞手法等"(第9页)。

对陆先生关于"训诂"的界说,笔者早就给予评价:"这个提法,不仅符合我国训诂发展史的事实,而且揭示了训诂作为一门学术的本质特性。这门学术发展到今天,学术界不采用更为通俗的如'解释''注释''注疏'等名称,而仍然沿用这个一般人感到生疏的传统的惯用语来命名,就是因为'训诂'这个词具有历史赋予它的特定的涵义。"(《简明训诂学》,浙江教育出版社1984年,第5—6页)

"冯著"与《评新》不是都声称要"正本清源"么?我们只消把两书的相关文字,包括"冯著"所制表格中关于"训诂"的"工作方面或内容"作一番比较,就不难作出判断,"冯著"有关"训诂"的说解,其"本源"究竟来自哪里。其实,该书所列举的20世纪80年代的训诂学专著和教材,行文虽有差异,但对"训诂"大多这样理解与表述,并不像《评新》一文作者那样信口雌黄,"只认定释词一个方面的内容,而忽视其他众多的方面"。

对于"训诂学",《评新》一文完整地引用了"冯著"所做的定义和说明。我们对照原书列举如下:

> 训诂学是一门研究训诂的科学。训诂,就是注释的意思。因此训诂学也可以叫作注释学。它以一切现成的训诂书籍为研究对象,其工作性质是抽象的、理论的。通过研究和介绍训诂的体式、方面、方法、理论等,用以指导训诂实践。由于训诂的方面颇广,训诂学必然要从说明怎样进行注释工作的角度涉及文字、音韵、语法、修辞、校勘等方面的有关知识和问题,因此它又有综合性和实用性的特征。按照现代社会科学系统,训诂学属于语文学大类,也可以看作文献学的一个分支。(1999年,第9页)

《评新》一文评价说:"这个定义和说明表述准确、全面、科学,解决了我国传统学科训诂学能否沿着正确道路向前发展的关键性难题。"

对此,也有必要"正本清源",因而我们在下面完整地引出早在1984年出版的拙著《简明训诂学》的一段表述:

> 训诂学是以古代书面语言的训诂为研究对象,以语义为主要研究内容的一门独立的科学,它的任务,是分析古代书面语言的矛盾障碍,总结前人的注疏经验,阐明训诂的体制和义例、方式和方法、原则和运用,以便更好地指导训诂以及与此相关的古文教学、古籍整理、词典编纂等工作。显然,综合性和实用性是这门学科的两大特征。从这个角度来说,训诂学是汉语语言科学中的应用科学。(第17页)

为了证明这个论断,拙著还有一段文字说明:"传统训诂学正是运用词汇、语法、修辞以及文字、音韵甚至校勘、版本等有关知识来解决古代文献的语言文字障碍的综合性的科学。"

"冯著"除了"训诂学也可以叫做注释学"一句似乎是"新解"之外,我们也不难看出,上述两个有关"训诂学"的界说何其相似乃尔!

由此可见,"冯著"关于"训诂"和"训诂学"两名称的解说,皆有所"本",均有来"源"。不错,该书《例言》第十条是说过:"本书虽然内容一新,自成体系,但也兼收诸家训诂学论著之长,参考较多的有齐佩瑢、陆宗达、洪诚、周大璞、张永言五家。论述中对于诸家较为显著的发明,必揭举名姓著作。"但明眼人一看便知,《例言》此条措辞与该书对20世纪80年代之训诂专著和教材一概否定之评述显然自相矛盾,既然是"定义混乱,内容庞杂",是"粗疏的、落后的",是"前科学的",那又何"长"之有?何"显著发明"之有?这正如谢维扬先生所说的:"现在有一些学术著作很讲究文章的'技巧',但这种'技巧'并不是为了把问题真正说清楚,而是为了掩盖关键的学术史背景。"(《关于学术对话与学术规范的笔谈》,《中国社会科学》1999年第4期)"冯著"在论述"训诂"和"训诂学"之定义和说明时,对其"本源"不仅只字不提,而且以"名称定义混乱分歧"一语予以否定,一旦把这"本源"移植到自己的书里,便又成为"显著的发明"与科学化的界说"。这难道是一个严肃的学者所应当具备的"科学态度"么?

二、关于内容庞杂问题

作为科学的训诂学,其内容应当包括哪些,目前尚无定论。各家撰著,自有取舍,详者可详,略者可略,皆无可厚非。这里自然先要介绍20世纪80年代初出版的两部训诂学专著。

一是陆宗达的《训诂简论》。该书除说明"什么是训诂"一章外,包括"训诂的内容""训诂的方法""训诂的运用"三章。在"训诂的内容"一章里,著者按照"保存在注释书和训诂专书中"与"保存在文献正文中"两个方面,共介绍了"解释词义,分析句读,阐述语法,说明修辞手段,阐明表达方法,串讲大意,分析篇章结构"和"以训诂形式出现的正文,以正文形式出现的训诂"9项内容。

二是周大璞的《训诂学要略》。该书除"前言"一章外,包括"训诂源流""训诂体式上""训诂体式下""训诂条例""训诂十弊"五章。在"训诂体式上"一章里,著者分别阐述了注疏的"名称、内容、分类、骈经"四个方面,其中"注疏的名称"一节介绍了"传、说、解、诂、训、笺、注、释、诠、述、学、订、校、证、微、隐、疑、义、疏、义疏、音义、章句"等22种名称。在"注疏的内容"一节里,除了《训诂简论》一书已经说过的以外,著者还介绍了"诠解成语典故,考证古音古义,叙事考史,记述山川,发凡起例"5项内容。在"注疏的分类"一节里,著者分析了"注和疏""释义和叙事""他人所注和自注""补注和集注"8种形式。

我们再看"冯著",其内容除"绪论"一章外,有"发展概况""训诂体式""句读与标点""校勘""作序""标音""释词""解句""揭示语法""揭明写法""综合性训解"等十一章,至于"训诂方法",用著者自己的话来说,是"贯穿"于"训诂方面"之中。如"句读与标点"一章介绍6种句读法;"标音"一章介绍8种标音法、2种组合法、5种其他标音法;"释词"共三章,分别介绍44种义训法、4种声训法、3种形训法;"解句"一章介绍27种解句法。读者不必去翻阅原书,就是见了上述罗列的种种繁杂,若不咋舌惊讶才怪呢。

为了让读者充分了解"冯著"一书的内容,我们重点剖析其中"训诂体式"和"揭明写法"两章。在"训诂体式"一章,著者说:"可以分为8大类58小类。8大类为:随文注释体、文献正文体、考证体、总论体、翻译体、释例体、图解体、训诂工具书体。"在"随文注释体"下,该书分"传注单用体"、"传注合用体"和"其他体式"三种,共罗列"传体、故体、说体、训体、解体、记体、义体、序体、微体、注体……"等等38体。另外7大类又各分若干小类,如"训诂工具书体"下分"雅书体、音序体、部首体、号码体、杂序体、杂陈体"6小类,而"音序体"又分"韵序体、声序体、互序体、音节体"4小类,其"韵序体"和"互序体"还要各分2小目。

在"揭明写法"一章,著者说:"主要训法有揭明修辞格法、揭明其他写法法及评论写法法三大类。"在"揭明修辞格法"下,该书分"明起兴法、明比喻法、明借古讽今法、明代指法、明举偏概全法、明互文法、明变言法、明连言法、明双关法、明曲讳法、明重叠法"11类;在"揭明其他写法法"下,分"揭明层次结构法、明押韵法、明用词之意法、明行文之意法、明立言角度法、明从一而省文法、明断章取义法"7类;在"评论写法法"下,先"归纳为随文评论写法法与专文评论写法法2大类",再把前者分为"序文中总评法、文前总评法、文中评论法、文末评论法"4类(第477—504页)。至于标有"法"字而比上引更小的类名,这里就不再一一举出而耗费读者的时间了。

以上我们从总体和局部两方面分别介绍了三部著作,只要客观地加以比较,至少可以看出有三方面的区别:

第一,就总体而言,《训诂简论》只阐述作为训诂学的核心部分,即训诂的内容和方法,至于"训诂体式"仅仅在阐述训诂的内容时作个必要的交代。《训诂学要略》着重阐述训诂体式和训诂条例,而训诂的内容和方法则分别纳入"体式"与"条例"之中。而"冯著"却不同,不仅详细地叙述了训诂学的主体部分,而且以相当长的篇幅涉及"作序""词类""辞格""评论""论述""读书"等并非训诂学的"主体"内容,譬如"作序"一章长达23页,"揭示语法"一章长达22页,"辞格"一节长达12页。真所谓"风马牛不相及"也。

第二,就"训诂体式"这个局部来看,《训诂简论》只是说:"训诂的资料主要存在在注释书和训诂专书(工具书)中,但并不止于此,它还大量存在在文献的本文之中。"《训诂学要略》在"注疏的名称"一节,对

"体式"叙述得相当完备,其中22种条分缕析,其余10余种仅列名称,可谓详略得当。"冯著"很有意思,只把以上二书所有涉及训诂体式的名称与表述统统搜罗过来,在其后各殿以"体"字,这样就成了8大类58小类。而《评新》一文居然说是"体制完备,源流清晰,可谓前所未有",真不知此话从何说起。

第三,再就"揭明写法"这个局部来看,《训诂简论》和《训诂学要略》都是把与训诂学密切相关的,诸如"说明修辞手段""阐明表达方法""串讲大意""分析篇章结构"等作为训诂的内容来阐述,而不是单纯从形式、方法着眼。尤其是《训诂简论》,对这四方面的内容作了很好的选择与安排,如"说明修辞手段"一节,著者以举例的形式,指出训诂文献中对"烘托、比喻、隐语"等手段使用的说明;"阐明表达方法"一节归纳古人表达的体例,如"记言和叙事""引文不全和录语未竟""省略之例""复用和连类"等;"分析篇章结构"一节仅列举汉人章句中"说明章旨、分析段落、指明线索、揭示大意"等。这些都是"择举其要",举一反三。而"冯著"与此却大相径庭,不仅把相关学科如修辞学的许许多多辞格搜罗殆尽,而且把非相关学科如写作学、书评学的条条款款也尽量纳入,甚至生造了许多古怪的术语和奇特的名称,如"以明声同义通音义法""以明语转声转通音义法""其他写法法""章节内层次结构法""文中有关内容的先后次序法""取韵方式法""随文评论写法法""全书之前总评法""专文评论写法法"等等,真可谓"体"外有"体","体"内也有"体","法"上加"法","法"下又加"法"。对于这种奇奇怪怪的"内容庞杂",《评新》的作者也居然加以吹捧,不知是出于什么动机?

三、关于学科体系问题

凡是比较成熟的学科,都有一定的体系。所谓"学科体系",主要是指研究该学科的学者对其固有知识、规律的认识、取舍和结构、层次的安排。就知识规律的取舍而言,作为"训诂学"本体的构成部分,诸如对象、内容、方法、源流、体式、要籍等,20 世纪 80 年代诸种训诂学专著基本上都涉及了,而 20 世纪 90 年代的"冯著"也只是在"体式、方面、方法、注意事项"几个方面做文章,与以往各家并无大别。至于《评新》一文所谓"以往各家……鲜有论及"的,不是名目繁多的"体"与"法",便是与训诂学本体无关的"作序""写法""评论"等等。

就结构层次安排而言,20 世纪 80 年代诸种训诂学著作可以说各有长短。笔者曾撰《近十年中国训诂学之我见》(《社会科学战线》1994 年第 1 期)一文,就训诂方法问题对其中 10 种著作进行过评述。有比较才有鉴别。为了能说明问题,这里不能不列出另外两部著作的章节。一是《简明训诂学》(1984 年):

导　论　　训诂和训诂学
第一章　　古代书面语言的一般障碍
第二章　　训诂的内容
第三章　　训诂的方法
第四章　　随文释义的注疏
第五章　　通释语义的专著
第六章　　旧训诂的主要弊病
第七章　　训诂的原则

在"训诂的内容"一章,分三节阐述"词义解释""文意训释""注音、校勘及其他";在"训诂的方法"一章,分别介绍"以形说义"、"因声求义"和"直陈词义";第四、五两章,如拙著所说是介绍"古代训诂的两种基本体制"。

一是许威汉先生的《训诂学导论》(上海教育出版社1987年):

总　论

一、训诂与训诂学　　　　二、训诂的内容

三、训诂的范围　　　　　四、训诂实践的形式

五、训诂学的原则　　　　六、训诂学的用途

分　论

第一章　训诂术语

第二章　训诂的方法

第三章　训诂的方式

第四章　词义引申与褒贬

第五章　方言俗语的词义

第六章　外来用语的词义

第七章　训诂要籍

第八章　训诂学小史

第九章　训诂学的现状与未来

第十章　训诂的教学与研究

第十一章　关于古书的阅读

第十二章　从实践中加深和提高

其中"训诂的内容",该书包括"解释字词、解释文句、分析篇章、分析表达方式、分析时空关系"。"训诂的方法"一章分别阐述了"以形索义、因声求义、据文证义、析词审义、辨体明义"五种方法。"训诂的方式"一章分别说明"互训、义界、推因"等。"关于古书的阅读"一章分别介绍了目录学、版本学、校勘学的有关知识。

以上两部著作,前者简明,后者稍详,但都符合知识内在的逻辑性与层次性。令人遗憾的,倒是 20 世纪 90 年代中期出版的"冯著",在这方面存在着较多的缺陷。

首先,该书不分主次,把"训诂体式"和"句读与标点"、"校勘"、"作序"、"标音"、"释词"、"解句"、"揭示语法"等相互并列,各辟专章阐述,而这几部分并非在一个逻辑层面上。如果说"训诂体式"与"训诂内容"、"训诂方法"、"训诂方式"属上位层次,那么陆宗达所说"训诂内容"所包括的"注音、辨字、校勘、释义"当属中位层次,而"揭示语法"和"揭明修辞"等则属下位层次了。把不属于一个层次的内容放在同一个层面来叙述,这不是"缺乏系统性"又是什么呢?

其次,该书"综合性训解"一章分四节介绍"考辨法、论述法、发凡立例法、其他训法",其中"考辨法"一节又罗列 15 种方法,其中有"对文相证法、异文相证法、据文字形体考辨法、据音理考辨法、据文例考辨法、据语法考辨法、综合考辨法"(第 513 页)。据该书举例说明,"对文"即古人"文例"之一,"文例考辨法"应当包括"对文相证法",该书却让"对文"与"文例"二者并列为二法;"异文"属版本问题,在"校勘方法"一节已经述及,这里又立为一法;"文字形体考辨法"实为"形训法"之辅助,"据音理考辨法"实为"声训法"之辅助,"据语法考辨法"实即

"揭示语法""形训""声训""语法"三法皆有专章阐述,这里又再立三法;此章本名"综合性训解",其"考辨法"一节又列"综合考辨法",真是反反复复,不厌其烦。

再次,该书第十四章开头便说:"从第四章到第十三章,所介绍的都是一个方面的训诂方法及其理论,本章所介绍的训诂方法和理论一般都适用于训诂的几个方面乃至各个方面,因此称为综合性训解。"(第513页)这么说来,该书第三章至第十四章都是介绍训诂方法,可是第十四章的第五节却又冒出"整个训诂中应该注意的一些重要问题",涉及"古为今用的原则""坚持科学态度""方式方法必须得体""引文必须正确"四项。这些显然是针对整个训诂工作来说的,当然有必要,但把这些内容安排在"综合性训解"这一章的第五节,同"考辨法、论述法、发凡立例法"相提并论,自然会使人感到颠三倒四,不伦不类。

不必再举下去了。仅通过以上三个方面的剖析就不难看出,《中国训诂学》一书正如该书著者及《评新》作者所说,是不折不扣的"体系零乱,结构松散,缺乏科学性"。难道这就是所谓"新体系"?

最后必须声明,本文只是就该书对20世纪80年代训诂学成果的评价,来一个"否定之否定",目的在于澄清事实以尊重学术史,纯正学风以促进学术更健康的发展。

2000年3月

"文本"的主观性和客观性

——《解释学·导论》读后

首先要声明,我没有能力直接阅读施莱尔马赫的《解释学·导论》,只是在读了哲学家安延明的两篇阐述施氏的论文,间接地大体了解其基本观点之后,才有了如标题所表明的想法。

施莱尔马赫认为,解释学是一门"关于解释的技术学"。一般说来,人大致具有两种特殊能力:一是表达能力,二是解释能力。本文单就偏重抽象思维的学者和偏重形象思维的作家而言,他们表达活动的直接结果便是一般所谓"文本"。这种"文本"是由文字记载的言语作品,用施氏的话来说,它们同时联系着两个整体:"语言意义"的整体和"思想状态"的整体。而所谓解释活动,就是追寻上述两个"整体"的过程。解释学者之"文本",笔者称之为"科学论证";解释作家之"文本",则称之为"文学评论"。从哲学的角度来说,无论科学论证还是文学评论,都担负着"解释学"的任务,也就是使解释活动进行得顺利和得体。

在施氏看来,最值得解释的"文本"有两类:一类是在语言上具有最高意义的,可称为"经典文本";另一类是在心理学上具有最高意义的,可称为"创始性文本"。按照我的理解,或者引申,"经典文本"是以语言为底本,具有相对的客观性;而"创始性文本"是以自由创作为基准,具有相当的主观性。文本的解释者,一方面要最大限度地展现与文本相贴切的结构整体,另一方面又要最大限度地调动自身潜能以拓宽受众的认识世界。就后者而言,科学论证的目的是扩大受众的知识领域与加深受众的理解程度,而文学评论的目的是扩大受众的内心世界与加深受众的心灵体验。

大凡现实中的人,都有其自身和环境所造成的局限。所谓"自由",实质上就是要使人从有形的和无形的束缚中解放出来。这样说来,科学论证能扩大人的外部世界,而文学评论则能扩大人的内心世界。不过就解释者而言,他也同样有着某种局限,因而在对某个文本进行科学论证或者文学评论时,在基本理解其内容与精神的同时也会有某些"误解"。其中"理解"的部分,自然是忠实于文本的,那么文本的作者和解释者之间在认识上具有同一性;而"误解"的部分,则当然是背离文本的,那么文本的作者和解释者之间在认识上则存在差异性。从解释者方面来说,无论是"理解"部分还是"误解"部分,都说明以语言为基准的"经典文本"具有相对的客观性,它与带有一定主观性的"创始性文本"不可能完全切合。

按照安延明的表述,正因为两种文本的"同一性"和"差异性",才说明了人们彼此理解的可能性和必要性:"如果彼此没有同一性,那就根本谈不上什么相互理解;反之,如果彼此没有差异性,那就根本用不着什么相互理解。"由此延伸,"文本"的客观性和主观性所造成的同一性与差异性的矛盾,乃是促使人们不断地进行"理解"与消除"误解"的解释活动。也正由于这个矛盾的存在,施氏有一个著名的推断:"首先很好地理解一个文本,然后甚至比其作者理解得更好。"

这是为什么呢?安延明指出:由于文字及其组合有着自己的生命,它不会因作者的自我解释而有所变更。文本就摆在那里,而且会长久地摆下去,作者不过是众多解释者中的一个;在对作品的理解和解释上,作者并不具有优先性。因此,从理论上讲,其他解释者的解说完全可能比作者自己解释得更好。这说得再透彻不过了。

写到这儿,我不禁想起20世纪五六十年代,国内流行的"形象大于思维"的话题。这个话题当时只指向文学作品。应当感谢安延明对施氏理论的阐述,他使我们深刻理解了"文本"同时存在客观性和主观性的内涵,主观性是由"文本"作者的某种局限所定调的,客观性则是由"文本"的语言结构整体所决定的。正因为"文本"的语言结构整体上具有自身的生命力,所以完全有可能被当世与后世众多解释家做出更为合情合理的解说。这种解释活动,自然并不只限于文学作品,也包括一切学术论著。唯其如此,科学论证才成为一代又一代学者不断进行的活动,由此推动着科学的不断进步和发展。

这里不妨举一个比较突出的例子来说明。众所周知,《周易》有一段关于"八卦"的文字:"古者包牺氏之王天下也,仰则观象于天,俯则观法于地,观鸟兽之文与地之宜,近取诸身,远取诸物,于是始作八卦,以通神明之德,以类万物之情。"

这段文字的作者,其本意在于说明"八卦"的来历,即所谓"观象设卦"。可是后来,道家后学用它来申述"天人合一"的动因;《说文解字》

的作者东汉许慎引用它来解说造字的缘起;宋代的陈骙则由此指出,"《易》之有象,以尽其意;《诗》之有比,以达其情",从修辞学角度来强调比喻是文学创作中的普遍现象。

上面所引《周易》一段文字可谓"经典文本",有其自身的客观性;而其后的三种解释都是从其不同的视野与理解出发而给出的,明显地带有一定的主观性了。

2015 年初冬

辩证法思想推动着历史前进
——《黎澍的"考求历史真实"及其他》

闲来无事,再次信手翻阅内兄徐宗勉所著《失败者的探索》一书,读到其中一篇怀念黎澍的文章,勾起了我早年就埋在内心深处的情结,那就是对卓越思想家的无限崇敬。这篇题为《黎澍的"考求历史真实"及其他》的随感指出:黎澍是一位著名史学家,更是一位"通人"即思想家。

由此想到了思想家与学问家的区别:前者是通才,即对社会往往作全面思考,整体把握,深度研究,其思想往往具有对历史的深远的影响;而后者是专才,是对社会的某个方面,诸如政治经济、文化教育、科学技术、语言文字、文学艺术等进行深入的研究和系统的论述,其成果是对某门学科的发展产生过重要的作用。社会需要很多方面的专门家,而尤其需要针对社会现实的重大问题做出解答与科学预测的思想家。中国历代不乏其人,古代的如老子和孔子以及顾炎武和戴东原等;近现代如孙中山和李大钊、胡适之和陈独秀等。他们都是曾经"开一代风气"的"通人"。

上述怀念文章提及黎澍时,着重强调的是伟大的思想家马克思和恩格斯所抽象出的辩证法思想。说起辩证法,应该明确,它是自然进化、社会变革、历史发展所赋予人类之最大的智慧。在中国哲学史上占有极为光辉一页的,自然的辩证法开启于道家的《老子》,社会人生的辩证法揭示于儒家的《论语》。但是,被总结为一种颠扑不破的规律的,当归功于批判地继承黑格尔学说的马克思和恩格斯。

《老子》一书里,许多章节的表述都包含着朴素辩证法的思想。如《二章》谓:"有无相生,难易相成,长短相形,高下相倾。""有"和"无"是互相生成的,"高"和"低"是互相依存的。《五十八章》谓:"祸兮福所倚,福兮祸所伏。"其最好的注解就是"塞翁失马,焉知非福"。尤其是言及人类的"善恶"问题时他所说的:"天下皆知善之为善,斯恶已。"在老子心目中,善与恶是相对而言的,失去一方,另一方就不存在了。近三千年以前,这不能不说是大智慧。

《论语》一书记载了孔子丰富的人生阅历和关于社会教育的深刻思考,尤其是对古文献的整理,使他表达了对社会历史的某些独到见解。如《泰伯篇》:"子曰:巍巍乎,舜禹之有天下而不与也。"又《卫灵公篇》:"子曰:志士仁人,无求生以害仁,有杀身以成仁。"前者道出了孔夫子理想中的君王,是拥有天下而不占为己有;后者表明他对生命与仁德之间关系的特定认识。这种关于社会人生的辩证哲理,深刻地影响并造就了中国两千多年来的传统文化。

我们再回到上述随感一文,作者徐宗勉着重引用了黎澍的两个观点:其一是"历史是许多不同的或者相反的意向互相冲突的结果。人们得到的往往不是他们希望的。有人大失所望,哭笑不得,因为得到的和愿望完全相反。有人因利乘便,所得远远超过了所希望的"。其二是"恶是历史发展的动力。这话虽为马克思和恩格斯所肯定,说来还是未免令人心惊。他们列举的恶,在《德意志意识形态》里面有暴力、战争、掠夺、抢劫等,在《资本论》里面有征服、奴役、劫掠、杀戮等等,全是历史的阶级对抗基础上发展的阶段,特别是资本主义原始积累阶段上赤裸裸地干出来的"。正是这种"恶"即"追逐财富的贪欲驱使资产阶级走遍世界各地,也把本来闭关自守、与世隔绝的民族和地区联系起来了",从而在客观上起了推动历史进步的作用,这是资本主义冒险家们始料不及的,却是事实。

正是基于以上观点,黎澍深情地称颂:"辩证法应是历史最足以使人聪明的内容。"这里所谓"聪明",如随感作者所解释,指的是不为任何偏见、成见所束缚,也不为最表层的现象所迷惑,而能够客观地看待事物,剖析矛盾,发现事物之间深层的联系。唯其如此,辩证法才恢复了自然、社会、历史的本来面目。

运用以上观点去考察中国的旧民主主义革命和新民主主义革命这两个历史时期,我们就会清醒地认识到,正是清王朝的"恶"触发了前者,也正是蒋家王朝的"独裁"催生了后者,因而推动了中国社会的进步,虽然是缓慢的、未能尽如人意的。同样,也正是十年"文革"之世所罕见、登峰造极的"动乱",促使中国的经济体制来了个比较彻底的"改革开放",终于使中国社会逐步走向了正轨。人们逐渐有了信心,辩证法思想将一如既往地推动着中国历史车轮前进。

记得美国著名作家马克·吐温曾说过:"经典是人人称赞却不愿

去读的书。"其实也有相反的情况。笔者前几年曾经在《新安晚报》上发表过一篇《经典远未过时》的杂感,其中说道:经典有时是为某些人鄙薄、诽谤而又不得不去阅读的书,如西方金融海啸期间,西方几个大国的一些政治首脑们,为求得解决当时危困的方法,不得不去认真翻阅马克思和恩格斯的不朽著作,试图从中汲取某种智慧。这不也是"物极必反"的辩证规律所发挥的巨大作用么?!

2015 年初

整体开拓,追根求源

——《艺境无涯》评析

人民出版社编辑部在 2013 年 9 月隆重推出汪裕雄教授的三部遗著的《编者的话》中郑重地写道:"80 年代中期以后,汪裕雄先生集中研究意象问题,他也是国内这方面研究的开拓者之一。连续出版过三部相关著作,分别是 1993 年出版的《审美意象学》,1996 年出版的《意象探源》,2002 年出版的《艺境无涯》","这三部著作,具有清晰的内在逻辑关系,反映出汪裕雄先生一贯的治学态度,具有很高的学术价值"。

作为裕雄生前的老同学和 60 年的至交,我收到了其老伴转送来的上述三部遗著。第一部早年就读过,后两部是收到赠书后才开始浏览的。如果说《审美意象学》是"整体开拓"的概论性学术著作的话,那么,后两部是分别就"意象"和"意境"进行"追根求源"的学术专著。笔者半个多世纪以来所从事的是汉语史的教学和研究,由于年轻时涉猎俄罗斯文学有年,后来又长期钻研古代文献,对"意境"问题颇感兴趣也比较熟悉,所以先就《艺境无涯》一书谈一些粗浅的体会。

书名所谓"艺境",顾名思义,自然是"艺术意境"或"艺术境界"的简称;而"无涯",在我体会,似有双关含义,既是指这个"属于中国美学的古老范畴"的课题本身没有边际,也是指宗白华先生"倾毕生精力于这一课题,积六十余年之沉思探索而系统提出自己的'艺境'新说"的无止境追求。裕雄在该书引言中回忆起:"1994年,安徽教育出版社出版《宗白华全集》,得窥先生学术崖略,始知过去所悉,不过冰山一角。尤其书中《形上学》一文,帮助我从深层文化哲学根基上返观其美学思想,一时茅塞顿开……见到文中关于'象'的一段警言,读来直如醍醐灌顶。"无怪乎他在《引言》一开头便深情地言道:宗白华"从21岁加入'少年中国学会'时起,他便发愿为建设未来中国的新文化而奋斗终生。在此后六十余年的漫长岁月里,他对此矢志不移,坚持着,默默从事着他以为应做的那份工作。他有意避开政治漩涡的裹挟,以边缘地带自处,不求闻达,甘于淡泊。唯独对他那点学问——艺术境界的追索,念兹在兹,至死难忘"。

这里要着重说明,本文标题"整体开拓,追根求源"两句,不仅是对上述三部遗著内在逻辑关系的揭示,也主要是对《艺境无涯》这部学术著作成就的简明概括。

一、宗氏"艺境"之总纲

《艺境无涯》这部专著,除附录《中国传统美学的现代转换》一文,全书共十一章。章节标题即表明,该书实质上是力求对宗白华独特美学研究做出全面、深入、准确的探索和阐释。正如其引言所说的,"宗白华艺境诠释的取向是哲学沉思"。"他从'艺境'的范畴出发,多向度辐射,展开他的追索";"由艺境,直探它的文化哲学底蕴";"由艺境,追究艺术之所以成为艺术的基本特征";"由艺境,推及中国传统美学以审美境界为最高人生境界的根本特点"。

从书中各章之间的内在结构关系来说,第一章是总纲,纵向交代宗白华"从文化批判走向艺境求索"的根源与背景。著者指出,青年时留学德国"参加少年中国学会,是宗先生关注未来中国新文化建设的起点",而"文化批判的学术取向,在他是经过深思熟虑而久蓄于心的愿望。德国新思潮的激荡,不过是加速他学术思想新芽的萌发,使之及早破土而出罢了"。

著者于第一节简要地叙述"文化哲学"思潮在德国兴起的深厚渊源与宗白华深受德国哲学浪漫精神的熏陶之后,特地把他与"有过类似经历"的王国维作了一番比较,并准确地指出:"同样是由哲学转向文学,在王国维和宗白华那里,有着完全不同的意义。在王国维,是意味着放弃哲学研究转而从文学中获得精神慰藉;在宗白华,则意味着深化自己的哲学思考,以追随德国浪漫精神的最新进展。"

紧接着第二节,著者着意叙说宗氏到了德国所感受到的,当时"西方人对自身文化的危机感和对东方文化的渴求",这"使之惊喜不置"。著者扼要地回顾了18世纪德国所出现过的"中国热"与20世纪"中国热"的另一番景象,即由"注重评介孔子和儒家学说"转向了"老子及道家学说"。著者描述当年宗白华"耳闻目睹"的感受:"那股欧洲文化'奔向亚洲'的潮流,相映成趣,构成东西文化'对流'的壮观"。正是这种"对流",促使宗氏冷静地思索东西方文化的"异质性":"东方的'静观'和西方的'进取'实是东西方文化的两个根本差点。"从此,"致力于发挥中国民族文化的'个性',成为宗白华从事文化批判的重心"。

有了前两节学术背景的交代,顺理成"节"地,自然是分析宗氏由哲学而向"美学和艺术学"的学术转向了。那么,他到底为什么"倾心于艺境诠释"的呢?根据著者的研究,"这首先是宗白华哲学研究深化的结果,或者说,是他哲学研究的自然延伸"。其中,既有他的"富于诗人气质",更有"充溢着浪漫精神的德国哲学——一种诗性哲学"。前者是内因,后者是外因。为了说明这一点,著者指出"有两件事作用不可低估":一是他曾接受美学家、艺术家玛克斯·德索的美学洗礼;一是他早年曾一度诗兴大发,创作过小诗《流云》。"于是艺境的创造与艺境的求索交互影响,相得益彰,无疑会推动宗白华向着艺境的理论探讨,更跨进一步。"

顺便提一下,从本章62条脚注来看,著者几乎翻遍了《宗白华全集》,第一卷连带二、三两卷,共38条脚注;而引用与查证中外其他名家著作的脚注共24条,名家包括顾彬、陈独秀、王国维、方东美、吴宓、李大钊、卡西尔、鲁道夫·奥伊肯、荣格、理查德·威廉、尼采、玛克斯·德索等,学科涉及哲学、美学、文艺学、社会学、心理学、宗教学等门类。以下各章无不如此,可见其用力之勤与学识之广了。

二、独特的"艺境"追踪

《艺境无涯》接下来的两章分别解析宗白华在"艺境求索"中的种种钻研和知识储备:探寻"生命哲学","眺望"历史文化,辩证思考"中西古今"之关系,寻绎"律历哲学"之要义,探究中国艺术的"音乐精神"。这里,显示了宗氏追踪艺术境界的独特之处,至少有以下几点值得我们注意。

第一,著者指出,宗氏的生命哲学,"绝不是西方现代生命哲学的简单翻版,而另有其渊源所自","有着他对中国文化哲学多项重要的发现":其一"是由中国生命哲学的道气观,引申出生命节奏的本体论意义",这是"直取《周易》道论"而生发出来的;其二"是宇宙构成上的时空一体,以时统空的特有观念",这是"从汉人之历学与律学相参,钩稽出一种'律历哲学',寻得伏源更为深广的文化依据";其三"是窥探到中国文化的'泛审美主义'特质",这是他对"中国魏晋以来的文学艺术中一种泛神论的宇宙观"的体会。此三者结合起来,就是宗氏对"中国艺境的文化哲学基础"的探寻。

不止于此,著者在解析其"独到的阐释"的同时,还注意到他对中国传统文化的批判,诸如"中国人爱以生活体验真理,却不爱以思辨确认真理","中国一向忽视逻辑,它的代价就是科学的不产生和不发达","学者皆'务为治''学致用',而不肯探求纯理"。

第二,著者强调,"宗先生当年站在历史边缘所做的文化眺望,具有超前的预见性"。这种"预见性"表现在两个方面:一是"人格的培育与建构",二是"技术与艺术贯通,自然与文化调和"。在前者,宗氏的"理想人格"是"智慧要日进于深广","感觉要日进于优美","意志要日进于弘毅","体魄要日进于坚强"。如著者所说,这虽然是"双脚站在现实土地上的平民化人格",但也"显示出一个文化启蒙主义者的天真与真诚"。在后者,宗氏"是从文化的总体构成来思考技术与艺术贯通的必要与可能的",在他看来,"在人类文化体系中,技术为下层基础,艺术为上层建筑"。也就是说,通过技术,"人在利用和改造自然,创造出非自然的物质文化世界";通过艺术,"人类借助自己的智慧和热情,创造出第二个自然——精神文化的世界"。这就是宗白华所展望的人类未来文化的光明前景:"从物质的自然界""入于精神的文化界"。

第三,著者点明,"通达的、多元发展的世界文化视野,使宗白华较少受到民族主义情绪的干扰,能以平静心态,处置文化中的'中西古今'关系,展开平等的中西文化对话、深入的古今文化对话"。就"中西文化对话"而言,"欲求了解中西文化各自的命运与前途,就得对中西两方的精神文化作比较研究",即经过"平等"的跨文化研究。依据著者的领会,"宗先生对'象'所做的独到诠释,正是形而上学体系中一个夺目的亮点":"象者,有层次,有等级,完形的,有机的,能尽意的创构。"著者解释说,"它可以是具体事物之象,可以是天文地理,即天地垂示之'象',也可以是形而上之道的象征"。

就"古今文化对话"而言,"只有对前人取'人同此心,心同此理'的友善态度,设身处地地重构过去的情境,感同身受地从容体验,沉静周密地深入反思,才能获得对古人及其生活价值意义的真理解"。这就是宗氏所谓"同情的了解"之真实内涵。正如著者所说,"从中国传统艺术的意境,宗白华寻绎出我们先人的文化理想,即个体生命节奏与宇宙生命节奏的和谐,自然与文化的调和"。总之,"他了解古人,皆深入而具同情","学会用这样的态度对待历史,历史也就不再辜负于他"。

第四,著者考究,"他从秦汉人'律历融通'的文化现象中,寻绎出一种'律历哲学',为传统美学思想探求出宇宙论的依据,发现我们先人的艺术心灵深处,原本振响着浩茫深邃的宇宙音乐"。接着指出:"这个发现,对于理解中国艺术、中国诗歌,关系不在小处,值得认真讨论。"

为了帮助读者了解"律历哲学"的要义与渊源,著者查考了《吕氏春秋校释》《礼记正义》《崔东壁遗书》《大戴礼记》《国语·周语》《尚书正义》《淮南鸿烈集解》《周礼正义》《左传》《史记》《汉书》《管子》以及朱载堉的《乐律全书·律历融通》与李约瑟的《中国科技史》等诸多文献的有关记述,运用大量篇幅,详尽剖析,排除异议,最终令人信服地指出:宗白华"善于从中国传统哲学全局看待这一思想,透过其似乎无类比附与神秘方术的外观,刺取其宇宙观、方法论的真实内容,把它判定为中国生命哲学的重要表征"。

其中有一小节,裕雄论及"宇宙生命的音乐——'无声之乐'"。这个论题也是我曾经在解说老子《道德经》时感兴趣并引起关注的。老子有名句云:"大音希声,大象无形。"所谓"希声"即"无声"之"大音",王弼注曰:"不可得闻之音也……故有声音,非大音也。"用今日的言语来表达,就是一种"频率极高"、不能直接用听觉器官闻知的快节奏和大旋律,它运行于天地万物之中。而道家老子正是通过"致虚极,守静笃"的虚静工夫,才体悟此"大音"即"大道"的。用宗白华自己的话来说,这种"无声之乐"就是"宇宙里最深微的结构形式"。可谓深得老子"法天地""顺自然"之精髓。裕雄则用文学的笔调描述道:"天地的动静、四时的节律、昼夜的来复、生长老死的绵延……无一不启示人以一种宇宙的音乐。"

三、宗氏"艺境"之内涵

本书紧接下来的四章,著者专门深入论析宗白华"艺境"说的内涵。这四章内部也是一个子系统:第四章《艺境与生命美学》可视为总论,第五、六、七三章是分论,分别从三个不同的角度来剖析宗氏的"艺境创构论"。

在第四章总论中,著者先引用王国维和朱光潜的"境界"说:前者谓"能写真景物、真情感者,谓之有境界";后者视境界为"情景的契合"。接着指出他们的境界说"大体不脱心理层面,仍拘于形下论域";而"宗白华着眼点不同。意境不止于我对外物的静观寂照,心与物的共鸣共感,而且体合着宇宙的生命,彰显着笼括天地人的大道",他"将意境纳入生命哲学作深入的形而上思考,使他的意境论和生命美学成为一镜两面无可分割的整体"。著者断言,"中国的意境论,到此才真正获得形而上学的哲学品格,到此眼界始宽,开掘始深"。那么,宗白华是怎么论述"艺境"的呢?

著者对《中国艺术意境之诞生》这篇论文作了一番梳理:人与世界接触,"因关系的层次不同,可有五种境界:为满足生理的物质的需要,而有功利境界;因人群共存互爱的关系,而有伦理境界;因人群组合互制的关系,而有政治境界;因穷研物理,追求智慧,而有学术境界;因欲返本归真,冥合天人,而有宗教境界。除此之外,还有介乎学术境界与宗教境界之间的第六种境界,那便是'艺术境界'"。在此基础上,著者依据宗氏的描述,概括为"意境的心理构成、创构过程和审美理想三个层面"。著者明确指出:"宗先生意境论的卓异处,在第三层面,它突出了意境的形而上的终极依据和最后理想,而第二个层面(化景物为情感的象征),则是沟通现实与理想、形下与形上的中间环节。"可以说,这是裕雄对宗氏意境论之贡献准确而理性的评价。

说到"意境",不能不联系"意象",因为这两个都"是宗白华频繁使用的美学用语"。而要认清它们之间的关系,首先要认清"意象"本身。

前面说过,裕雄在全面接触宗氏的美学思想及"艺境"学说之前,就已经深入研究过"意象"课题,并先后出版了《审美意象学》和《意象探源》。因而此时来揭示宗氏对意象的阐释,已经是"轻车熟路"了。著者十分敏锐地抽出其三处至为关键的言说,确定了"象"的性质和结构功能的特点:第一,"中国从三代鼎彝到八卦易理,是以象示象";第二,"'象'由仰观天象,反身而诚以得之生命范型";第三,"象者,有层次,有等级,完形的,有机的,能尽意的创构"。

随即展开现代阐释:"观物取象"的"象",就是万物生命运动的精微迹象,用今天的话来说,也就是万物的生机、生气所鼓荡的生命情态。这是"象"的第一层级。"立象"为了"尽意",使"象"转为"意中之象","宗教的、道德的、审美的、实用的溶于一象"。这是"象"的第二层级。本着老子所谓"大象"实则是"大道之象"的理解,"象即中国形而上之道也"。这是"象"的第三层级。"三个层级,层层递进,彼此交织、衔接,成一'完形'";而"最终指向,是宇宙生命节奏与人的心灵节奏的共鸣交响,是弥漫天地之间的'无声之乐'"。这就是其慧眼所见而得出的结论。

分论之一首先论及宗氏"艺境创构"的重要纲领,即所谓"造化与心源的合一"。著者从根源上解释说,"造化"源自道家,指自然或自然的创造过程;"心源"来自佛家,指妄念止息而能静照万物的心灵状态。不仅如此,著者还着眼于宗氏青年时期曾长时间留学德国的经历,联系德国古典哲学关于艺术与自然关系的论述来做现代诠释。裕雄指出,以康德、歌德和黑格尔为代表的德国古典美学把实现艺术创造中自然与心灵结合的特定功能归之于"精神",并说德语该词有诸多含义,从创作中有其作品才富有生气的意义上,它跟"灵气"一语意思仿佛。其"要领"有三个环节:"一是静观寂照,即以虚静心胸欣赏外物的生命情态;二是返观内视,求得外物生命节奏与自我身心生命节奏的同频共振,求得我情与物情的和谐统一;三是由物我共感而物我同一,冥合天人,进达天地境界。"

其次论及意境创构的源泉"灵感与天才"。对于灵感的获得,著者从宗白华的论述中解析道:"首先,灵感来自'心源'与'造化'接触时'突然的领悟和感动'";"其次,灵感的产生,有赖于艺术家的人格涵养"。在这里,著者特别指出:"宗白华却受西方影响,看取积极进取的人生态度,因而将对生活深刻丰富的体验,视为灵感产生的前提。"对于天才,著者发现,宗氏"从前人的记述中,为中国美学的天才论,找着了形而上的依据,从而和西方美学的天才论沟通起来",以为"天才是天生的,首先因为艺术本身就是天生的"。其中也隐含着康德"自然通过天才为艺术立法"之命题。著者解释说,"艺术创造不受意志的操纵,不受概念的束缚,而能求得合目的性与合规律性的统一,艺术创造乃是最自由的创造"。这便是"天才论的真义"。

分论之二主要论述"俯仰往还,远近取与"的中国观照法。著者指出:"宗白华沿波讨源,从《周易》'观象设卦'之法中,为这一观照法找到了文化哲学的原型。"著者分析其实质说,"仰观俯察所把握的是现象世界的纵向之维,俯仰之间,可以游观天地";而"'近取诸身,远取诸物'所把握的便是横向之维,远近往还中便可历览四方"。至于这一关照法的理论意义,著者也进而揭示:"从哲学上说,是将天道、地道、人道三者融通为同一的阴阳互动之道;从审美方面说,则是将律历哲学揭示出的'无声之乐'转换为心灵的音乐。"

为了详加勘发其源流,裕雄从《周易》一路说到老庄哲学的"虚静""逍遥",说到魏晋玄学的"宅心玄远",又从《诗·大雅·旱麓》里的"鸢飞戾天,鱼跃于渊"之"上下察"说到魏晋诗文"俯仰终宇宙"之"体道的愉悦",说到唐宋诗人对"山水日月"的亲和精神,最后归结到"移远就近,由近知远"的中国人的空间意识,"它能帮助人们从大自然中汲取精神力量,陶冶胸次,健全人格"。

分论之三则是论述作为"艺术精神两元"的"空灵和充实"。这是因为宗氏始终"将'虚实相生'的原则看作'中国美学思想中的核心问题'"。又由于"虚和实"的问题是"一个哲学宇宙观的问题",为了厘清这一点,著者与往常一样,从孔孟的"天道观"与"人格修养论",说到老庄的"天地境界",即"由空虚见到宇宙之道,引申出人生之道"的"系统宇宙论";接着又从《易传》的核心观念"阴阳互动之道"说到魏晋"玄学"的"本无论",其理论功绩之一就是"把有与无、虚与实统一起来"。用宗氏自己的话来说,即"以虚运实,化实为虚以成美"。

那么,如何实现"虚实相生"呢?其一是"化景物为情思"。景物与情思,一为客观,一为主观;一为实,一为虚。两者之结合,其源出"气"之相感。为了说明这一点,著者引用钟嵘《诗品》里的"感物动情"说、刘勰《文心雕龙》里的"情往兴来"说、王夫之《古诗评选》里的"心目所及,文情赴之"说。著者特别告诉读者:"宗白华充分尊重前人的见解,但他对情与景、心与物关系的理解,却有大大超越前人的地方,那就是他有自觉的生命本体论思想,并据此对前人所述,作了自己的诠释和发挥。"

接着就像层层剥笋般地解说,首先,"宗先生将情景结合的必然依据,归之于宇宙生命与艺术家心灵在节奏上的一致性、交感性";其次,"宗先生强调了艺术想象的重要功能";最后,"宗先生还将虚与实、情与景的关系,从形而上层面,经过心理经验,一直下落到艺术传达的技巧技法"。这也就是所谓"化实景为虚境"的"虚实相生"论。

其二是"创形象为象征"。著者指出,上面所说的"情思",有"可感的",还有"超感性的";后者"能意会"而"不可言说",但毕竟要言说,其"言说之法,就是用这形而下者去意指那形而上者,这需求之于象征。象征,是'虚实相生'的最高层次"。

为了彻底说明"象征"这一术语的渊源,著者又从《易经》里的"易者,象也"的"象"说起:"象"本有"拟象"(摹拟)、"法象"(类比)等诸多含义,在"摹拟""类比"之外,必有指涉不可言传、不可理喻的玄意玄思的象征功能。这一功能,注释《周易》的王弼把它定为"触类可为其象,合义可为其征"。显然,按照中国易学传统,以有物之境象虚无之理,就是象征。而宗白华以为,"象征正是使艺术描摹取得普遍价值的保证"。

接着,著者又联系德国浪漫诗人美学家对"象征"这一艺术表现方式的"特别钟爱",指出"到 20 世纪初期,随着生命本体论哲学的建立,生命美学更将象征的最终指向,定位为对无限的、永恒的生命(生活)价值意义的反思"。宗氏特别关注歌德《浮士德》结尾处的两句诗:"一切生灭者,皆是一象征。"并加以解释说,"……在这些如梦如幻流变无常的象征背后,潜伏着生命与宇宙永久深沉的意义"。这无疑"代表着宗先生生命哲学的立场"。

四、宗氏"艺境"的拓展

第八、九、十这三章,可以看作探讨宗白华"艺境"说的拓展:第八章是梳理宗氏"艺境"阐发的最终指向;第九章是论述宗氏"艺境"的研究方法;第十章是观察宗氏"艺境"论的实践。

先看第八章。著者一开始就指出,宗白华"把艺术放在文化的大背景下,考察其地位和意义,最终将艺术意境的阐发指向理想人格的建构"。在研讨宗氏人格理论的过程中,著者注意到他"有着德国思想的背景",因为"根据德国生命哲学的观点,生命形式表现在个体方面便是人格,表现在民族方面便是文化"。不仅如此,宗氏对"健全人格"的解释就是本着德国学者维斯巴登的定义而做出的,即"一切天赋本能皆可完满发展之人格"。那么,怎样发展健全的人格呢?著者完整地引用了宗白华的言说:"我们对于智慧要日进于深广,对于感觉要日进于优美,对于意志要日进于宏毅,对于体魄要日进于坚强,每日间总要自强不息。"据著者考察,这正是"来自康德、席勒等人的人格理论"。

著者还指出,宗氏认为自由健全的人格,可以通过艺术意境去涵养,也可以在大宇宙自然界中去创造。这不仅是德国美学思想的发挥,而且与中国传统的审美精神更为接近。因为他也主张"阐发东方深闳幽远的思想,高尚超世的精神,造成伟大博爱的人格"。

探讨宗白华的"健全人格"论,自然要联系他的人生观问题。著者从他的几篇谈论人生观问题的文章中加以概括,"把'人生生活'当作一种'艺术'看待,使它优美、丰富、有条理、有意义的人生观,宗白华名之为'艺术的人生观'"。著者指出,这仍然是"来自德国新康德主义和生命哲学的观念",在宗氏那儿,"新人生观的确立与新人格的建构、新文化的建设是齐头并进的,而其间贯通的核心与主线便是艺术"。

著者又敏锐地从思想渊源上予以辨析,说宗氏"艺术的人生观",既区别于当时将人生观与科学对立起来的"玄学派人生观",也区别于当时科学派的"实证论人生观",他是要"用艺术的人生观来弥补科学的人生观的不足,构成客观与主观、科学与艺术互补的新人生观总体格局"。在著者看来,树立"艺术的人生观",创造"艺术式的人生",正好回答了"人生生活是什么"和"人生行为当怎样"这两个关于人生的最根本的问题。

著者在解析了宗白华心目中的"歌德与晋人"之"人格范型"以后,提出了一个怎样实现"审美主义人生理想"的问题。著者从宗氏的有关论述中揭明:一是他以自己固有的中国文化背景诠解"美的教育就是教人'将生活变为艺术'",最终将美育"归为人格心灵的涵养";二是他明确地"讨论了意境创造与人格涵养的关系",这是在国学大师王国维和著名美学家朱光潜之后,首先由宗氏挑明的,用他自己的话来说,"艺术意境的诞生,归根结底,在于人的性灵中"。

再看第九章。如著者所说,宗白华是"在中西文化的大背景中,求索中国各门类艺术的共同审美理想,从艺术形式分析入手,寻找文化精神的艺术原型,最终完成对中国艺术意境的创造性阐发"。这种"促成了他艺境美学别具一格的品质和风貌"的"独具个性的研究方法",裕雄名之为"艺术通观"。

著者接着从两方面来解释:一是"门类艺术的通观",二是"中西艺术的通观"。于前者,"宗白华以睿智的目光巡视整个艺苑,论及的艺术门类包括诗歌、绘画、书法、音乐、舞蹈、戏剧、园林、建筑和工艺美术。他不仅能对每一门艺术发表深刻独到的见解,而且能够发掘各门类艺术间的相通之处……进而揭示艺术理想的文化哲学底蕴。在20世纪中国美学界,能作此通观者,唯宗白华一人而已"。于后者,"宗白华的艺术研究中存在着大量的中西艺术比较。其主要策略是通过西方艺术的参照,凸显中国的艺术特性,最终完成对中国艺术意境的创造性阐释"。

著者进而指出,宗氏的艺术通观,体现着"学术研究的鲜明个性",同时也"提供了学术研究的一个经典范式"。其要旨有三:一、阐发艺境,具体包括情景交融、虚实相生、动静不二、时空合一;二、寻求原型,即民族文化传统中的某个基本象征物;三、分析形式,即落实到具体技法技巧层面的形式分析。总之,"由分析形式入手,整合中国艺术的技巧和技法系统,然后再上升到艺术哲学和文化哲学的层面,是宗白华艺术通观的又一大特色"。

接着自然提出,对今日的艺术研究和文化研究,上述"艺术通观"有何种启示呢?著者明确指出两点:其一,"宗白华从总体文化的视野考察具体的艺术问题,又从具体的艺术研究返观总体文化。在他看来,中西艺术各有背景,中西文化各有所长,世界文化的前景和中国文化未来的发展,不是全盘西化,不是东方精神文明加上西方物质文明,也不是中西文化的沟通调和,而是'世界上各型的文化人生能各尽其美,而止于其至善'。这是宗白华文化批判的重要理论贡献"。其二,"如果说朱光潜的思路,类似于鲁迅所谓的'拿来主义',那么,宗白华的思路,在'拿来'之后,更含有'送去主义'的意识。他试图通过自己的研究得出若干中国美学范畴,并以此与西方美学里的诸范畴作比较,观其异同,'以丰富世界的美学内容'"。

至于第十章,主要通过宗氏唯一的诗集《流云》来考察其艺境"实践之体验"。著者根据他本人的提示意识到,"要阐释《流云》小诗的艺境,便应由意象入手"。在引用了小诗里的一段文字之后分析道:"宗白华的诗很少有当时诗坛流行的简单说理和直白抒情,而多以客观的自然景物来表现主观的生命情调。《流云》小诗中频繁出现的云、星、月、蓝空、大海、宇宙、音乐、梦、镜……既不是纯粹客观的自然物,也不是作为比喻的自然物,而是渗透了生命情调的活泼玲珑的意象。"

在做了一般的分析以后,著者又对其诗中最具代表性的"云"意象进行了详尽的个案分析。由此来展示该意象所包蕴的内涵:"激活了诗人的思想","寄托着诗人的情感","体现着一种生命精神"。

紧接着就是分析《流云》诗的意境。著者先引出宗氏对意境的描述:"一个充满着音乐情趣的宇宙(时空合一体)是中国画家、诗人的艺术境界。"然后就其中几个关键词来展示该诗的意境。其一是"时空",著者从分析《流云》诗集中的《夜》和《晨》二诗入手指出,"《夜》是在空间的寂静中体验时间的绵延,《晨》则是在时间的推移中体验空间的澄明。两首诗合而观之,在空间中感觉时间,在时间中感觉空间,这就是所谓'时空合一'"。其二是"宇宙",著者从分析《解脱》《宇宙的灵魂》《宇宙的诗》等小诗入手指出,"在这些诗中,宗白华力求超越自然景物的形而下层面,探寻其形而上的宇宙意识,这种努力是显而易见的。只是由于当时宗白华对中国人的宇宙意识缺乏深切的领悟,这些诗的意境不免空泛而多留外来痕迹"。其三是"音乐",著者依然从分析小诗入手指出,"宗白华在此用和谐、节奏、律动,将音乐、宇宙、生命视为一体了","正是这音乐,把心与物统一于艺术之中"。

著者还嫌不够,要继续揭示"《流云》的意蕴",因为其中"更有深邃的哲学思辨"。著者通过对《信仰》《深夜倚栏》等小诗的分析,显示其中既有"本体即神"、"神即万汇"的泛神论,也有所谓"小宇宙"、"大宇宙"的精神原子论,但绝大多数体现的仍是"天人合一"的中国式宇宙观。著者还根据宗氏自己的表白,指明小诗不仅"受唐人诗境的影响"而具有"清丽淡远"的风格,而且受"华严宗与禅宗"的影响而具有"舒卷自在、圆融无碍"的境界。

五、宗氏美学思想的总评价

最后是本书第十一章以及其后的附录。附录是著者早年写就、单独成篇的论文,读完全书即知,如该书《后记》所说,论文中的"看法构成了本书的大致框架"。这表明,著者撰写该书,绝非一时兴起,而是经过了数年的深思熟虑的。

在最后一章"中国现代美学的双子星座"一节,著者将宗白华与朱光潜作了一番比较,除了指出"二位在美学上颇多共同旨趣"以外,更多的是分析他们之间"又有各自的发挥,各自的创造,呈现不同的学术个性,形成奇妙的互补"。其结论是"平心而论,朱氏有关论述,深度广度上或许稍逊宗氏一筹。原因有二:一是宗白华对中西哲学有过系统的比较,对中西形而上学的各自特点有清醒而稳定的看法;二是宗白华有自觉的文化哲学思考,他统摄儒、道、释而超越之,能从各家宇宙论中离析出通贯百家的最基本的文化观念"。当然,"他们二位共同为中国现代美学安放了稳固的基石,构筑了足以和世界美学同步的高水准的起点,建立了美学学科的最初规范"。但"看不到宗白华对中国现代美学的奠基性的贡献,漠视他在现代美学史上的存在,不惟缺乏史识,也有违'实事求是'的史德"。

以上结论性的评价是有其坚实的根据的,这就是宗氏的美学思想具有"原创性":第一,"把文化反思和美学探讨结合起来,从整体文化视野来鸟瞰审美与艺术,反过来,由审美与艺术去追溯文化观念的根据,求得文化与审美——艺术的互证互释",即是宗白华美学的"首创方法";第二,"从传统的中国生命哲学着眼,由艺境的求索,梳理出、离析出、发挥出一种带有个性印记的生命美学",是宗氏所建立的"中国现代美学史第一个本体论美学思想体系";第三,"中国人不但有自己的审美意识,而且有对审美与艺术作形而上思考的悠久传统,宗白华成功地揭示了这个历史事实,从而为我们确立了中国美学思想史研究的最初范式"。即就"范式"而言,宗氏就有着"诸多重要问题的独到发现",如"《周易》原型论","魏晋转折论","山水审美论";而尤为可贵的,当然是"方法论的启示"。

既是评价,当然要论及"宗白华美学的当代意义"。著者毫不怀疑,他所建立的美学是"现代主体美学,具有'现代性'"。其理由有以下几条——首先,"宗先生接受的思想影响,不仅仅限于德国古典哲学,而是由其发端,经叔本华、尼采等人发挥,绵延至20世纪初的整个浪漫主义传统";其次,宗氏对"中国传统艺境的阐释,洋溢着现代精神"。因此,宗白华的生命美学,"是最早突破知识论局限的美学","无疑会在未来中国美学的理论建设中,为我们提供深刻的启示"。

无论以往还是今日的文艺界,都应当感谢《艺境无涯》的著者汪裕雄,正是他给一位真正用自己民族的语言来阐释中国"生命美学"独到之处的美学家,做出了令人信服而又十分准确的定位。

2015年秋

宏观构架，微观布局
——评《写作学概论》

在多部散文集出版了之后，又一本《写作学概论》（安徽教育出版社，以下简称《概论》）摆在了我的书案上。方遒君不仅在写作实践方面是位名闻遐迩的多面高手，而且在写作理论方面也卓有建树。依然清楚地记得，早在1993年，他就出版过一本名为《写作思辨》（以下简称《思辨》）的专著，虽说篇幅不大，但学术含量并不轻。眼前这部写作学著作，经过几十年教学的层层积累，稍微通读就让人深深地感觉到，这不仅是一本厚积薄发的高等院校写作课教材，而且是一部极有分量的学术专著，因为该书高屋建瓴，具有"一以贯之"的浓烈思辨色彩。实事求是地说，这两本书都不是什么皇皇巨著，但就写作学领域而言，可谓"以少许胜许多"。所谓"源头活水"，这是缘于著者长期写作实践积累和厚实理论素养的积淀。单凭多年来对其治学的比较全面的认同，我就应该写篇书评，让学界尤其是高校文科的师生们对这部专著及其著者有更加深刻的了解。作为一名已进入耄耋之年的人文学者，这是义不容辞的责任。

一、高屋建瓴的宏观构架

先看全书的构架，明显地展示出高屋建瓴的气势。著者避开了一般写作学著作繁琐的章节设计，除了作为总纲的《绪论》之外，只把全书分为三章，着重阐述写作的源头、机制与物化，即写作的基本规律、基本原理、基本法则和基本要求；第一章《感知》，分别论述"感觉与知觉""观察与体验""表象及其记忆"；第二章《构思》，分别论述"写作的双重转化""文体的认定""写作的冲动与灵感""主题的确立""材料的选择""篇章的谋划""形象思维与抽象思维""联想和想象""情感活动与情感表现"；第三章《外化》，分别论述"内部言语与外部言语""口头言语与书面语言""语言的锤炼""表达方式的运用""文章的修改"。

以上三足鼎立的构架表明，该书从心理体察到写作转化，从文体认定到篇章谋划，从形象思维到情感表现，从口头言语到书面语言，从表达方式到文章修改，这个纵横论述的系列，难道不是一座规模宏伟的写作学建筑吗？显然，著者拓宽了"写作"的内涵和外延，倡导对外物的"感知"与内在的"构思"相通，"书面语言表达"与"口头语言表达"并重，以适应现代生活对"写作"的多样化的需求。

与上述宏伟架构相适应的是，《概论》延续了《思辨》一书广征博引的特点，其内容涉及哲学、美学、逻辑学、心理学、语言学、写作学等学科领域。这不仅表明著者为撰写该书而在知识储备和材料积累方面所耗费的心血与精力，而且引用的名家隽永言论与深刻见解，在书中起着穿针引线的作用，从而增强了该书的理论厚度，使得书中所论述的观点得到强有力的旁证支撑。说到这里，有必要从"接受理论"的角度来说明"广征博引"这一写作手段的社会效用。

早在20世纪60年代,德国学者开创了所谓"接受美学"的新学说,由此延伸出一种"接受理论"。该理论认为任何一种精神产品,要想实现价值而产生影响,就得具备一个完整的动态过程,即"作者——文本——读者"三个环节的依次递进。这就是说,作者在撰写文本之时就要考虑到读者的多方面需求,即研究文本"接受者"对"文本"的多种"接受"。就《概论》而言,著者通过广征博引,或叙事议论,或晓谕义理,或相互印证,使叙事更加清晰,使议论更加透彻,使义理更加厚实,使观点更加明确,如此方能更加容易为读者所接受,从而实现文本最大的价值,继而使之产生最大的影响。

其实,远在"接受理论"传入中国以前,早就有学者感性地意识到作品阅读对象的重要作用了。南朝文艺理论家刘勰于《文心雕龙·知音》云:"知音其难哉!音实难知,知实难逢。逢其知音,千载其一乎!"既然知音者千载难逢,那么作者对作品的阅读者就需要认真研究一番了。显然,方遒君清醒地认识到所撰《概论》的接受者都是有较高专业水平的高校教师与大学生,其文本内在的知识结构就显得十分重要,因而涉及众多学科领域的精神要义,必然会对应其特定接受者的需求了。知识结构是否全面,治学领域是否宽广,自然决定着著者是否能够得心应手,也决定着特定受众的接受范围和接受程度。正如当年林衍经先生在评论《写作思辨》时所说的,能够"帮助读者打开心灵之窗,吸纳更多的知识琼浆,延伸求索的思维通路",如此,方能让接受者完整把握和深刻体味。著者之思虑可谓心到而功到了。

若问何以能够如此?关键在于著者虔诚的专业态度。尽管写作学在大多高等院校中文系都被当作边缘课程,并未受到应有的重视;但据我所知,方遒君坚定地认为这门课程有其设立的特定意义,因而始终不渝,认真对待,不仅从学养上全面地充实自身,而且每一堂课都充分准备,反复推敲教学内容,不断地提高教学质量,使学生获得最大的收益。

二、浓烈厚重的思辨色彩

以"接受理论"的视角来看,比起其他著作,《写作学》的撰写尤其需要认真考虑三个向度:著作者的阐释力度、阅读者的理解力度、接受者的实践力度。就接受者而言,从对文本层面的理解到操作层面的实践,无疑是一个微妙而又复杂的心理过程,也是一种阐释者与接受者相互配合的文化行为。无论是对读者心理过程的预测,还是对双方文化行为的把握,其前提只有一个,那就是著者思虑周全的阐释。

在文本的阐释方面,《概论》一书给人最突出的感受是著者具有厚实的理论素养。为了清楚地说明这一点,我们自然要追述《思辨》这本专著。好在当时《中国图书评论》已有专文予以评说,无须笔者再费心耗力。林衍经先生在其书评《厚积薄发,自出新裁》中进行了认真的剖析过后,概括这本著作具有四大特点:"一是格局别致,气韵生动;二是广征博引,平实不虚;三是慎思善辨,启人心智;四是文笔清新,色泽斑斓。"笔者认为,这个结论颇为得当。

经过十多年,《概论》这本书更是凸显出著者惯有的浓烈的思辨色彩。这首先表现在文本对多种人文学科诸如美学、文艺学、心理学、语言学之类的多角度的汲取,从而构成著者严密的思维逻辑。也正是由天然的写作志趣而养成的长期的学术积累和严密的逻辑思维,给了著者晚年撰写这部专著特有的构思灵感和力量。

上述思辨之特点还明显地表现在将静态的文章"要素"及写作的"产品规范"分解于动态的写作过程的论述之中。从"接受理论"的角度来看,著者如此安排,是为了把不同接受者的主观能动性充分调动起来,从而有利于接受者提高用理论指导实践和将知识转化为能力的自觉性。再清楚不过了,《概论》的著者是有意识地让接受者由静态接受转化为动态接受,从而使接受者获得最大程度的满足。

方遒君撰写《概论》的出发点,显然是要表明该书对写作学习者与写作课教学者具有十分重要的指导作用,然而作为该书前言的标题明明说是"功夫在课外"。显而易见,"指导在课内"与"功夫在课外"二者之间是存在着某种矛盾的。当然,具有常识、经验或略懂辩证法的读者,也许不难理解其中所包含的意义。但是,如何越过上述二者之间表层的矛盾,阐发内中深层的含义,就得要求著者具有更清晰的思路和更清楚的解释能力。请读者先认真阅读该书《绪论》里的两段表述:

> 写作学科的研究对象不仅是静态的文章、作品,更主要的是写作主体。写作学科的研究方法应该是哲学思辨、心理内省、具体实验等方法的综合统一;写作学科的理论基础应该是心理学、思维科学、美学、语言学等学科的理论在写作层次上的统一。
>
> 写作理论对于人们写作能力的提高,其作用不是直接的、当前的、立竿见影的,而是间接的、长远的、战略性的……有无这种学习,写作实践会有高下之分、文野之分、巧拙之分。

其后,《绪论》从写作的"主体""客体""受体""文本"和"中介(语言、文字)"五个方面作了具体的剖析。我们且看著者对"写作客体"的表述:

> 自然形态的物质客体是分散的,独立的,而写作的客体却是互相联系的、构成系统的。值得注意的是,以往论述"写作客体"时存在个偏颇——没有把"写作客体"当作一个系统看待,存在孤立认识、单纯体验的弊病;没有把"主体"在特定情况下也视为客体,忽视了对"写作主体"的发掘和自我表现。

只消认真读完《绪论》,不仅自然会领悟《概论》一书所显露的厚重的思辨色彩,而且会从中提高自身的理解潜能。前面说到的广征博引,与著者善于思辨的特点不无关系。著者在其以"'百家衣'寄语"为题的《后记》中,曾这样谦逊地表示:

> 这册《写作学概论》实际上也是一件"百家衣"。它是我从很多论述写作的著作中剪取"为我所需"的大大小小"布料"缝缀而成的……然而,我的"百衲"之工是尽心尽力的,选用材料,不敢马虎,在缝进他人的汗水和智慧的同时,也缝进了我对他人劳动成果的深深的敬佩之情与感激之情。

是的,表面上看去,书中引文较多似乎影响着所谓"创新"。其实不然,著者既吸纳了写作学界众多的最新研究成果,同时又融入了著者多年从事写作教学和研究的思考与发现。记得古罗马思想家塞内加说过:"最精湛的思想是共同的财富。"那么吸收他人之优长,不仅能够丰富自身学识,而且能够借以论证而自成系统,正所谓"集思广益,吐故纳新"。这透露出著者的深厚功底与严谨精神。

三、微观布局的周密设计

如上所述,该书具有学术专著的特色。虽然如此,但是著者毕竟是按照高等院校写作课教材而设计的,因而最后有必要从写作学教材的角度予以评说。

写作学是国内高等院校人文科系的一门基础课程。多年来,写作教学的目的与写作教学的实际状况普遍存在着严重的断裂,或者单纯地强调练习而轻视、忽视理论的修养,或者孤立地强调理论而轻视、忽视写作的实践,或者为实用主义困扰而只注重简单地介绍某一专业的文体写作。凡此种种倾向,在很大程度上都受到教材的制约和影响。

方遒教授正是为了扭转上述写作教学的种种不良倾向,根据自身几十年来写作教学经验的体会和积累,从切实提高学习者的写作修养、写作能力考虑,从当下高校课程设计的实际条件出发,力图按照"知""行"结合、学以致用的原则,重建"写作学"的简明适用的基本框架。在"知"的方面,着重引导学习者将写作理论与研究优秀作品及其评论,以及介绍作家写作经验的著述相结合;在"行"的方面,着重引导学习者以学理指导应用,提高应用,反过来又以应用检验学理,发展学理。必须指出,著者注重"学以致用"的原则,这正是中国自古以来教育和学术的优良传统。

这里需要强调的是,著者又一次显示出对"文本"接受者的人文关怀。一句"功夫在课外",可谓一语中的,发人深省。他显然注重引导学习者获取"以写促读,以读济写"的循环效应,力求让学习者在阅读中理智地认识不同文体的本质特征和写作要求,在实践中能动地把握不同文体的本质特征和写作要求。这样一来,学习者即能得到迅速而又稳步的提高。

早年在《思辨》一书,除了《擦亮指引写作之舟的航标灯》一篇作为"前言"之外,全书主体是由 23 篇系列文论构成的,其内容分为四个单元,依次论述生活积累、选材构思、手法技巧、写作态度。如果说《思辨》采用的是一种内在的隐性结构的话,那么,《概论》作为一部高校教材,自然采用的是一种外在的显性结构。

书中章节的安排显示出著者布局周密且留有空间的考量。读者从中不难看出,思考练习与作文设计蕴含着长期的写作实践的领悟;又由于著者侧重"广义写作"的考虑,有意识地未对各种写作文体逐一介绍,其目的显然是让各级各类高等院校的教师,根据不同专业的教学需要进行相对应的补充。我想,这种考量,也是出于人文关怀的另外一种"周密"的合理布局。

其次源于著者长期的写作实践。从《暴背清谈》等几本散文集可以看出,著者显然是一位写作的多面高手——散文、杂文、小品、书评,乃至诗歌等,都能拿捏有度,而且形成了多样的行文风格,或精练流畅,或严整庄重,或幽默风趣,或庄谐兼顾。著者对写作专业这般的酷爱,使其对自身写作能力自然而然地具有一种自信,而此种自信反过来又成为他撰写理论著作、设计思考练习的一种催化剂。

先看其《绪论》后设计的四道"思考"题:"(1)写作学的'内核'是什

么？(2)写作的要素有哪些？(3)作为精神生产的'写作'对主体有哪些要求？(4)从学习写作出发,应该怎样提高阅读的效率？"如果学习者通过《绪论》的讲授,认真思考上述问题,那么,他就能基本把握写作的基本原理和基本步骤,自觉地把自己当作"写作主体"来要求,并通过有意识的阅读来提高自身的写作素养。

再看其后的两道练习题:"作文(1)着重抒写刚入学时的感受、心情;作文(2)阅读下面文字(笔者注:王国维《人间词话》里的三境界说),写一篇读后感(着重发掘引文的蕴含,表述对所读文字的理解与感悟)。"这两道作文题,前者"形而下"而较易操作,后者"形而上"而较难把握,不仅符合由易到难、循序渐进的原则,而且通过写作,也能使学习者进一步领悟《绪论》的基本精神。

后面各章"思考与练习"的设计无不如此,大多是要习作者先学会"车零件",然后逐渐掌握"组装"的本领。由此可知著者确实经验老到,并显示强调"功夫在课外"的考量。如果《概论》一册在手,并按照其要求逐步地认真去做,学习者必定会大有成效。

还有一点也不可轻易放过,即著者还提出了"作文文面要求":"(1)使用稿纸,书写工整,行款、标点符合规范;(2)正确使用汉字(字形、词义以现代辞书为准);(3)谨慎对待网络语言,维护母语的纯洁性;(4)若确有必要夹杂外文词句,必须随文加注。"

作为当下的读者或学习者,上述"作文文面要求"你想到了吗？尤其是(2)(3)两条,你不觉得《概论》著者对待写作的态度是严肃而又认真的吗？其境界之高,其思考之全,令人不得不心服有加。据我所知,方遒君有很多爱好,阅读、书法、操琴、会友、旅游,但写作是他的最爱,写作的时候也是他觉得生活最充实而又最自得其乐的时候。无怪乎，他一生都在把"写作"当作一项神圣的事业呢！

2015 年秋

既要创新思维,也要注入传统
——《中国当代人道主义文学思潮史》评析

忘年知交的王达敏教授,于新春之时赠送我一本他的最新论著《中国当代人道主义文学思潮史》。作者在其《自序》里说:"面对自己的成果,我不敢夸口说它如何了得,但是,若说它是第一部中国当代人道主义文学思潮史,应该是不过分的。"当晚在灯下即翻阅此书,大体看了目录之后,对其《导论·关于人道主义的三个问题》一文立即产生了兴趣。读过一遍,又略略从头翻过。即使不看后面正文的五章,单就《导论》而言,该书所展示的学术视野之开阔和思辨色彩之浓厚,就令人感觉非同一般了。

既然是《导论》,应当重在"导",而作者"却荡开去,从古希腊一直畅游到 20 世纪"。这是为何呢?原来,关于"人道主义是什么"的问题,作者原以为不是问题,然而,在做上述课题时,"却被这个所谓的不是问题的问题纠缠了一年多时间"。作者的态度显然是十分认真的。他既为了所研究的课题能够顺利展开,又为了对"人道主义"的解释有所推进,便下决心定要"给出一个我所认定的人道主义定义"。而且这个定义,"既要符合人道主义质的规定性,又要体现出人道主义对于现实建构的目的性"。

那么,他是怎么进行论述的呢?

作者首先从正面入手,阐明"人道主义是什么"。为了说清这个难题,作者不仅摆出中外大百科全书和各种权威辞典的种种解释,而且列出西方一流哲学家海德格尔的辨析与中国三位有成就的中青年学者的最新的代表性的见解。作者在有针对性地稍加评析之后,给出了自己经过深思熟虑所得出的定义:"人道主义是一种从人性、人道的立场出发,以善和爱为核心,以人为本,重视人的生存、权利、尊严、价值,以人的自由、幸福和发展为最高目标,具有人类性、普世性观念(如自由、平等、博爱、和平、宽容、同情等)的伦理思想或思想体系。当它演进成势时,便形成思潮或运动。"

无疑,这个定义是作者吸收了众多解释之优长而又予以合理的糅合之后所做的结论。应当说,这是比较的准确而全面的。为了进一步论证其科学性,作者从"历史演进及其形态"的角度,从以下五个方面对"人道主义"进行了梳理:"希腊罗马时期的人道主义"、"中世纪基督教人道主义"、"文艺复兴至近现代人道主义"、"俄罗斯'新精神哲学'人道主义"、"20世纪多元化的人道主义"。其中比较突出而令人颇感兴趣的,有所谓"荷马的人道主义思想""基督教福音人道主义""存在主义人道主义"及"生命伦理人道主义"等简明扼要而又相当精彩的内容。它使读者在极其有限的时间与精力范围内,获得了拥有最大限度的有关西方"人道主义演变"学识的愉悦和畅快。

按理说，《导论》写到这儿已经是"自圆其说"了。然而，作者并不满足，又提出了令读者觉得有些意外的第三个问题："人道主义不是什么？"用他自己的话来说，是用"排除法减去混存在人道主义之中的'杂质'与'他物'，最终留下来的，才是真正意义上的属于人道主义的'沉淀物'"。作者先指出："人道主义不是政治、经济、法律、制度、宗教、教育、科学、技术，排除到最后，剩下的只有人性和道德了，这是确定人道主义的内涵与边界的最后一环。"接下去，作者借助南斯拉夫著名编辑和学者兰科维奇的有关分析，极其简明而有条理地阐明了"人道与人性""人道主义与人道""人道与道德"三者之间的"差别"。其中所表现出来的张力给人留下了深刻的印象。

正是由于在以上广阔的学术背景上所深入进行的辨析，作者对"人道主义"所确立的定义中，所谓"从人性、人道的立场出发"、所谓"以善和爱为核心"、所谓"具有人类性、普世性观念"这些限制语，便都一一有了确切而明晰的内在含义。

在击掌赞赏之余，笔者沉思良久，对《导论》一文的论述也并非没有一点儿遗憾。达敏在论述"人道主义"这个"舶来"概念时，几乎完全以西方的学术思想为依归，尽管是出乎自然；但是，该书毕竟是论述中国的当代人道主义文学思潮史，请注意，是中国而非西方，那么，在"追根求源"之时，是否也应该适当地吸取中国古代有关"人道主义思想"的资源呢？

首先说说作为出发点的"人性"。它当然包含两个层面，一是人的"自然性"，二是人的"社会性"。对前者，古代哲学家老子就表述过不少有关"天人合一""顺应自然"，与人的生存密切相关的种种理念；对后者,古代思想家孔子更是发表了很多有关人的"发展"和"完善"的种种言论。那些理念和言论,只要我们细细加以思考,就会体悟其中人类初期的"人道主义"的思想,虽然当时尚未提出什么"主义"这个概念和术语。

其次说说作为核心的"善"和"爱"。关于"善",老子就有过如下表述:"天下皆知善之为善,斯不善已";"上善若水,水善利万物而不争";"居善地,心善渊,与善仁,言善信,正善治,事善能,动善时"等。其中充满着对"善"的辩证理解,以及如何使人达到"善"的目标和境地。关于"爱",孔子更是表述过很多令人难忘的见解:"仁者'爱人'";"节用而爱人";"谨而信,泛爱众";"爱之,能勿劳乎?";"君子学道则爱人";等等,还有不少与"爱"为同义词的有关言论,这里就不再列举了。众所周知,"仁爱"是孔子的核心思想;"爱人"就要让他"劳苦",点明了"爱"的积极内涵;要真正"爱人",就要懂得"礼制"。而"泛爱众"就有些与"博爱"相近了。

最后再回到"人道主义"。如作者所说,"人道的内容"当指向"人性的积极意义与正面价值"。我们不仅在上述《老子》和《论语》二书中发掘出不少关于"人性"方面的符合"积极意义与正面价值"的启示与教导,而且还可以举出稍晚些时的《墨子》一书为证,其《兼爱》篇中就专门表述并提倡一种平等的爱:要人们爱人如己,让天下所有人都相亲相爱,以"兼相爱"达到"交相利"的目的。墨子认定,只有如此社会才得治理,民生才能安定。墨子"兼爱"的思想,比儒家的"仁爱"更为广泛、更为彻底,与近世西方之"博爱"的主张十分相近。墨子所坚持的"兼爱"可谓天底下的大爱:既爱亲人,也爱他人;既爱母国,也爱他国；既爱上等人，也爱下等人。墨子出于救世之心而激情地宣告："获，人也；爱获，爱人也。臧，人也；爱臧，爱人也。""臧、获"，分别指男奴和女奴。这无疑是人类历史上最早的解放奴隶的宣言。另外，还有《非攻》篇，不仅表达了墨子坚决反对残害民众的战争，而且体现了墨家亲身亲为，制止不义战争的实际行动。

如果说"人道"是"人的人化过程"，而"人道主义"是以"人"为"出发点和目标"的理论实践活动的话，那么我们可以肯定，老子、孔子，尤其是墨子，他们的很多积极、正面的启示与教导，他们的身体力行，既有利于"人的人化过程"，也有利于"以人为出发点和目标的理论实践的活动"。

总之，只消翻开中国古代思想史与文学史就会知道，老子有关对自然人的"终极关怀"的启示，对后世文人如司马迁、陶渊明、阮籍、王维、李白等，都产生过不可忽视的影响；而孔子有关对社会人的"全面发展"的教导，对后来作家如屈原、班固、韩愈、杜甫、白居易、文天祥等，在思想形成上都起过重要的作用。我们有理由推定，以老子为代表的道家思想，以孔子为代表的儒家思想，以墨子为创始人的墨家学说，他们注重生命意义，强调个性发展，提倡人格完善，关注民间疾苦，这种种符合"人道主义"的理念与思想，对当代某些作家及其作品不会不留下某些痕迹和印记。然而，作者在这些方面未能追"根"求"源"，进行有益的探索和研讨。这是相当可惜的。

2015 年初秋

信仰能净化心灵

——读《灵光沐微尘》

《灵光沐微尘》一书的作者、中国基督教信义会（台湾）荣誉牧师张力，是我老伴儿在台湾的远亲，现全家定居美国。他于去年12月中旬给我们寄来了他的那本由信义会出版的自传体的书。在该书中，他恳切地叙述了他的身世与家学，他生命里的悲欢与离合，真情地描写了他一生信仰中的感人经历，以及在此过程中基督是如何奇妙地感召并引导他，使他成为一位忠实的仆人的。这里不无传奇的色彩，一个由军报记者转身为传道牧师的真实的故事。读后不能不深受感动。在这里，我想从非宗教学的角度来谈几点真切的感受。

首先扑入我眼帘的，是取得很巧妙的书名。它虽然摘自《圣经》，却十分符合作者的现时身份，而且只要读过，一定会觉得与作者的整个经历非常贴切，其内涵是要求世人学会感恩与洁身。

这本书之所以让我难于放下，是因为它的行文十分流畅灵动，具有极强的可读性。作者在担任专职的牧师之前，曾于1947年在台湾担任过《精忠报》的记者,其文字自有其深厚的功底,并非如一般坊间所流行的信徒所写的枯涩的、千篇一律的传教宣传读物。

开头"家世"一节,寥寥数语即十分生动地描绘了作者出生地的宁静幽美的自然环境,令人向往。接着,非常概括地介绍了他的"家世"与族谱,读来也丝毫不感到枯燥。"慈母与贤妻"和"认罪悔改"两节,不仅是向读者交代自己的"家世",而且在于讲明日后成为基督信徒的家庭背景与个人因缘。

此后,读来引人入胜的,是这本自传之字字句句都紧扣主旨。作者写作此书,绝不是"自以为义,荣耀自己",全书的构架和内容都在于"彰显"耶稣基督的恩德。用作者自己的话来说,完全是为了"荣耀主,帮助人"。所有的叙述,没有一点生搬硬凑,而是既具体而又生动的事例,如同小溪流水般自然而然地流淌出来的。这也是它深深打动读者的缘故。

正是这种因缘,让我想起西方的感恩节。在美国的友人告诉我,感恩节原本并非宗教意义上的节日,而是为了感谢一群英国清教徒登上美洲大陆后,当地的印第安人帮助他们生存下来的恩德的。据有关资料,说是 1620 年,一群反对英国宗教迫害的清教徒带领家人共 102 人,搭乘小船从英格兰的南安普敦港出发,漂洋过海,途中遭遇狂风巨浪,历尽千辛万苦,从现在的马萨诸塞州普利茅斯港上岸,终于抵达新大陆。不久即遭遇风雪,不少人在饥寒中病逝,仅剩下 50 余人活了下来。在当地印第安人的帮助下,这些清教徒学会了狩猎、捕鱼和种植。到了秋天,种植的玉米得到大丰收。这批新移民为了感谢上苍的保佑和当地原居民的帮助,举办了感恩餐会。这就是感恩节的由来。

是的,因为有了印第安人的善行,才有了第一批英国移民的存在;因为有了当初移民们辛劳艰苦的开发,才有了后来美洲的逐渐繁荣与兴盛。对今日的美国人民来说,当初印第安人与第一批英国移民的恩德堪比天地,怎能不铭记于心呢?有一点无可否认,原来不具有宗教意义的感恩节,却具有一种宗教情怀。这也是西方民间为何那么重视感恩节的缘由。

再回到本文的原意。我并非基督教信徒,但少小时受过教会学校的熏陶,到了老年,内心深处也有着一种宗教般的情怀。因此我坚信,宗教,尤其是基督教,其教义、唱诗、音乐,在净化人们的心灵、维护社会的安定和谐方面,起着一种特殊的、无可替代的作用。宗教信仰,不同于别的信仰,它有着一种超自然的力量。它不仅能够"修身齐家",而且在"治国平天下"方面,也能起着某种协调的作用。在阅读《灵光沐微尘》的过程中,不妨默思遐想,你就会感觉到,其中所表达的不少观念和情感,与中华传统文化中的某些因素,诸如忠诚、善良、质朴、互信等,尤其是儒家的某些核心意旨,具有异曲同工之妙。

写完此篇,眺望窗外,一弯新月,满天星斗。

2011 年 4 月 8 日

情投缘合,诗书联璧
——体味《刘永年书法集》

在细细地体味刘君永年的《翰墨情缘·刘永年书法集》之后,微微陶醉于"翰墨"的芬芳中而拟定了如上的题目。

坦率地说,我与永年虽然在大学中文系同窗四年,1959年毕业后同在省城工作,也去过几次他的旧宅,但对他个人性情并不甚了解。只知道他在大学时专攻中国文学,毕业后留校任教,大约"文革"前调到省政府机关从事秘书写作工作,由于他工作能力很强,"文革"结束后不久,便被任命为副秘书长,退休前提升为正厅级。

相隔了几十年之后,去年末,我在美国寓居四年后回到合肥。今年元旦过后,应永年夫妇的邀请去他在和平花园的新居晤谈。走进宽敞的客厅与明净的书房,稍抬头望见墙壁上悬挂着他手书的条幅时,我不禁有些愕然。那颇有功底而灵动自如的走笔,一下子把我吸引住了。于是没有任何寒暄,我们的话题便自然而然地直奔书法了。

对于我的愕然,永年显得很平淡,正如其《代序》里所说:"我爱写字,从小就与书法结下了不解之缘。五岁启蒙,开学第一课便是写字。此后八九年继续上私塾,由蒙馆到精馆,读经读史,作诗作文,写字是少不了的功课。嗣后上中学,虽不练字,不过我的作业,包括数学作业,差不多都用毛笔书写。"我这才恍然大悟,原来他在少小时期便与书法结下了感情,练就了功力。

说到这儿我便趁机而入,向永年索要他亲手书写的条幅。他未置可否,随即取出一本印制精良的书法集影印本《翰墨情缘》让我浏览;他则在一旁阅读我刚送给他们夫妇俩的散文集。随意观赏了几页,我欣喜得不顾对方是否愿意,即要求其赠送一本置于案头欣赏欣赏。永年不无犹豫:"就余下这一本了。"但他终究推脱不得,在其书法集的扉页上签下了自己的名字。我不禁说道:"这是我新年里所得到的最可珍贵的礼物了。"

我一向喜欢中国文人的字和西洋画家的画。这不仅是一种情趣,也是一种人文理趣,因为其中有着某种文化气息。回到家里,只要闲下来就品味起永年的书法来。我得承认,这与永年过去是同窗不无关系。据我所知,永年虽然长期在行政机关担任领导职务,但没有烟酒嗜好,更不喜欢酬酢娱乐,他"写文章、起草文件,常用钢笔起稿,毛笔誊清",实际上未曾断过练字。退休后上老年大学学习书法,就达十一年之久。其与翰墨缘分契合是非常自然的了。

就书体而言,永年兼攻古篆、汉隶、行草、魏楷,而且都用心锤炼过。这从他的书法集所选条幅和斗方中,其临帖几乎占了一半即可想见。《书法雅言》云:"心为人之帅,心正则人正矣。笔为书之充,笔正则书正矣。书之为言,散也,舒也,意也,如也。"言辞虽然有点儿偏颇,可也道出了书法家的向往。临帖是学习书法的基础,不临帖,即不能锻炼功力,不能择善而从,不能把书法名家的韵味充分释放出来,又何从来个人之书写风格呢?

"书法是中国文化的瑰宝",书法与书写的人确实密切相连。永年显然深谙此理。他从领导职位退下来之后,不再"终朝忙碌",而是"自在清闲",绝大部分时间潜心研字,从临摹入手,经过几年甚至十几年的刻苦磨砺,逐渐掌握了书写的笔法和技巧,融入了自个儿的心性和修养,达到了心手相应、形神融洽的地步。杜牧有诗云:"清时有味是无能,闲爱孤云静爱僧。"诗人说自己"清时无能"自是反话,而那份如孤云、僧侣一般的闲静,却使永年潜在的才能得以迸发出来。在他而言,是从笔端墨池中得到一种率性而为、挥洒自如的快感;而作为欣赏者的我,则从笔墨的芳香中感到一种酣畅淋漓、"似有法而无法"的愉悦。

以上是本文题目所谓"情投缘合"的第一层意思。

书法集所收立幅、斗方等共有一百零九幅,若按书写内容与书写方式来说,大体可以划分为三类:一是各种书体的自作诗,有十四五幅;二是为古今人书写的立幅及对联、楹联等,有四十多幅;三是各种书体的临帖,近五十幅。先说第一类。

永年书写的自作诗,既有五律、五绝,亦有七律、七绝,还有《浣溪沙》词一首。这十几首诗词,有的是抒发对儿孙、对故乡的情怀。如两首《五绝》:

酒肉天天有,思乡但不走。喜得小孙孙,属龙不属狗。

独坐阳台上,悠然望太空。飞思数万里,佳梦入帘中。

祖父出生于狗年,小孙孙正逢龙年诞生,"属龙不属狗",字面上说的是生肖,却语意双关地表达出"望孙成龙"的意愿。此诗以楷体写就,缓慢而轻松,恰如其分地抒发了做爷爷的喜悦之情。后一首借助隶书体来表达,"独坐"而"飞思",悠悠然地点明出国探亲时的乡思之"梦"。

不过,他所作诗中更多的是抒发对闲居习书的缕缕情缘。且看一首《五律·上学吟》:

老来重上学,非我发轻狂。性爱书林静,情牵翰墨香。
研习崇魏晋,习练法钟王。白首当窗聚,挥毫伴夕阳。

老年退休之后,摆脱了政府机关的忙忙碌碌,完全由自己安排生活,落得清闲自在,少小时读书、习墨之性情得以自由发挥,"崇魏晋"、"法钟王"、"当窗挥毫",追步古昔书法名家,其情其景,令人神往。再看一首《五绝·墨海有知音》:

习字度余生,春光伴我行。胸宽天地阔,墨海有知音。

大忙之后乐得大闲,涵咏于书山墨海,虽白首亦返春,怎不让人体舒心宽呢?还有一首《七绝·七八光阴》依然耐人寻味:

七八光阴逝水过,阴阳暗合暖心窝。

踏破书山情未竟,只缘笔底舞婆娑。

读了第一句,自然想起孔老夫子于大河边的感叹:"逝者如斯夫!"所谓"阴阳相合",莫非诗人自指与孔子或古代书法家有着同样的感慨?读书习字,情不自禁,喜不自胜,其闲适情趣溢于立幅矣!

前一首五绝用的是行书体,这一首七绝以隶书体出之。"诗书联璧",这是本文所要表达的第二层意思。

第二类中有三篇不可不提。这三篇是其老伴所作的诗词,由永年书写立幅。说起他老伴徐定祥,是永年的大学同窗;与我同学九年,其中中学五年,大学四年。她酷爱古典文学,尤喜唐宋诗词;其学习成绩,中学时代就崭露头角;无论在中学还是在大学,她都担任过学生干部。先观赏一首《破阵子·题永年定祥合影集》:

我住黄山脚下,君生古皖河边。碧水陶塘春烂漫,四载同修文学篇,殷殷把手牵。

雨雨风风半纪,相濡相沫年年。聚散悲欢东逝水,白首相偕不老天,来生再结缘。

词的上阕写的是与永年大学同窗,缘于共同爱好而彼此爱恋;下阕抒发"白头偕老""来生结缘"的浪漫情怀。通篇自然流畅,毫无雕琢的痕迹。第二首是《七律·即兴》的前四句:

溪泉汩汩洒柔肠，十指翻飞奏羽商。抚键只为防聩聩，非关弄巧发清狂。

前者永年说"情牵翰墨"，后面定祥说"抚键羽商"，夫妇俩均非为"发清狂"，正得"异曲同心"之妙！再来欣赏其《行香子·自贺七十寿》：

大地芳菲，燕舞莺啼，慰平生桃李千枝。春蚕蜡炬，甘作人梯，握一教鞭、一支笔、一编诗。

霜染青丝，休退咸宜，守愚斋神意熙熙。朝抚琴键，暮赋清词，看几株花、几行字、几盘棋。

这上阕展现的是教师生涯，志在"甘作人梯"，巧就巧在"握一教鞭、一支笔、一编诗"！而下阕则显示一幅休闲自如之画面，"抚琴赋诗"，妙就妙在"看几株花、几行字、几盘棋"！不是吗？我们似乎听见了高山流水、叮叮当当，那富有节奏感的琴声；我们又隐隐看见了你来我往、走马移车，他们夫妇对弈的身影。

白头偕老，固然难得；夫书妻词，尤羡煞人。写到这儿，不由得让人想起白居易的诗句："盘下中分两州界，灯前合作一家春。"一壁厢磨墨挥毫，一壁厢弹琴助兴，却又于诗词唱和中展现其"一家春"的温馨。我素来有个体会，书法的线条与乐器的音符毫无二致，都有节奏、有韵律、有动感、有骨质，都要求温润而传神。这才是"情投缘合，诗书联璧"的完美境界哪！

2013 年 2 月 15 日

虚实相间,画龙点睛
——评《粉墨春秋(二题)》

近十年,尤其是退休之后寓居美国费城期间,不再从事汉语史的教学与研究,玩起了散文写作,先后出了两本散文集。回国以后,便稍微关心起文学杂志来。前几日,知交送了我一本 2014 年第 6 期《安徽文学》月刊,随手翻阅目录,在"短篇小说"一栏有篇《粉墨春秋(二题)》。说心里话,如今的小说我并不怎么喜欢,但是这一篇的标题却紧紧吸引了我。因为我少小时就喜欢看京剧,既是"粉墨春秋",写的大约是与京剧有关的人和事儿。何况这个短篇里的两个小标题《连环套》和《失空斩》都是我早年熟悉的两出京戏呢!

果不其然,这是一篇颇为耐人寻味的短篇小说。作者对京剧的行当、掌故、流派等戏曲专业知识都十分熟悉,甚至了如指掌,因而写作时信手拈来,行文流畅,犹如闲聊天,话家常。不仅如此,作者还十分懂得京剧里非常考究的场景、情节之虚实交错的艺术手段。作者显然是这方面的行家里手,他将此种手法熟练地运用于小说写作之中,可谓得心应手，相得益彰。

"二题"之一的《连环套》，写的是京城武生名角百里浪。开篇即不平凡："深秋时节，刚过不惑之年的京城名武生百里浪，翩然南下，来到了湘江之畔的古城湘潭。"原来他是"应潇湘京剧院院长楚汉生之邀，前来参加《连环套》二本的演出，饰演黄天霸一角"。在交代了他的京剧世家出身与常演剧目之后，特别点明"他一贯遵循父嘱决不'走穴'"与"他的口头禅是'不为钱忙，只为戏忙'"。此段"虚写"，意在表明百里浪不仅有"过人"的"戏艺"，而且具有超常的"戏德"。

其后有两处具体描述百里浪超常的戏德。原本说好与百里浪配戏饰演窦尔敦的，"也是个名净（花脸）"，与他"旗鼓相当"的鄂鸿声，只因没当上潇湘京剧院副院长而"突然病了"，只能换成"鄂老板的徒弟金震云"。百里浪得知这突然的变故，却"脆亮地说"，"戏比天大，我们不能冷了观众的心"，"救场如救火，过得去就行。我就不信我撑不起这个场子！"这段描述，就好比京剧里主角头一次出场的亮相，这"黄天霸"的形象一下子在读者面前耸立了起来。

如果说前一处是刚出场的"亮相"，那么后一处的描述就使得百里浪的形象更加丰满。当第二晚演到了《连环套》第一折《拜山》的精彩处时，"百里浪敏感地发觉，金震云今晚演的窦尔敦……有一种不可抑制的激情，力图冲破配戏的规矩，要与他的主角戏比个高低。他马上想到了是否鄂鸿声对弟子有什么暗示，或者是金震云急于一炮走红。但为了戏的完整，他不能不分外用心"。当饰演窦尔敦的金震云不顾台上"剧情的要求"，在大段念白中"又是用复沓音又是用炸音，让观众连连叫'好'"，"为的是得个满堂彩"。然而"百里浪见惯不惊，他必须警示一下金震云,这是置剧情而不顾的自炫。当金震云的'难逃(公道)'二字拖腔尚未拖完之际,百里浪抢先把'尺寸'接过去,精妙地进行更大的发挥"。结果呢,"观众镇住了,然后爆发出一片叫好声,为百里浪的高超技艺而惊倒……"

作者这一段极为精彩的"实写",不止是为了表现对有着个人盘算的金震云的这番"警示"取得了实效,更使百里浪"高超"的"戏艺"和"戏德"在读者心里引起了深深的共鸣。

岂止如此呢,在对前两晚演出的描述上,作者也同样适用了虚实交错的艺术手法。对前一晚的演出作者只是寥寥数语:"第一晚的演出,果然珠联璧合,盛况空前。特别是在《拜山》一段对口时,饰黄天霸的百里浪与饰窦尔敦的金震云,你一句我一句,针锋相对,天衣无缝。观众简直疯了,给两人一个'好'接一个'好'"。随即虚晃过去。但写到第二晚的演出前"在后台候场"时就不同了。作者以百里浪的眼光来观察金震云:

外穿蓝地金绣的开氅,内衬一件红褶子;头上蓝扎巾,扎巾外套大额子,额子上戴雉尾双翎;下身着红彩裤,足蹬黑厚底靴。雄壮、威风!但他发现,金震云双眼朝天,连出于礼貌,目光偶尔和他对视一下都没有,怪!

以上一段穿着打扮的细节刻画,不放在前一晚而置于后一晚,使虚实相配,不仅避开了不必要的重复,而且更加突出了金震云的异常心态。这不能不说是作者不同寻常的笔力。

说到"二题"之二的《失空斩》,这出京戏的名目自然是《失街亭》《空城计》《斩马谡》三折戏的合称。虚实交错的艺术手法,在这个短篇里自然会运用得更为老到。为了避免重复,我们不打算再作这方面的分析,而走另一条路子。

众所周知,小说属于与韵文相对的广义的散文一类,比较讲究线索,尤其是成熟的短篇小说。以此来考察《失空斩》,在我看来当有两条线索,一条是明线,另一条是暗线。

先表明线。湘潭有个"最著名的票友京剧团,叫吉顺京剧团,隶属于私营企业家协会"。其"出资最多的"步青云,"是专攻谭派老生的'名票',故团长的这把交椅非他莫属"。他"正当盛年","是地地道道的大款",在当地有着"很好的口碑",而且"在乡间有一个很大的庭院","专门设有练功房、排练厅(厅很大,设有舞台,可作演出之用)"。拥有这么多的优越条件,在"四十岁的生日快到"之时,自然"想在家里搞个堂会",自己"主演诸葛亮,配角呢全请名角","这才是风雅之举"。举行"堂会"之始末,便是《失空斩》这个"题之二"的"明线"。

在这条线索的贯穿下,作者写尽了"逍遥自在"的步青云:如何为他的老师——"本市潇湘京剧院院长"、"专攻谭派老生"的楚汉生"赞助十万";如何在"城中最有名的洞庭春酒楼"举行宴会,从省城长沙请来"省城一家京剧院的院长、唱花脸的名角"蒋子辰赴宴;如何与他个人的琴师张四暗地配合,以"换幕布、侧幕"为"由"说动蒋、楚二位院长,让他"担纲《失空斩》",而由蒋、楚两人分别出演马谡和王平两个配角;又如何用"该多少费用,都由我照付"为"说口",换取"饰赵云、马岱的角儿,还有龙套和乐队"都由"京剧院安排"。一切妥妥帖帖,也就是到此时,"楚汉生这才知道步青云的'套'编得很结实很周全,他不能不钻"。这条明线,不仅表现了这个"地地道道的大款"是何等的精明强干,而且反映了现时"市场经济"左右着"文化部门"的无奈境地。

再来说暗线。既然是表演《失空斩》的"堂会",当然要写梨园中人。这便是该短篇的"暗线"。把其中穿插的几处连贯起来,自然也就比较清晰了。

其一,楚汉生给他的徒弟步青云说戏:"诸葛亮的戏份重。青云,你的嗓音有点窄,但有微型扩音器护驾,唱……不会有大问题。但神情与动作,就得下功夫了","楚汉生边说边示范,声情并茂"。这是梨园人对所从事专业的执著与坦荡。

其二,在洞庭春酒楼宴会上,当提出由"青云担纲《失空斩》",让"楚老板捧场,合作演个王平"时,楚汉生明知"这个局是步青云精心设置的",也明知"学生先天条件一般,嗓音窄不说,台步、身段到底缺乏扎实的幼功……不是师道尊严放不下架子,而是把戏糟蹋了,对不起梨园这个行当"。这是梨园人对自己行当的严肃与认真。

其三,当琴师张四"一箭双雕",说服了"唱花脸的名角"蒋子辰"爽快地"接下饰演马谡这个配角时,楚老板明知这是步青云编的"套",但还是顺着"扬扬手,很大度地说'行'"。这是梨园人注重的宽容与情义。

其四,当步青云的"寿宴"即将开始之时,楚汉生在心里浩叹一声:"我们这些角儿真丢份儿,好在台上台下都明白是怎么一回事儿,管他主角是谁,我们得演出水平,别让人把京剧小瞧了。"心里虽然别扭,但梨园人想得更多的还是京剧行当,还是"得演出水平"!

其五,在《斩马谡》一场中,"马谡和诸葛亮要做身段使像儿。蒋子辰体量高大,可以用高架儿也可以用矮架儿,但为了突出个子不高的步青云,他用的是矮架儿,这是为了剧情也是为了人情的捧场"。这又一次显示梨园人为了京剧事业大局的理性与大度。

最终,我们得把"二题"合起来加以总结,因为它毕竟是在一个题目统辖之下,而且有其内在的联系呢。如前所说,小说属于广义的散文,而散文讲究文脉和意脉:前者是指作品所叙述的客观存在的事物发展的脉络;后者是指作者所要表达的主观意旨的脉络。那么,这个短篇的"文脉"和"意脉"各是什么呢?依我看来,其文脉就是标题所表明的"粉墨春秋",无论《连环套》还是《失空斩》,一武戏,一文戏,写的都是梨园人的"岁月"和"情怀";至于意脉,那就是作者要赞美的梨园人的"戏德",无论百里浪、楚汉生还是蒋子辰,他们都酷爱自己的京剧事业,以"演好戏,做好人"为自己的神圣使命。

诗有"诗眼",文亦有"文眼"。高明的作者自然懂得"画龙点睛"的妙用。这篇小说,除了"文脉"贯通、"意脉"精到,再就是"画龙点睛"点得恰到好处。其《连环套》是这么结尾的:

> 金震云每隔一段日子,就要打电话向北京的百里浪问好和请教,谢谢这位萍水相逢的老师,让他走上了一条好好做人好好唱戏的正道。

而《失空斩》结尾前也有这么一句话:

> 已下场的楚汉生站在侧幕边,钦佩地喃喃自语:"师哥有

戏德!"

　　相比之下,前者"点睛"是具体点明,为"实点";而后者"点睛"则是概括点出,系"虚点"。你看,二者又是一实一虚,如同所描写的两出京剧的戏里戏外一样。虚实相间,画龙点睛,这就是短篇小说《粉墨春秋》达到最佳效果的根本原因。

2014 年初冬

诗人余光中笔下的黄山

——《黄山诧异》值得品味

台湾著名诗人余光中近日于《世界日报》副刊发表了一个长篇游记,题为《黄山诧异》。作者名气大,黄山名气尤大。我是黄山脚下的屯溪人,也颇喜欢写些游记散文,如今读了名气大的诗人所写的名气更大的黄山,自然触动了我的乡里情怀和写作情趣。

诗人写的是黄山,却不从名山起笔,而是先抬出历史上著名旅游家徐霞客的赞辞:

徐霞客,华山夏水的第一知音,造化大观的头号密探,早就叹道:"薄海内外无如徽之黄山,登黄山天下无山,观止矣!"他是最有资格讲这句绝话的,因为千岩万壑,寒暑不阻,他是一步步丈量过来的,有时困于天时或地势,甚至是一踵踵、一趾趾,跟跟跄跄、颠颠踬踬,踯躅探险而跋涉过来的。

这开头一段,即显出诗人具有独特张力的大手笔。

游过黄山的无不知晓其所谓"四绝":奇松、怪石、云海、温泉。"云海未睹,温泉未访",诗人所"诧异"者,黄山之静态怪石、奇松是也。

游记中既有速写,如写怪石:"许多石中贵胄,地质世家,又像兄弟,又像表亲,将信将疑,实在难分。"如写奇松:"八百米以上的绝壁陡坡,到处都迸出了松树,有的昂然挺立,有的回旋生姿,有的枝柯横出,有的匍匐而进,有的贴壁求存;更有的自崖缝中水平抽长,与削壁互成垂直,像一面绿旗。"

也有特写,写怪石如:"飞来石状似瘦削的碑石,比萨斜塔般危倾在悬崖之上,但是从光明顶西眺,却变形为一只仙桃。此石高十二米、重三百六十五吨,传说女娲炼石补天,这是剩下的两块之一。它和基座的接触,仅似以趾点地,疑是天外飞来,但是主客的质地却又一致,所以存疑迄今。"写奇松如:"送客松和迎客松在玉屏峰下,遥相对望,成了游客争摄的双焦点。送客松侧伸一枝,状如挥别远客的背影。迎客松立于玉屏楼南,东望峥峥的天都,位居前海通后海的要冲,简直像代表黄山之灵的一尊知客僧。他的身世历劫成谜,据说本尊早被风雪压毁,枝已不全,今日残存的古树高约十米,胸径六十四厘米。"

看来,诗人的身份已经转变为技艺高超的画家了。他描画怪石、奇松,还动用了多种手法:或分写,或合写。分写是为了突出石之怪、松之奇;合写则为了渲染奇松、怪石之多姿:"走近一座像方尖塔而不规则的独立危岩。可惊的是就在塔尖上,无凭无据地竟长出一株古松来。……这株塔顶奇松却枝柯耸举,独据一峰。于是就名为梦笔生花。"奇松与怪石相依,构成黄山的静态。"石而无松,就失之单调无趣。松而无石，就失去依靠。黄山之松，学名就称'黄山松'，为状枝干粗韧，叶色浓绿，树冠扁平，松针短硬。黄山多松，因为松根意志坚强，'得寸进尺'，能与顽石争地"。外表是在描画黄山"松石相依"，骨子里却是在赞美"黄山人"的"意志坚强"了。

如果觉得我说的有点儿玄虚，试看下文："今日残存的古树……从1983年起派了专人守护。第十位守树人谢宏卫自1994年任职迄今，就在此树附近的陋屋之中，每天都得细察枝丫、树皮、松针的状况，并注意有无病虫为害。严冬时期他更得及时扫雪敲冰，解其重负。他曾经四五年没回家过年：松而有知，恐怕要向他的家人道歉了。"这岂不是明明告诉游人：黄山固然异常优美，而保护名山的黄山人尤其壮美！

诗人毕竟是诗人，写起游记，不仅用词迥异，行文特别，而且寄情山水，一往情深，通篇无不把自个儿的情怀融入其中。人尚未进入黄山，只是坐上电缆车，就豪情满怀了：

车升景移，远近的峰峦依次向我们扭转过来，连天外的远峰，本来不屑理会我们的，竟也竞相来迎，从俯视到平视，终于落到脚底去了。万山的秩序，尊卑的地位，竟绕着渺小的我们重新调整。

读了这段文字，你不觉得内里话中有话而怀有一种心灵之爱吗？

刚刚到达黄山绝顶，天色渐暗，诗人"继承了茫茫九洲最庄严的遗产"后，又有了感触："万籁俱寂，只有我的脉搏，不甘吾生之须臾，还兀自在跳着。那么，河汉永恒的脉搏不也在跳着么？不逝者如斯乎，不舍昼夜。……原来九霄天际的星斗，众目睽睽，眼神灼灼，也正在向我聚焦俯视。猝不及防,骤然与造化打一个照面,能算是天人合一么,我怎么承受得起,除了深深吸一口大气。"如果不是生花妙笔,哪能描写出这么一段天外飞来的文字呢?

进入黄山胸怀之后,情景交融之手法更是信手拈来,黄山之磅礴、灵动、诡异、奇幻,跃然纸上。这里就不再劳费笔墨了。我们仅以诗人自己的收尾来结束笔者的品味:

> 黄山之松,成名者少而无名者多,有名者多在道旁,无名者郁郁苍苍,或远在遥峰,可望而不可即,或高踞绝顶,拒人于险峻之上。总之,无论你如何博览遍寻,都只能自恨此身非仙,不能乘云逐一拜访。

这又令人"目随笔转,气走胸臆",那层层堆叠的笔触,听来"话外有音"矣。

由此篇别具一格的游记,我不禁有两起联想。一起是诗人的一首特有深情的《乡愁》小诗,其中最后两句是:

> 乡愁是一湾浅浅的海峡,我在这头,大陆在那头。

另一起是诗人昔日别有意味的比喻:大陆是母亲,台湾是妻子,美国是情人。

一篇小游记,展现大人生,我们从中会感受到某种生命的温度。我不妨借此来一个大胆的发挥:黄山是大陆母亲高耸的乳房,而今诗人相隔许久回到了母亲的胸怀,怎能不为她非凡的壮美感到"诧异"而至于深深地爱恋呢?

2012 年 2 月 24 日

惠特曼及其《草叶集》

——纪念惠特曼逝世 120 周年

今年是美国杰出的民主主义诗人瓦尔特·惠特曼(1819—1892)逝世 120 周年。作为一名年轻时浏览过他的诗歌总集《草叶集》的读者,如今旅居美国费城这个有着重大历史意义的都会,自觉有必要写一篇纪念他的短文。

记得这位诗人出身于纽约长岛的一个贫苦农民家庭,曾经上过几年小学,当过排字和印刷工人,后来在一家报馆工作,五年后担任一名编辑,热心参加当地的民主政治活动,写过文章反对奴隶制度,并发表过不少讴歌民主运动的战斗诗篇。南北战争期间,惠特曼作为一个坚定的民主战士,不仅用他的诗歌号召人们参加反对南方奴隶主的战争,而且身体力行,主动到华盛顿去充当护士,终日尽心护理伤病的士兵。艰苦的生活案件,严重地损害了他的健康。

惠特曼的诗集《草叶集》于 1855 年初次出版,当时只收了 12 首诗。其后不断补充,到他病逝前的最后一版,已经收有近 400 首诗歌了。他之所以把他的诗集取名为"草叶",是因为它代表着生活在底层的、最最普通的美国民众。其诗集显然是要通过千千万万普通美国人的生活、情感和思想来展示他所深深热爱的奔向民主的国家和追求自由的人民。在他的诗歌里,不仅讴歌高山、大海,赞美大自然,而且歌颂劳动者,赞美他们创造性的劳动,热情地表达了对于人类光辉未来的向往。其中很有意思的一首题为《斧头之歌》,极力赞颂"一切有进取心、有胆略的人们的微笑"和有"独立精神、独立的出发点和依靠自己行动的美"。试读其中火热的诗句:

> "形象出现了!"
> 任何使用斧头的形象,
> 使用者的形象,
> 和一切邻近于他们的人的形象,
> ……
> 形象出现了!
> 工厂、兵工厂、制造场、市场的形象,
> 成队的小船、拖船、运河船、江船的形象,
> ……

通读全诗就会感觉到,这"斧头"明显地象征着要创造一个理想的、真正民主的繁华世界。

尤其值得读者注意的,是在林肯被刺身亡之后,惠特曼深情地写出了《当紫丁香最近在庭院里开放的时候》与《啊,船长,我的船长哟!》

两首诗,他把林肯比作船长,一艘经历了千难万险到达目的地的船舰的船长。在诗人看来,林肯虽然不在了,而他的精神却同每年开放的紫丁香一样,永远灿烂,永久芬芳。

中国现代著名诗人兼翻译家楚图南所译的《草叶集选》(人民文学出版社 1956 年)中,就选译了《我的船长哟!》这首诗,好在篇幅不长,全引如下,以示其诗歌之风骨,供读者欣赏和思考:

啊,船长,我的船长哟! 我们可怕的航程已经终了,
我们的船渡过了每一个难关,我们追求的锦标已经得到,
港口就在前面,我已经听见钟声,听见了人们的欢呼,
千万只眼睛在望着我们的船,它坚定、威严而且勇敢,
　只是,啊,心哟! 心哟! 心哟!
　　啊,鲜红的血滴,
　　　就在那甲板上,我的船长躺下了,
　　　　他已经浑身冰凉,停止了呼吸。

啊,船长,我的船长哟! 起来听听这钟声,
起来吧,旌旗正为你招展,号角为你长鸣。
为你,人们准备了无数的花束和花环,
为你,人群挤满了海岸,
为你,这晃动着的群众在欢呼,转动着他们殷切的脸面;
　这里,船长,亲爱的父亲哟!
　　让你的头枕着我的手臂吧!

在甲板上,这真是一场梦——
你已经浑身冰凉,停止了呼吸。

我们的船已经安全地下锚了,它的航程已经终了,
从可怕的旅程归来,这胜利的船,目的已经达到;
啊,欢呼吧,海岸!鸣响吧,钟声!
只是,我以悲痛的步履,
漫步在甲板上,那里我的船长躺着,
他已经浑身冰凉,停止了呼吸。

你听,那一句句深情的呼唤,令人热泪盈眶;那一声声深沉的叹息,使人肝胆欲裂;而那一个个深切的希望,却又让人充满期盼。是的,是的,惠特曼在他的诗歌里要表达的,是全体美国人民对民主主义的杰出领袖的哀思与悼念。这种哀悼,实际上是对未来民主美国的热烈期盼啊。

2012 年秋末

宗教的世俗与自疗

——读长篇小说《荆棘鸟》有感

不久以前,看过一部被翻译成中文的长篇小说,是澳大利亚一位作家写的《荆棘鸟》,书名的意思与中国的"杜鹃啼血"相近。这部小说写的是一个庄园主的漂亮女儿和一个社区的天主教英俊神父两人爱恋并私通的故事。

如果说这个情爱故事有什么特别之处,那就是:一、发生在笃信上帝、忠诚教会的神父与有着贵族身份的女子之间;二、他俩私通并有了私生子,对此保守了很长时间以至于终生隐秘;三、神父明知是亵渎了上帝与教会,并多次为此忏悔,但依然没有断绝;四、其各级主教得知此事后也明知违背了教规,却仍然装聋作哑,甚至袒护那个神父并照样让他逐渐升迁,最终还进入罗马教廷担任了要职。

不仅如此,这部小说还描述了以下相关情节:其一,各级天主教会主教升迁的条件之一就是要为教会贡献教徒捐献的大笔资金;其二,教会内部并不光彩的人事关系与纠纷;其三,罗马教廷的教皇以及高级官员所享有的等级森严的奢华生活,其奢华的程度绝不亚于世俗社会而且视为当然;其四,教皇及其高级部属为了维护教会的存在以及自身的特权与利益,在二战期间竟然利用其至高无上的尊严和权威,不惜与德国及意大利法西斯头目妥协,并进行很不体面甚至阴暗的交易。

这部小说所描述的故事,使读者对敬奉上帝的天主教会和表面神圣的罗马教廷有了不同于以往的认识,即宗教在急剧地世俗化。

对此,你或许感到惊讶,其实不必。因为任何宗教,无论多么圣洁,它都摆脱不了世俗社会的影响,甚至与世俗社会有着千丝万缕的联系。上帝、佛祖、真主,谁都不能保证或约束他的任何信仰者,不会亵渎他,不会违背他的意志,无论是高层的还是普通的。因为他们毕竟是社会的人,而神灵也是由他们的信徒们创造出来以安慰自身的。不止如此,而且任何社会及其文化总是演变的,作为社会文化形态之一的宗教也必然随之演化,因为任何宗教都处于具体的社会历史之中,它需要成千上万现实的、有血有肉的教徒与信仰者来信奉、来供养,否则它就不会存在于现实社会。不过即使如此,有信仰总是比无信仰要强,宗教到头来毕竟是社会的润滑剂之一。

须知,任何民族的政治与文化总是要扬弃的,宗教也不例外。因此,宗教又都有自疗自圆的能力,都有自我完善的倾向。耶稣有句名言:"富人进天国,比骆驼穿过针眼还难。"可见其原有的群众基础是穷人。后来,这种"仇富"的倾向妨碍教会的发展,于是乎神学家重新解释那句名言,说"针眼"是指一个隧道,商旅以此为捷径,但空间狭小。那时行商以骆驼为运输工具,他们来到洞口,必须让骆驼跪下来,卸掉背上的载负而只身通过。就是说,富人欲进天国,只要谦卑与施舍,仍然可以进去。到了工商业社会,资本家需要自尊心,不甘心自己永远是戴罪之身,而现代教会开支浩大,需要他们支持,于是神学家又进一步诠释,说金钱是上帝的,资本家是上帝的管家,他管的钱越多,上帝就越喜欢。他们从《圣经》里找到一条依据:耶稣曾说过,一个财主有五个管家的故事。这一来就化解了"骆驼针眼"说,把有钱人进天国置于优先地位了。

运用上述新说来解读《荆棘鸟》这部小说的相关情节,那就一通百通了。至于其他宗教之变通就更为"圆融",弹性极大。经典不能改,解释可以"新"。显而易见,宗教的原始教义与现代教义并不一致,它总是围绕着原始教义不断翻新,才能兴盛壮大、生机勃勃。一旦脱离原始教义,那就会遭到信徒们的质疑了。其实,宗教如此,世俗政治又何尝不是如此?

如果有谁要问,真理与上帝孰重?拥有宗教情怀并推崇道德自我完善的俄罗斯伟大作家托尔斯泰说过:

> 以上帝为重于真理者,继而必以教会重于上帝,其结果必以其特别教门为重于教会,最终必以自身为重于其特别教门。

再也没有比这番话说得淋漓尽致的了。

不是有所谓"杜鹃啼血"吗?其实不是那么回事儿。杜鹃很健壮,也并不很美,自己不知怎么构巢,常把卵下在别的鸟巢里,等别的鸟儿来孵育,一旦孵出而羽毛丰满,即把巢据为己有。明其真相,诗意全消,"啼血"云云,原是诗人的自我幻想罢了。

2011 年仲冬

对束缚"人"的个性的极端反叛
——读尼采自传《瞧！这个人》

农历丁酉年除夕这天，突然想起书架上有本尼采自传，过去虽然也浏览过，知道他是德国著名的主张所谓"超人哲学"的哲学家，其名言是"重新评价一切"。但是这本小册子里究竟具体说了些什么，已全然不记得，就连其书名也想不起来了。于是便找出这本小书，一看书名是《瞧！这个人》，便心有所应地觉得，这位哲学家毕竟异乎常人，就连给自己所写的自传体的书的题名也不同凡响。

打开这本自传，先看译者夏光的《前言》，开头一段说：

尼采(1844—1900)无疑是西方哲学史上非常重要的哲学家之一。尼采的哲学当然不像他本人所指望的那样摧毁了自苏格拉底以来的欧洲文化的精神，达到了他曾允诺的改良人类的目的；尽管如此，对他的哲学的破坏性和创造性还是不可等闲视之的。

说实话,我大体翻阅这本书还不过半,就觉得上面所引述的那一段开场白,除了第一句之外,似乎来得突然了些,因为一般读者并不知道尼采其人,更不了解他的哲学产生的历史的、民族的与地域的背景,怎么能领会"他本人所指望的"如何如何,又怎么领会"他的哲学的破坏性和创造性"呢?

比较能够点明尼采"超人哲学"之实质的,是其中"关于意志与超人"的一段论述:

> 他所说的"超人"实际上就是能充分体现生命意志的人,是具有旺盛的创造力的人,是生活中的强者。
>
> 尼采关于"生命意志"和"超人"的理论,是他的哲学的核心内容。尼采提出"生命意志"与"超人",旨在确认自由、确认个人、确认人的真实生活。

以上两段论述,在一定程度上道出了尼采"超人哲学"的本质。但他把尼采的"超人"形象概括为六个方面,虽说也符合这本自传的原意,不过一般读者可能稍嫌琐碎了一点。不仅如此,《前言》的作者有一大段论述"尼采的哲学是下面所有这些'主义',但却不完全归结于其中的任何一个'主义'":

> 是怀疑主义和虚无主义的;
> 是准意志主义的和人本主义的;
> 是自由主义的和个人主义的;

> 是乐观主义的和积极主义的；
> 是社会达尔文主义的；
> 是浪漫主义的，是唯美主义的。

罗列了这么多"主义"，结果呢，把本质的与非本质的混在一起，把主要的与极其次要的混在一起，把内在的与表层的混在一起，结果它成了一盘大杂烩。读者吃完了这盘大杂烩，似乎还是不能品尝出尼采哲学的真正的味道来。不是吗？

不过，《前言》的最后部分对于尼采哲学的综述及其"重大缺陷"的分析，倒是切中肯綮的：

> 尼采哲学是关于人的哲学，确切地说是关于个人的哲学。尼采由不满于用理性说明一切，进而用生命意志来说明理性，这启发人们向深度心理学进军，启发人们联系非理性的精神现象来考察理性的精神现象。

下面，作者还提及"启发人们把伦理学建立在关于人的价值与意义的考虑上"，"启发人们从每一个个人的生命活动的悲剧性、严肃性和真实性这个角度来理解美的本质和艺术的本质"。其结论是：

> 他倡导一个积极有为的、乐观向上的、富于创造性的人格——这在任何时代都不是没有意义的。

至于尼采哲学的"重大缺陷",《前言》指出了四点:

首先,尼采不懂得人的自由以及每一个人的自由的前提是物质生产的发展和社会制度的完化,他没有也不可能从社会的、历史的角度说明人的现实;

其次,他说的意志与理性之间是截然分明的,他把意志与理性的关系建立在意志对理性的绝对的支配和利用上;

再次,尼采看不到真理和道德具有普遍性、客观性的一面,他把个体的、主观的"超人"作为评价的标准,作为真假、善恶的尺度,这是对真理与道德的一种偏狭的理解;

还有,尼采在把人生与美联系起来,强调艺术表达生活的作用的时候,把美与艺术绝对化了。

以上四点,都触及尼采哲学的"重大"缺陷。但遗憾的是,作者并未指出他所论述的究竟哪一点是关键性的。

那么,我们应当怎么来全面地、整体地认识和把握尼采"超人哲学"的面貌与本质呢?

当然,这首先应当弄清 19 世纪中后期德国乃至欧洲的社会的与历史的总体境况。不过,这里无须去转引有关欧洲历史与社会状况的陈述,大致接触过那个时代欧洲思想文化界情况的都了解,当时虽然已经冲破了中世纪神权势力的精神牢笼,但是,妨碍"人"的个性健全发展的强大的束缚力量依然存在。这完全可以从尼采自传中考察得到。

其一是以基督教为代表的宗教神学思想的束缚:

从根本上说,上帝不是别的,只是对我们的一种粗劣命令:你不应思想……

虽然我不读巴斯葛的著作,但实际上,我是喜爱巴斯葛的,他是最能发人深省的基督教的牺牲品,他慢慢地扼杀自己,照一种最可怕的非人的残忍方式,首先在肉体方面扼杀自己,然后在精神方面扼杀自己。

可是斯丹达尔的话,使我的笑话逊色了,他说:"上帝唯一的理由是他的不存在。"……我自己曾经在某处说过——向来对于生命的最大敌对是什么?——是上帝。

其二是苏格拉底以来的绝对理性思维与理想主义的束缚:

读者们可以知道,我是如何的把理智当作一种颓废衰落的征候,就像在那最有名的例子中所表示的——即在苏格拉底的例子中所表示的一样。

只有我们德国文化的全无价值——它的"理想主义"——在某种程度之内,可以解释为什么在这方面,我是如此地笨拙以至于我的无知几乎成为神圣的了。因为这个"文化"自始至终都要我们忽视现实事物,完全要我们去追逐那些值得怀疑的所谓理想目标而当作"古典文化"。

我生命中真正的不幸,也就是说我生命中多余而愚钝的因素,乃是对生理状况的无知——那可厌的"理想主义";从这个"理想主义"中产生不出好的东西来,它不能带来任何解决与报偿。

其三是无所作为的传统道德观念与庸俗文化的束缚：

为了达到摆脱道德教条的美德，你必须怎样地小心培养你自己？我感到惊奇，居然要那么久的时间我才认识这个问题并从经验中获得理解。

诚然，我承认，一直至我长到很大的时候，我的食物都是很坏的——用道德的名词来说，厨师和其他基督徒同道人赞扬它是"无关个人的""无我的""利他的"。……现在你可以了解德国人智能的来源所在——在于一种有病的肠道……德国人的智能是消化不良的，它不能消化任何东西。

我惶恐地想到一个可怕的事实，就是我一生直到最近十年——危险的十年——总是在那些不适于我的地方度过的。我早就应该离开这些地方的。像伦堡、普福塔、修林吉亚、莱比锡、巴塞尔、威尼斯——这些地方都是不适于我的体质的。

这最后一段显然是指：包围他的文化习俗环境对个人的健全发育是不利的。

物极必反是自然和社会发展的规律。有所作为而又盛产哲学成果的德国学者必然纷纷起来寻找出路，因而思想界冒出了种种哲学或"主义"。这些才是尼采这位"超人"问世的根本缘由。他曾经说过：

其实，人们此前热心重视的东西，甚至都不是实际的东西；它们只是幻想，或者，更严格一点说，它们都是来自于不健全本能的谎言,或者在最深刻的意义上说,它们都是来自于有害本能的谎言——所有关于"上帝""灵魂""美德""罪恶""来世""真理""永恒生命"……这些概念。

因而他向世人宣告:

> 我只攻击那些排除一切个性差异的东西,只攻击那些其中缺乏不快经验之背景的东西。

以上基本上都是按照这本自传本身的顺序,只是个别地方做了些调整,这当然是为了使尼采的观点显得清楚些罢了。反过来说也就是,尼采的最终目的是要维护和坚守"'人'的一切个性的差异"!

如译者所说,《瞧!这个人》一书是尼采以皮拉多指着十字架上的耶稣时说的一句话为名称而写的自传。尼采借用这个书名显然含有两重意思:其一是指耶稣,带有轻蔑的意味;其二是指著者,让读者好好地看看自己。那么,尼采究竟是个什么样的人呢?合上这本自传之后,我的感受是:

首先应当肯定,尼采确实是一位智慧型、超出一般聪明、企图向思想最高处攀登的哲学家。他生活在如他所说的那样的"文化环境"里,深深地敏感到"宗教"与"理性"对"人"的个性的严重束缚,因而极力要从中跳脱出来,并发出要"改良人类"的宏愿。如果没有超智慧的头脑,是不可能写出那么多非同一般的著作来的。

其次无可否认,尼采由于其父母的高贵身份与自身的某种疾病,使他不由自主地自我膨胀,怀有一种天生的"自命不凡"的优越感,意图超越任何思想界的前辈,因而自觉与不自觉地趋向怀疑历史、否定一切的极端,成为一个文化虚无主义者。

再次客观地说,尼采在其自传里所显示出的,是那么地自信,而又那么地不自信。无论他本人是否承认这一点,这都是明摆着的。在那本小书里,他对他的出身,对他的父母,反反复复地说了很多;对他的身体状况,对他的头脑清醒,也不嫌重复地说了很多;尤其是对他自己的一本本著作所做的评述,几乎占了自传全书的三分之二,而且都是把话说得满满的。一个对自身、对父母、对自己的著作充满自信的人,是绝不会那样反复辩白的,何况是像尼采那样已经有了名气的哲学家!

最后不得不说,因为这是我再次读完了这本自传之后的一点深切的感受。张扬"个性差异",是其自传的核心,是其思想的本性,是其"超人哲学"的根基,因而尼采自然要极力加以宣扬。他不得不那样,只有那样,他才能超越前人;只有那样,他才能与众不同;也只有那样,他才能突出自己。试读下面的文字:

> 人们听过我关于爱的定义吗?这是唯一值得称为哲学家所下的定义:爱的方法都是交战,爱的基础是两性间的不共戴天的怨恨。
>
> 从我对抗邪恶的道德法典中,我要再告诉你们一条道德——我用"邪恶"这个字,对抗一切违反自然的行为,如果你们愿意用好听的字眼来表达的话,就是对抗一切理想主义。这条条文如

下:"提倡贞节是公开鼓动违反自然的行为。所有对性生活的轻视,所有用'不纯洁'这个概念对性生活的玷污,都是违反生命的重大罪行——都是违反生命圣灵的最大罪恶。"

这本著作(指〈查拉图士特拉〉)完全与众不同。……以此来衡量,所有其他人类的事业,看来都像是贫乏而有限的。在这种激情和超升的非常气氛中,歌德或莎士比亚,可能会感到透不过气来;与查拉图士特拉比起来,但丁只不过是一个信仰者,而不是一个创造新真理的人;与查拉图士特拉比起来,吠陀诗人只能算是教士,甚至替查拉图士特拉脱草鞋的资格都没有。……在查拉图士特拉之前,没有智慧,没有心灵的省察,没有语言的艺术。

你读了以上三段会有什么感觉呢?说句实在的话,在读到这本小书的后半部时,我想放下,但又不能放下,总得把这本小书读过一遍才算完整吧。读完后给我的感受是:尼采这位"超人"为了抬高自己,为了自我炫耀,在故意地提高嗓门,把话说得"异乎寻常"、"唯我独尊"、"自命不凡",难道不是吗?别的不必提及,就拿他自己最为得意的《查拉图士特拉》来说吧,自传里也引述了不少,我认真地看过,其价值无非在于"撕破基督教与道德的面具"。要说它胜过莎士比亚与歌德,我怎么也不会相信。我毕竟不止一次地品尝过莎翁的三大悲剧(曹未风译本、朱生豪译本),也曾从头到尾地读过歌德的长篇巨制《浮士德》与浪漫精品《少年维特之烦恼》,无论就思想性还是艺术性来说,他的《查拉图士特拉》是怎么也比不上的。

再说,历史已经公认,文艺复兴时期的意义,即在于向世人昭示欧洲在与死气沉沉的中古告别,在向鲜活的人性回归。文艺复兴使人的理性跃动起来,预告新世纪的曙光正在出现,其文化之精粹,是以人道主义和自由博爱为核心价值的欧洲精神,它代表了一种古老而又不断创新的、成熟的文明。对于"文艺复兴",恩格斯曾经有一段经典论述:"这是一次人类从来没有经历过的最伟大的、进步的变革,是一个需要巨人而且产生了巨人——在思维能力、热情和性格方面,在多才多艺和学识渊博方面的巨人的时代。"尼采又怎么能否定得了呢?

不过,如果你说他"自我吹嘘",那也过分了点儿。因为他确实是位不同凡响的思想家,是位很有灵性的智慧者,只不过为了所谓"改良人类"的过高愿望,为了对束缚"人"的个性的彻底反叛,他走向了极端,因而也就不由自主地说了那么多其他哲学家说不出口的话。

这大概就是哲学家的超人尼采之所以归结为"病态尼采"的特性与根由吧。

2017 年夏末

柏拉图与孔子
——读《柏拉图全集》之联想

一

早在大学本科学习期间,由于对外国文学课程的偏好,便有意涉猎一些西方文化史与哲学史方面的著作,因而年轻时就知道古希腊有位哲学巨匠苏格拉底和他的弟子大哲学家柏拉图及其所设想的"理想国"。但毕竟学的是中文专业,加之当时环境的特殊与后来毕业论文的写作,不可能在西方文化方面耗费许多的时间和精力。半个多世纪过后,2016年新春之际,安徽大学出版社朱丽琴副总编送给我一套四卷本的《柏拉图全集》(王晓朝译,人民出版社2002年),真是正中下怀。这时恰逢我应邀编写的一本《国学二十讲》(合肥工业大学出版社2016年)的教学用书刚刚正式出版,书中孔夫子有关"仁义君子"的言论尚未从脑际退出,双手又先后捧起《柏拉图全集》的前三卷(第四卷系附录)在热切地阅读,前后连续用了两个月。于是乎思想上就自然而然地将东、西方两个文明古国的柏拉图和孔子作了一番颇有意味的比较。

二

首先,柏拉图所生活的古希腊时代背景与孔夫子所处的周王朝历史境况可谓大体相似。柏拉图(公元前427—前347)是苏格拉底的学生,他们师生生活的时代虽然比孔子(公元前551—前478?)要晚一个多世纪,但是雅典的民主政治已经从兴盛繁荣走向了衰落,而孔子所处的春秋末期也是繁荣兴盛的周王朝趋于衰败、诸侯列国不断争锋的时代。

其次,柏拉图的生活经历与孔夫子的生前际遇也大致相近。柏拉图既是哲学家,又是热衷于政治的思想家。他很想将他那套根据理性标准所设计的政治体制在现实世界中实现,为当时混乱纷争的希腊城邦树立一个样板。为此他曾三次远赴西西里,希望那里的叙拉古城邦的执政者能够接受他的指导,按照理性治理城邦。结果一次次都失败了,他只能返回雅典,在雅典城外的阿卡德摩建立的学园,著书立说,培养人才。众所周知,我们的孔夫子也是为了实现他的执政理念,带着他弟子们周游诸侯列国,企图说服各国的君主,采纳他的政治主张与执政措施,而结果是到处碰壁,晚年只得回到鲁国,整理典籍,教授弟子。

再次,柏拉图的思想体系与孔夫子的系列学说也非常贴近。正如汪子嵩先生在《柏拉图全集·中文版序》里所说,柏拉图秉承其师的道德准则,探求"正义"和"勇敢"这两种德性的普遍的、纯粹的、永恒不变的本质定义。其最负盛名的对话《国家篇》比较完整地论述了他的理想的政治制度,认为一个城邦是由三部分人分工组成的。即:一部分是执政者,他们必须具备最高的知识,表现人的理性与智慧的美德;第二部分是保卫城邦的武士,表现人的激情与勇敢的美德;此外就是一般的公民,表现人的欲望,接受理性的指导和武士的保卫。如果这三部分人都能正确地肩负起各自的职责,和谐共处,便是节制的美德。一个城邦如果能够达到这样的程度,便是实现了城邦的正义。(参见第一卷第 2—4 页,第二卷第 270 页)

我们的孔夫子呢,也正如大家所知道的,他在政治道德上首倡"仁义"。先引几段有关"义"的言说:"君子义以为上,君子有勇而无义为乱,小人有勇而无义为盗"(《论语·阳货篇》);"君子之于天下也,……义之于比"(《里仁篇》);"见义不为,无勇也"(《为政篇》);"德之不修,学之不讲,闻义不能徙,不善不能改,是吾忧也"(《述而篇》);"有君子之道四焉:其行己也恭,其事上也敬,其养民也惠,其使民也义"(《公冶长篇》)。可见,孔夫子也是把"义"与"勇"联系起来论说的,他认为,执政的君子只有勇气而不讲正义就会乱政,有地位的君子应当贴近正义,见到正义的事情而不去践行就是没有勇气的表现,君子的行事原则有四条——日常态度严谨、侍奉上司认真、教养民众慈惠、使用百姓正义。显然,在夫子的心目中,正义这种道德规范,是区别君子与小人的界限,作为一个国家的执政者,在使用民众方面,也要依据"正义"的原则来决定取舍,不然就是劳民伤财。柏拉图所谓的三种"美德"与此何其相似乃尔。

至于说到孔夫子崇高的政治理想,夫子有关"大同社会"的论述最能表达他的设想了:"大道之行也,天下为公。选贤与能,讲信修睦。故人不独亲其亲,不独子其子,使老有所终,壮有所用,幼有所长,鳏寡孤独废疾者皆有所养,男有分,女有归。货恶其弃于地也,不必藏于己；力恶其不出于身也，不必为己。是故谋闭而不兴，盗窃乱贼而不作，故外户而不闭，是谓大同。"（《礼记·礼运》）选拔贤能，讲求信用，老年人都能善终，成年人都有工作，儿童都能健康成长，弱势群体都能享受福利，家庭和睦，社会和谐。看来比柏拉图早一个世纪的孔夫子对"理想国"的设想，似乎比柏拉图的理性设计还要完美一些。

三

最后我们不能不提及，柏拉图在其后期由于实践中的一再失败，促使他认识到贤人政治是可想而不可得的，于是在后期对话《政治家篇》（第三卷第83—174页）中表现出从人治转向法治的思想，直到最后也是最长的对话《法篇》（内分十二卷，见第三卷第364—736页）中，他批评斯巴达只崇尚武力和战争，不懂得城邦最好的状态是和平；认为不能给统治者以过分强大的权力，必须对他们进行监督和限制，因此城邦必须制定详尽的法律。

值得注意的是，孔夫子晚年也有不少涉及礼法制度和否定武力的言论。譬如《颜渊篇》："颜渊问仁。子曰'克己复礼为仁。一日克己复礼，天下归仁焉。'"《宪问篇》："子路曰：'管仲仁乎？'子曰：'桓公九合诸侯，不以兵车，管仲之力也。如其仁，如其仁。'"《礼记·中庸》："子曰：'宽柔以教，不报无道，南方之强也，君子居之。……故君子和而不流，强哉矫！'"所谓"克己复礼"，就是约束自己个人的欲望，使自己的言行符合社会礼节制度的要求；孔子赞赏齐国的国相管仲，认为管仲多次帮助齐桓公实现诸侯联盟，消弭战争，给各个诸侯国的人民带来和平的环境，这是大仁大爱的表现。孔子主张用宽容柔和的精神教化人，不报复蛮横无理的言行，所以倡导和顺而不随波逐流，认为这才是真正坚强的表现。

四

以上有关两位同样是壮年时颇为关心政治而晚年致力于培养人才、著述立说的思想家的整体类比,给了我们什么样的启示呢?

其一是"时势造就天才",就是说,天才思想家的出现都是由于时代的呼唤,形势的成全。

其二是,人类思想的起步和进展,在东、西方的古老民族和文明古国大体同步,大致而小异。这一点不禁使人联想到著名学者刘师培在《古学起源论》中所言:"[八卦]以乾、坤、离、坎为母卦,与希腊以地、气、水、火为四行者同。""乾为天,天即气也;坤为地,坎为水,离为火。若震、艮、兑、巽四卦,则为子卦,山传于地,泽传于水,雷生于火,风与天同,为空气。"这是说,《易经》之"八卦"所象征的八种自然物象,与古希腊人所称四大元素相同。

其三是,只有对纯粹知识和事物本质的抽象思考与理性追求,才能使人的思想达到顶峰。

最后是,由于秦汉以来长期封建专制政体的统治以及"独尊儒术"的文化专制主义,中国原本有生气而又比较成熟的思想界便逐渐地落后于西方了。这种无法弥补的历史性的最大损失,是尤其令国人痛心的。

不过毫无疑问,西方的柏拉图和东方的孔子,都是人类早期最有代表性的大思想家、大哲学家、大教育家,他们所展现的极为深刻的思想,对全人类整个文化与哲学理念的发展发挥过极为重要的作用,作为全人类文化宝库中的精神宝藏,定会持续产生积极而深远的影响。

2016 年仲秋

由"道"而申论"德"

——《老子》之再三研读

《老子》这部经典共八十一章,分作"道经"和"德经"两篇,故又名《道德经》。前三十七章为《道经》,后四十四章为《德经》。此种划分与命名,是囿于《老子》第一章论"道",而第三十八章论"德"。究其实,《道经》中有论"德"的,而《德经》中也有论"道"的,其两篇既有区分,亦有联系。

一

早在十几年前,笔者曾发表过一篇题为《〈老子〉"道经"首章阐释》的文章(《安徽大学学报》2006年第4期)。据王弼本(参高明《帛书老子校注》,中华书局1996年),其《道经》首章云:

道可道,非常道。名可名,非常名。无,名天地之始;有,名天地之母。……此两者同出而异名,同谓之玄,玄而又玄,众妙之门。

上述论文指出：本章可谓《老子》全书之总纲，是阐释老子学说的基础，其学说的四个关键词"道、无、有、玄"都在这一章里提了出来，并做了初步的解释。该篇头一句分明说，他的"道"不是一般的道。其后又提出"无"是"天地之始"的"名"，而"有"是"万物之母"的"名"。可以想见，老子是在宣讲他心目中一种深奥玄远而不可名状的哲理，因而开宗明义，先要提出自己与众不同的"道"，要突出它的非同寻常。在老子看来，"常道"是可以凭靠经验感知的，而他心目中的"道"，可以称说，却不可感知，因为它是"非常道"，即"形而上之道"。老子自己描述过他心目中的"道"的意象——目不见、耳不闻、鼻不嗅、舌不尝、体不触，可见是一种玄远的、不可感知的"非常之道"。

宇宙的最初形态是什么？两千多年前，老子就把"天地"的初始形态称作"无"，并把它描述为"敦兮其若朴，混兮其若浊"，这两句里的"混""敦"，既是对"道"也是对"无"的最好解释。就是说，名"天地之始"为"无"，是老子对远古蛮荒时代的认识；而名"万物之母"为"有"，则是他对近古物质追求时代的认识。随之又明确指出，是这"非常"之"道"创造了宇宙和万物。他说："道生一，一生二，二生三，三生万物。"（四十二章）所谓"混敦"之"道"，是指自然的本质，即事物运动的规律或有规律的运动。这种运动创造了宇宙本体（道生一）；这个本体一分为二，成为阴和阳之对立统一（一生二）；两个对立面相互作用产生了新的事物（二生三）；这种新事物是千姿百态、多种多样的（三生万物）。你看，这位不同凡响的巨人，昂首天外，洞察宇宙，通透世界，生来就善于做哲学的思考。《老子》一书最具大智大慧，没有一句涉及宗教，一切都是事物运动的结果。

二

《老子》之"道"指的是自然的本质;那么《老子》所谓"德",指的又是什么呢？如同往昔论述《道经》首章一样,我们仍然遵循两个原则,即篇内自证、"以老证老"和整体出发、宏观把握。唯其如此,方能正确理解《老子》之"德"的特性。

其《德经》正面讲述"德"的言论共有十条,除了"修之身,其德乃真"(五十四章)、"含德之厚,比于赤子"(五十五章)、"两不相伤,故德交归"(六十章)、"大小多少,报怨以德"(六十三章)、"善用人者,为之下:是谓不争之德"(六十八章)、"有德司契,无德司彻"(七十九章)这六条较有确解之外,其余四条据王弼本引述如下:

上德不德,是以有德;下德不失德,是以无德。上德无为而无以为,下德无为而有以为。上仁为之而无以为,上义为之而有以为,上礼为之而莫之应,……故失道而后德,失德而后仁,……是以大丈夫处其厚,不居其薄;处其实,不居其华。故去彼取此。(三十八章)

上德若谷,广德若不足,建德若偷。(四十一章)

道生之,德畜之,物形之,势成之,是以万物莫不尊道而贵德。道之尊,德之贵,夫莫之爵而常自然。……生而不有,为而不恃,长而不宰,是谓玄德。(五十一章)

常知稽式,是谓玄德。玄德深矣远矣,与物反矣,然后乃至大顺。(六十五章)

以上所引第一条之"上德",是与"下德"相对而言的,自然是指"最高的德性",其特性是"不德",即"不以为德",即"无为而无以为",也就是不去有意识地追求所谓德,因而才拥有德。其后所谓"失道而后德,失德而后仁"云云,表明"德"在"道"后,"仁、义、礼"又在"德"之下。末句"去彼取此",其意当然是指舍弃"仁、义、礼"而秉持"不德"之"上德"。

第二条所谓"上德若谷",是说最高的德性就是"虚怀若谷";所谓"广德若不足",是说广大的德性就是"自感不足";所谓"建德若偷",是说刚健的德性就是"闲散自如"。这与该章最后所说的"大方无隅,大象无形"云云是一致的。

第三条是说,"道"生成世界万物,"德"畜养世界万物,物质构成万物之形体,时空促使万物之成长。"道"与"德"之所以受到尊崇,并非由于得到什么封爵,而是缘于永恒的"自然"。所谓深广的"玄德",是指其具有"生而不(拥)有、为而不(自)恃、长而不(主)宰"的异乎寻常的品行。

第四条,老子自己解释"深矣远矣"之"玄德"是"常知稽式",即永恒地明确社会的法式或准则。这法式、准则就是"与物"反朴归真,而后才能达到"大顺"的境界。

三

由以上引述,我们大致了解了《老子》之"德"的涵义。为了进一步认识其"德"的深切理念,有必要再联系其《道经》中有关"德"的表述:

孔德之容,惟道是从。道之为物,惟恍惟惚。惚兮恍兮,其中

有象；恍兮惚兮，其中有物。（二十一章）

故从事于道者同于道，得者同于德，失者同于失。同于道者，道亦乐得之；同于德者，德亦乐得之；同于失者，失亦乐得之。（二十三章）

知其雄，守其雌，为天下溪。为天下溪，常德不离，复归于婴儿。知其白，守其辱，为天下谷。为天下谷，常德乃足，复归于朴。（二十八章）

以上所引第一条所谓"孔德之容，惟道是从"，意即大德的表现，就是一切顺从"道"而行。而"道"的特性是"恍惚"中"有象""有物"。这就告知世人，道作为物的意象，是恍恍惚惚、隐隐约约而难以分辨的。其中的精微就是万物的初始。

其第二条，用今日的言语来说就是：遵循并实践"道"的人，其行为就合乎道。得"道"的人，其行为就合乎"德"；失"道"的人，其行为就不合乎"德"；行为合乎"道"的人，"道"也乐于接受他；行为合乎"德"的人，"德"也乐于接受他；而行为失去"德"的人，就要承担"失德"的后果。

上引第三条中所谓"雄"指刚健，"雌"指柔弱，"溪"即溪谷。其整个意思是：撇开刚健，秉持柔弱，甘愿成为顺势而下的溪流。如此，大道所体现的"常德"才不会脱离，才能回归到婴儿般的状态；大道所体现的"常德"才会充足，才能回归到质朴本真的境界。

联系《道经》首章所述，"道"的本初状态是万物混沌而没有形质的虚无，故"道"以"虚无"为本。上面所引"得者同于德"，"同于德者，德亦乐得之","复归于婴儿","复归于朴"云云,指的就是"大德"要遵循这种回归质朴的自然状态。

《老子》一书多次讲述要反观"道之妙"。其"妙"就在于恍惚中有象,隐约中有物。这种没有形质的"虚无",就是哲学界常说的"形而上"的"道"。所谓"得(道)者同于德",就是把"形而上"的"道"落实到"形而下"的"物",于是构成了"孔德"。这就是说,"德"是"道"的具象和化身。蕴含在"道"中的精微,也就是成就世界万物的源泉。

老子还说过:"人法地,地法天,天法道,道法自然。"(二十五章)既然"孔德"是大道的体现,所以"有德"即"得道","无德"即"失德"。而"得道"就是取法自然规律,遵循天地法则,保持"婴儿"状态,祛除妄想杂念。道不离弃人,人要效法道,如此行事,何所不容? 人能"虚无",则心灵清明,毫无妄念,也就无需用儒家"仁、义、礼"那一套来压制自身,补救世风。世人如果刻意去追求所谓"德",看似"无为",其实是"有以为",即已丧失了自然的本性。由此观之,老子所强调的"孔德",乃是一种高度的自觉性。

四

综上所述,《老子》之"道"论,是宇宙本体论,属于哲学之自然观;其"德"论,则是人伦初始论,亦即生命本体论,当属于哲学之社会观。显然,这种"道""德"论,一扫巫术的神秘和神学的迷雾,在两千多年前的思想界无异于一声惊雷,给世人以全新的感受。这正如国学宗师章太炎先生在论述"中国文化的根源"时所说的:"中国头一个发明哲理的,算是老子。原来老子在周朝本是做征藏史,所以人事变迁看得分明。……老子出来,就大翻了,并不相信天地鬼神和占验的话。老子就打扫干净:以前看古来的帝王,都是圣人,老子看得穿它有私心;以前看万物都有个统系,老子看得万物没有统系。"(《章太炎学术史论集》,中国社会科学出版社 1997 年)

《老子·德经》首章论及"上德无为而无以为""上仁为之而无以为""上义为之而有以为""上礼为之而莫之应"四个上古历史阶段。这不禁令人联想起古希腊神话中把人类划分为"黄金、白银、青铜、黑铁"四个时代(参蔡英杰《〈老子〉与现代人生》,东北师范大学出版社 2017 年):

黄金时代,是一个纯真无邪的时代,真理和正义主宰一切,不靠法律约束,所有生活必需全仰仗大地,春天永在,人们幸福。

白银时代,天神朱庇特把一年分为四季,人们开始尝到酷暑与严寒带来的苦痛,要生存就得亲自耕种,人类显得刚毅骄横。

青铜时代,人们的秉性变得越发粗野,动辄就要大兴干戈,但也有停歇安顿之时,还不至于十恶不赦。

黑铁时代,是一个罪恶泛滥的时代,到处相互欺诈,动辄使用暴力,遍地造孽,战事猖獗,暗无宁日。

老子所述的四个历史阶段,与希腊神话所描述的四个时代,可谓异曲同工,不能不引起今日人们的深刻思索。所谓"上德不德,是以有德",而"有德司契,无德司彻",即"有德"之世的人们就如同持有债契的人非常宽容,而"无德"之世的人们就像掌管税法的官吏十分苛刻。那"有德司契"之世是个什么样子的呢?《老子》书末也曾描述过:

小国寡民:使有什伯之器而不用,使民重死而不远徙;虽有舟舆,无所乘之;虽有甲兵,无所陈之;使民复结绳而用之;甘其食,美其服,安其居,乐其俗;邻国相望,鸡犬之声相闻,民至老死不相往来。(八十章)

上面所描绘的社会图景,可以看作老子心目中的"理想国"。对于这样一幅"小国寡民"的社会图景,学者们多从春秋战国时期的政治历史背景来寻找答案,说是"守旧"与"复古"。这固然不能全然否认,但是,倘若联系老子的颂扬"天道",效法"自然",肯定"孔德",我们就会感到老子的思考似更深远。须知,具有异常冷静的大哲大智,方能描绘出那么一幅极其清冷的图景,其中隐含着对人类于大自然采取敌对姿态的深深忧虑。

人类发展的历史告诉我们,当人与自然分离之后,人类的原始生存和自然状态同一的远古景象被破坏了,人类的社会关系开始分化,人性的内在分裂开始出现,是非、美丑、善恶这些在人的原始生存中未曾对立的意识开始萌生,混沌无知、朴素自然的境况业已破灭,人的社会行为和社会分工在促进人类的进步,而同时又反过来成为人类自我发展的异化力量,人的自由天性被人类所创造的文明所摧残。大凡身处时代最前列的思想家,对上述人类发展的严酷现实与黯淡前景都不会不予以关注。与主张"入世"的儒家强调人的社会性不同,倡导"忘世"的老子深受远古生态智慧的浸润,特别关注人的自然性。因此,老子强调返朴归真,并将其学说归结为一种顺应自然的"道"。从纯粹哲学的角度来考察,《老子》这部经典所体现的,是对人类生存状态与生命异化的理性关怀。只有思想极其纯粹而开阔的哲人,方能超出传统政治的局限,解读出《道德经》的深意来。

有一个故事或许有助于我们理解上述老子的深意。在量子论提出之前,宇宙是充满规律的:月亮围着地球转动,地球围着太阳转动,太阳围着银河系中心转动,整个银河系又围着宇宙作更大的旋转;而量子论提出之后,发现世界上所有一切倒靠它来维持一个恒定,根本无法得知它下一步会怎么样。据传爱因斯坦就此喊了一声:"上帝啊!"因为他原来以为只要有了广义和狭义的相对论,就能把物理世界的一切说清楚了,但这又使他的相对论学说显现出缺陷。爱氏的喊声传到了梵蒂冈,罗马教皇便说:"你看,爱因斯坦这么厉害的科学家都信上帝了。"爱氏便站出来澄清:"亲爱的教皇,我说的不是你们供在神坛上的那个上帝,而是斯宾诺莎说的充满自然神气的上帝。"

那么,"自然神气"又是什么呢?看来,这似乎接近于老子所说的具有形而上特质的"天道"与"孔德"了。最后,我们还是引用太炎先生的话来结束本文:

> 若人人都解得老子的意,又把现在的人情参看参看,凭你盖世的英雄都不能牢笼得人。这就是世界公理大明的时候了。

2018 年 6 月 24 日

后　记

这本《语言文化评鉴》，大约是我这一生的最后一本著作了。之所以投送给安徽教育出版社，其中是有着往昔的因缘的。由我负责的早已于1987年交稿给安徽教育出版社的大型工具书《续经籍籑诂》的后续编校工作，前前后后居然延续了二十余年，直至2012年该书庄重问世。

正是由于上述缘由，在这二十多年里，我结识了这家出版社的几任社长、总编与责任编辑，其中接触较多而又留下难忘印象的是总编辑张丹飞、副总编姚莉和编审夏业梅三位女士。她们工作认真、待人热情。《续经籍籑诂》出版后，我曾被聘为该社的编外兼职审稿，帮助做了些许力所能及的工作。不言而喻，我所看重的这最后一部文集，理所当然地就交给了标有"教育"二字的出版社。这与我所从事的近半个世纪的高校教学工作十分"契合"。

当我于今年春末把《语言文化评鉴》的大部分书稿及附信邮寄给张丹飞总编后，没多久她便来电话说，她已调离出版社，随即把书稿及附信转给了姚莉副总编，并让我放心，她会妥善处理的。过了半个多月,姚总来电话约我面谈。见面时她依然像过去一样的热情,并给那部书稿以高度的评价,也陈述了出版社当下的某些困难;但她让我不必过于担心,她会尽力促成此事的。

又过了近半个月,姚总又来电话,说是书稿经研究已顺利通过,后续编辑工作已转给小夏负责。我听了以后,似在意料之中,可又兴奋异常。据我所知,小夏与姚总一样,也是南京大学汉语史专业毕业的硕士生,又是后来接手《续经籍籑诂》的责任编辑,由她来负责《语言文化评鉴》一书的编辑事务,那是再合适不过的了。

5月下旬的一个中午过后,我应邀与业梅责编见面。她异常热情地接待了我,并回忆起当年与我共同编审《续经籍籑诂》的岁月,说是能再次与我合作,为我负责编辑大作而感到非常高兴。与姚总一样,她也相当推崇书稿的学术质量,并表示尽快让它与读者见面。

在返回的公交车上,我微闭着双眼,沉浸在一片欣喜的思绪里,不由得吟出了一首绝句:

黄昏虽已近,灿烂却依然。
朝阳固已去,晚晴还满天。

不是么,余兴未尽,终久不归。近日又写了一篇得意之新作《由"道"而申论"德"》,便决定补入本辑作为末篇,以示对大哲老子的景仰。已是耄耋之年的我,还能出版一部能完成学术使命和展示学术水准的评论集,这是天公对我最大的褒奖。在这里,作为著者的我,自然要对安徽教育出版社的三位女士以及编务人员表示由衷的谢意!

白兆麟
2018 年 7 月 7 日于安大困庐

编 后 语

白兆麟先生是我大学时代的老师,1999 年教授我们训诂学。白老师在那个时候就已经是汉语史领域的知名教授了,更是安徽大学文科专业的第一位博导。我现在时常跟别人说我上学早,能够听到一些名师的精品课程,幸运之极!

白老师上课的场景,我如今依然记得,虽然时过近二十年,但那些场面像是烙印一般刻在脑海中,清晰得宛如昨日。在文西楼的教室里,白老师总比我们先到,他坐在门口的第一张桌子前翻看讲义,静静地等着学生到来。他身着一件白色的简单的短袖衬衫,灰白色的发丝梳理得整齐而平贴,银边的眼镜架在眼前,眼神深邃,面容清癯,散发着一种仙风道骨的气韵。学生的陆续进入与喧哗并没有影响他的专注。几个月训诂学的课程我都在静静地听课默默地仰视,与白老师几乎零交流。

真正与白老师熟悉起来是在工作后,社里安排我接替夏秀流老先生，担任《续经籍籑诂》的责编。《续经籍籑诂》的常务副总纂正是白老师，如此我就得以与阔别十年的恩师相见。《续经籍籑诂》由我在2010接手，于2012年出版，两年的时间里我与白老师有过很多次的见面与交谈。这样一部极为专业的古籍整理图书，如果没有白老师的专业指点，我很难凭一人之力在两年内完成书稿的编辑工作。这两年的"私教"课程，我不仅学习到专业知识和治学方式，也从白老师身上学习到涉及生活、工作、处世等很多方面的经验与智慧，将于我一生受用。

《续经籍籑诂》出版后，因出版质量和社会效益特别突出被国家出版基金办评为优秀项目并通报表扬，后来还获得了中华优秀出版物奖，于我又是一个极大的受益。如果不是白老师尽心尽责的专业态度以及对我的言传身教，《续经籍籑诂》也不会取得这样的好成绩。作为昔日的弟子，我非常感谢白老师对我指导和帮助；作为安徽教育出版社的一员，我更感谢白老师为我社增加了良好的社会声誉。

因为《续经籍籑诂》，我和白老师就一直保持着联系。我知道白老师这些年来笔耕不辍，时有文章发表和著作出版，或是学术研究，或是散文随笔。今年5月份，白老师又一部书稿由我担任责编，就是现在的这本《语言文化评鉴》，他跟我说："这可能是我最后一部书了。"我听后顿时愕然，心里有一阵凉意，这才意识到白老师已经82岁了。这么多年我每次与白老师见面，他看上去都是那么健朗精神、思维活跃，我已经忘却了他的年龄。书稿三校后，白老师说："小夏，你是我过去的学生，同时是我这本书的责编，对我和我的书的情况都比较了解。请你给我写个编后语，你看可行？"我当时受宠若惊，一时失语。白老师以为我不愿意写，说："你要忙的话就算了……"我立刻接话："不是不是。我很愿意写，一定把它写好！"其实我内心还在顾虑会不会是"狗尾续貂"，但不敢不去撰写老师布置的"作业"。

于是硬着头皮写下了这篇编后语，交待了白老师与我的往事，也可以说是作者与责编间的渊源。略记于此，以告读者。

夏业梅

2018 年 10 月 23 日